U0084427

董芳苑
Tong, Fung-wan
著

Evolution

Creation &
Evolution

創造與進化

Creation

原罪(始祖亞當、夏娃吃禁果)
荷蘭畫家古依斯(Hugo van der Goes, 1440-1482)的木板油畫。
收藏於奧國維也納藝術史博物館(Art History Museum)。

始祖亞當、夏娃受魔鬼誘惑
義大利畫家米開朗基羅(Michelangelo Buonarroti, 1475-1564) 於梵諦岡西斯丁禮拜堂的
天井壁畫，描述「創世故事」畫作。

亞當、夏娃被趕出樂園
義大利畫家米開朗基羅於梵諦岡西斯
丁禮拜堂的天井壁畫，描述「創世故
事」畫作。

該隱殺死亞伯
義大利畫家雷尼(Guido Reni, 1575-1642)的畫布油畫。收藏於奧國維也納藝術史美術館。

巴別塔(通天塔想像圖)
荷蘭畫家布勒吉爾(Pieter Bruegel, 1525-1569)的木板油畫。
收藏於奧國維也納藝術史博物館。

挪亞一家八口逃避大洪水
義大利畫家米開朗基羅於梵諦岡西斯丁禮拜堂的天井壁畫，
描述「創世故事」畫作。

挪亞醉倒
義大利畫家米開朗基羅於梵諦岡西斯丁禮拜堂的天井壁畫。

天使催迫羅得家人逃出所多瑪城
中世紀荷蘭畫家史多默(Natthias Stomer, 1600-1650)的畫布油畫。
收藏於巴伯瓊斯大學畫廊。

亞伯拉罕與天使

義大利畫家提也波洛(Giovanni Battista Tiepolo, 1696-1770)的天板油畫，
現於西班牙馬德里之博物館(Prado Museum)

醉父羅得和他兩個女兒
義大利畫家李比利(Pietro Liberi, 1605-1687)的畫布油畫。
收藏於波蘭華沙國家美術館。

在沙漠中流浪的夏甲母子
義大利畫家提也波洛的木板油畫。
收藏於西班牙馬德里普拉多博物館。

亞伯拉罕獻子以撒

義大利畫家安得利亞(Andrea del Sarto, 1486-1530)的畫布油畫。
收藏於西班牙馬德里普拉多博物館。

亞伯拉罕老僕為以撒選妻
中世紀法國畫家布爾東(Sebastien Bourdon, 1616-1671)的油畫作品。
收藏於法國布盧瓦宮美術館。

以掃為一碗紅豆湯出賣長子名份
中世紀荷蘭畫家史多默的畫布油畫。
收藏於俄國聖彼得堡艾美塔吉美術館。

雅各偽裝以掃騙取父親祝福
荷蘭畫家富寧克(Govaert Flinck, 1639-？)的畫布油畫。
收藏於荷蘭阿姆斯特丹國家博物館(Rijks museum)。

雅各在夢中
義大利畫家提也波洛的木板油畫。
收藏於西班牙馬德里普拉多博物館。

雅各與天使角力
近代法國畫家德拉克魯瓦(Eugene Delacroix, 1798-1863)的木板油畫。
收藏於法國巴黎聖蘇比斯禮拜堂。

約瑟抗拒主母誘惑

中世紀義大利畫家奎齊諾(Guercino, 1591-1666)的畫布油
畫。收藏於西班牙馬德里普拉多博物館。

年老的雅各祝福約瑟兩個兒子

中世紀荷蘭畫家維客多斯(Jan Victors, 1619-1679)作於1650年的畫布油畫。
收藏於波蘭華沙國立美術館。

獻 給

陳繼森先生（1917-2011）

　　一位嚴苛待己仁愛待人的企業家

　　及基督徒詩人（精於日本文學俳句）

陳李玉秀長老（1921-2003）

　　一生苦樂相安愛神愛人的基督信徒

　　台北市永樂長老教會榮譽長老

自序

　　這本以《創造與進化》為書名之作品，係立足於「基督教信仰」（Christian Faith）的論述。目的在於介紹幾位專攻自然科學範疇之「古生物學」（Paleontology）及「地質學」（Geology），和人文科學範疇的「哲學」（Philosophy）及「神學」（Theology）的基督徒學者，他們如何用心努力以自己的專長去調和有關「創造」（Creation）與「進化」衝突之信仰問題。這點當然和《創世記》這部「猶太教」（Judaism）及「基督教」（Christianity）的共同經典所記述的「史前史」（第一章至十一章）與「族長史」（十二章至五十章）的「信仰語言」（languages of Faith）之詮釋，密不可分。

　　人類對於「宇宙起源」（Cosmogony）之質問，可說是個嚴肅的問題。可是此一嚴肅問題，「宗教」（Religion）與「科學」（Science）之回應有所不同。前者係以「信仰語言」做為非科學依據（即「神話」）之陳述，後者則採取「科學語言」（languages of science）加以假定和驗證。因為兩者立場不同，對於「宇宙起源」問題之理解難免有所衝突！例如：十九世紀英國自然科學家（另作博物學家）達爾文（Charles Darwin, 1809-1882），於1859年發表《物種起源》（*The Origin of Species, 1859*）一書提倡「進化論」（Evolutionism）之時，就遭受英國國家教會（Anglican Church，基督教大宗派之一，在美國稱為Episcopal

Church）教職人員及普世基督徒之否認及譴責。時至今日，一切生物物種的「進化」（evolution）已經是學界所肯定之事實，達爾文也被史家公認爲進化論說之先知先覺。遺憾者就是：時至二十一世紀的現代，卻尙有不少基督教神職人員和信徒，一聽到達爾文的進化論說就大加排斥謾罵。他們的理由是：人類是上主之傑作，是亞當（Adam）與夏娃（Eve）的後裔，不是由猴子（類人猿）進化而來。事實上，這類宗教人之言論，正凸顯其對於自然科學之無知。十九世紀德國神學家黎秋（Albrecht Ritschl, 1822-1888，又音譯：立敕爾），就針對此一問題做出評論。在他看來：宗教如果干涉科學之認知，這類的宗教就是「貧乏的宗教」（poor religion）；科學若干預宗教信仰的話，這樣的科學是「貧乏的科學」（poor science）。不過到了二十世紀中葉，宗教與科學之間有關「創造」和「進化」問題之爭論，已經被羅馬大公教會（Roman Catholic Church，即天主教）一位耶穌會神父德日進（Fr. Pierre Teilhard de Chardin, 1881-1955）所化解。這位身爲古生物學家的法國神父，爲欲化解「創造」與「進化」問題之衝突，於1939年至1940年之間用法文完成《人之現象》（Le Phénomène Humain）這部巨著以做說明。可惜羅馬教廷當局拒絕德日進神父採取自然科學（古生物學及地質學）經營「神學」之方法，而且毫不留情攻擊他的「進化神學」（Evolutional Theology），不准他出版這部書。雖然德日進神父於1950年膺選爲法國科學研究院院士，可是這部影響科學界、哲學界及宗教界的先知性大作，卻於他去逝之後的1955年才得以問世，也即完成這部作品的十五年後。

對於這位科學家兼宗教家的德日進神父而言，上主如果採取「進化」之程序使萬物出現，又使人類成為進化而來的上主傑作，普世宗教人是應該加以接受的。以基督教信仰語言來說，這就是上主之「創造」！為此，台灣天主教耶穌會神父王秀谷，就著作《現代先知德日進》一書來介紹這位偉人（該書於1969年由台北「先知出版社」出版，又再版於1975年）。早在1922年德日進神父完成其自然科學博士學位隔年，即應聘參與蒙古戈壁的考古工作。1928年他又參與北平周口店首次地質調查，那時和中國若干學者發現五十萬年前的人類頭蓋骨化石，而經他命名為「北京原人」（Homo Sapiens Pekinensis）。而後又經布達生（Davidson Black, 1884-1934）以「中國原人北京種」（Sinanthropus Pekinensis）為學名，從此簡稱為「北京人」。此一人類進化的重大發現，的確強化他的「進化神學」理論，也促使他成為採取自然科學理論經營基督教神學之先驅。1939年因大東亞戰爭影響，這位法國科學家德日進神父淪為日本關東軍的俘虜，被困在北平。其間受到日籍台灣地質學家林朝棨教授（1910-1985，被譽為「台灣地質第四紀之父」）之協助，從而得到生活上的改善，兩人因此成為志同道合之知交，並且互相探討有關「創造」與「進化」問題。從本書收錄的〈論「創造」與「進化」——地質學家林朝棨教授的「進化神學」〉一文，便可看出這兩位學者對於這個論題的見解是一致的。

　　基督徒深信《新舊約聖經》（The Holy Bible）是「上主的話語」，因此忌諱批評這部經典（信仰語言）之「神話」

（myths）成分。然而單就「摩西五經」（The Pentateuch）之一的《創世記》而論，內容的確充滿了許多近東世界（Near East）的神話資料。「神話」這類「信仰語言」，也是「象徵語言」（symbolic languages），欲使其成為信仰內涵、凸顯其信仰意義的話，就必須加以慎重之詮釋。這點正是本書收錄的：〈從《創世記》一、二章的創造記述正視神、人、世界的關係〉一文，所欲探討者。另外收錄：〈謝扶雅的「過程神學」──基督教與中國文化溝通之探討〉這篇文章於書中，旨在介紹一位資深的中國老教授如何採取懷德海（Alfred North Whitehead, 1861-1947）之「過程哲學」（Process Philosophy）的方法論，以及穆耿（Conwy L. Morgan, 1852-1936）和亞力山達（Samuel Alexander, 1859-1938）之「層創進化論」（Theory of Emergent Evolution）來創作他的「過程神學」（Process Theology），以做為台灣本土神學人經營草根性基督教神學之參考。上列三篇論述性文章，因係以學術專業所探討之作品，而將其列入於：第一部「創造」與「進化」論述。

本書以《創世記》這卷經典為論述主題，為此另分：第二部《創世記》的史前史信仰（即第一章至十一章），其內容一共收錄：〈創造的信仰〉、〈人類之角色〉、〈人性之救贖〉、〈《創世記》的罪與罰故事〉、〈巴別塔的啟示〉、〈挪亞洪水故事〉等六篇文章。而在：第三部 《創世記》的族長史故事（十二章至五十章），其內容有：〈亞伯拉罕的信心〉、〈羅得的後代〉、〈以撒的婚姻與家庭〉、〈雅各的新名字〉、〈約瑟的命運觀〉、〈以色列十二支派〉等六篇

文章。另加：附錄的〈論「安息日」〉及〈「十誡」——基督徒倫理規範〉兩篇論述，來充實本書內容。雖然本書係針對基督教信仰而加以論述，卻也期待藉著本書能夠使教外朋友瞭解基督徒對於「創造」與「進化」問題之健全看法。同時也指出普世基督徒爲何重視《創世記》這卷經典之信仰意義，雖然它是猶太人所信奉的「史前史」及「族長史」。

筆者特別將本書題獻給台北市獨立長老教會——「永樂基督長老教會」的陳繼森先生（1917-2011）和陳李玉秀榮譽長老（1921-2003）伉儷，藉以紀念他倆愛神愛人之信德。陳繼森先生受過完整的日本教育，曾經留學日本明治大學。因此精於寫作日文俳句及詩詞，於1998年榮獲「明治神宮」日文俳句大賞之殊榮，日本NHK電視台因此特地前來台灣專訪。陳先生也是一位成功商人，因受夫人李玉秀長老之影響，而於1956年受洗成爲基督信徒。陳夫人和先生同爲第一代基督徒，一生爲台北市獨立基督教會「永樂長老教會」會員。他們熱心敬奉上主，以仁慈待人又愛護牧者，時常爲善不爲人知，學像耶穌榜樣。爲此筆者特地將本書題獻給這兩位可敬的長者，藉以紀念他們的信德與愛心。當陳先生伉儷愛女聖菫女士得悉筆者有意出版本書紀念其雙親時，特別誠懇地支援本書之打字及排版費用，在此由衷感謝！

這本立足於基督教信仰的作品能夠呈現於讀者先進面前，完全得力於多位友人的協助。台北「前衛出版社」社長林文欽先生雖然不是基督徒，卻願意接受本書並且加以出版，委實感謝萬分。此外也必須感謝林素清女士及吳欣郿女

士的電腦打字，前衛出版社出版團隊的用心編排。因為有他
們的合作同工，才能夠順利出書，是以為序。

董芳苑 謹識
2013年10月6日

目次

引論│認識《創世記》

　　起初，上主創造天地。地是空虛混沌，淵面黑暗；上主的靈運行在水面上。上主說：「要有光」，就有了光。上主看光是好的，就把光暗分開了。上主稱光為「晝」，稱暗為「夜」。有晚上，有早晨，這是頭一日。上主說：「諸水之間要有空氣，將水分為上下。」上主就造出空氣，將空氣以下的水、空氣以上的水分開了。事就這樣成了。上主稱空氣為「天」。有晚上，有早晨，是第二日。上主說：「天下的水要聚在一處，使旱地露出來。」事就這樣成了。上主稱旱地為「地」，稱水的聚處為「海」。上主看著是好的。上主說：「地要發生青草和結種子的菜蔬，並結果子的樹木，各從其類，果子都包著核。」事就這樣成了。於是地發生了青草和結種子的菜蔬，各從其類；並結果子的樹木，各從其類；果子都包著核。上主看著是好的。有晚上，有早晨，是第三日。上主說：「天上要有光體，可以分晝夜，作記號，定節令、日子、年歲，並要發光在天空，普照在地上。」事就這樣成了。於是上主造了兩個大光，大的管晝，小的管夜，又造眾星，就把這些光擺列在天空，普照在地上，管理晝夜，分別明暗。上主看著是好的。有晚上，有早晨，是第四日。上主說：「水要多多滋生有生命的物；要有雀鳥飛在

地面以上，天空之中。」上主就造出大魚和水中所滋生各樣有生命的動物，各從其類；又造出各樣飛鳥，各從其類。上主看著是好的。上主就賜福給這一切，說：「滋生繁多，充滿海中的水；雀鳥也要多生在地上。」有晚上，有早晨，是第五日。上主說：「地要生出活物來，各從其類；牲畜、昆蟲、野獸，各從其類。」事就這樣成了。於是上主造出野獸，各從其類；牲畜，各從其類；地上一切昆蟲，各從其類。上主看著是好的。上主說：「我們要照著我們的形像、按著我們的樣式造人，使他們管理海裏的魚、空中的鳥、地上的牲畜，和全地，並地上所爬的一切昆蟲。」上主就照著自己的形像造人，乃是照著他的形像造男造女。上主就賜福給他們，又對他們說：「要生養眾多，遍滿地面，治理這地，也要管理海裏的魚、空中的鳥，和地上各樣行動的活物。」上主說：「看哪，我將遍地上一切結種子的菜蔬和一切樹上所結有核的果子全賜給你們作食物。至於地上的走獸和空中的飛鳥，並各樣爬在地上有生命的物，我將青草賜給牠們作食物。」事就這樣成了。上主看著一切所造的都甚好。有晚上，有早晨，是第六日。天地萬物都造齊了。到第七日，上主造物的工已經完畢，就在第七日歇了他一切的工，安息了。上主賜福給第七日，定為聖日；因為在這日，上主歇了他一切創造的工，就安息了。

（創世記一：1～二：4）

《**舊**約聖經》一共三十九卷，其中第一卷就是《創世記》。猶太人向來就認定《創世記》係「摩西五經」之一（其餘四卷即：《出埃及記》、《利未記》、《民數記》及《申命記》）。就名稱的意義言，《創世記》（*Genesis*）即「起源」或「原始」記錄之意，這一名稱係來自希臘文（Greek）譯法，在希伯來文（Hebrew）的原來用字是 "Bereshith"，就是「太初」（原起頭）的意思。因為這卷經典之內容敘述宇宙萬物的創造，人類的起源，家庭之形成，人類對萬物之管理職責、罪惡、苦難、刑罰及死亡之開始。同時記述上主對於人類犯罪以及審判之結果，希伯來民族如何成為選民，上主與選民之間的關係等等。而最重要的證言不外上主在歷史中之作為，也即從宇宙之創造及人類的被造開始，而以上主揀選亞伯拉罕（Abraham）、以撒（Issac）、雅各（Jacob）、及如何帶領十二個雅各（以色列，Israel）眾子的支派下埃及居住為結束。也就是說，這卷經典之重心，旨在記錄歷史主宰者上主如何揀選及扶助希伯來民族，並且如何和這個民族建立「約」（Covenant）之關係。

一、經文內容

以《創世記》（一：1～二：4）做為「創世記導讀」這個論題之引論，是因為其內容具有「上主創造」之代表性這點。其中言及：宇宙萬物及人類均為造物上主之傑作，希伯來文的「創造」（bara）一詞具有上主在主導宇宙造化的意思。

在《創世記》兩個創造故事之中（即：一：1～二：4ª其一，二：4ᵇ-25其二），這一段經文的故事屬於「祭司典」（Priest Code）記錄，在年代上言是比較晚期的作品。其內容之重點有四：

(一)宇宙萬物由「上主的話語」受造

這個創造故事指出：上主於六日的創造次序中，祂連連發出六次「要有萬物」的話語，宇宙萬物就隨即出現。

1. 上主說：「要有光」（一：3）。
2. 上主說：「諸水之間要有空氣，將水分上下」（一：6）。
3. 上主說：「天下的水要聚集在一處，使旱地露出」（一：9）。
4. 上主說：「天上要有光體，可以分晝夜」（一：14）。
5. 上主說：「水要多多滋生有生命的物種，要有雀鳥飛在天空之中」（一：20）。
6. 上主說：「地要生出活物來，各從其類」（一：24）。

新約經典的《約翰福音》（一：1）同樣證言：宇宙萬物由「道」（Logos）所創造，「道」就是上主的話語（Word）。《約翰一書》（一：1）也同樣證言「道」是造化之第一因。

(二)宇宙萬物被造有其程序

這一創造故事明指上主以「六日」的時間創造宇宙萬物，第七日就「安息」。基督徒必須知道的一件事，就是這個故事所指的「日子」是信仰語言的時間，不是指一年

三百六十五又四分之一日的世俗史時間而言。因為上主的時間是：「一日如千年」（見：詩篇九十：4），或者是一日如萬年的更長久之象徵時間。然而這個故事卻明指上主的創造程序是漸進的，如同科學所說的「進化過程」（evolution in process）一樣。也就是說，宇宙萬物之被造（科學則說「進化」）是有其程序的，而且是在時間中完成的。就如：

第一日：「光明」出現。

第二日：「穹蒼」出現。

第三日：「旱地」與「植物」出現。

第四日：「天體」（日、月、星宿）出現。

第五日：「飛鳥」與「魚類」出現。

第六日：「動物」與「人類」出現。

上主既然於「時間」（日子）之中造化宇宙萬物，有限的宇宙萬物也從此有了「始」（α）與「終」（ω）。而宇宙萬物所處的「空間」，也就有了滄海變桑田之不斷變遷。因為物質世界是有限的，是被造的，不是像多神信仰的文化一樣將大自然當做膜拜之對象。造物主是超越「時間」及「空間」之神，因為祂是 α（阿利發）與 ω（亞米加）之創始成終者，是「昔在、今在、永在」之上主（見：啟示錄一：8，二十二：13）。

(三)人類是上主之傑作

這個創造故事特別言及：上主創造「人類」別具一番用心，就是：按照自己的形像造男造女，要使他倆養育眾多

兒女，並且與祂同工管理（控制）大自然萬物（見：創世記一：
27-31）。所以說，人類是上主之傑作，因爲他們（男女）均有
「上主之形像」（imago Dei），「人性」（human nature）從此具
有無比尊嚴！上主造人之用心無他，旨在使人類與祂同工
管理萬物，使上主之創造事工能夠不斷延續。有趣的是：
故事提到太初上主賜予人類之食物即「五穀」和「各種果
子」（一：29），而且所有動物和鳥類之食物，都是「青草」
和「蔬菜」（一：30）。在此凸顯大自然的一片和平氣象，因
爲人類、動物、鳥類均以素食爲主，沒有互相殘殺與流血。
由此足見：人類在大自然中之角色何其重要！他們都是上主
之好同工，也是萬物之園丁及牧人。可惜這份「人爲萬物
之靈」以及「人爲萬物之管理者」之尊榮，因爲「人性之
弱點」（原罪）而被逐出「樂園」，苦難與死亡也隨之而至
（見：創世記三章）。

(四)宇宙是萬物敬拜上主之聖殿

這個創造故事特別強調：上主於創造宇宙事工完畢之
後，特別安排於第七日「安息」（休息）。「安息」是萬物在
時間及空間中的休息，目的是要人類做萬物的牧人領導其敬
拜上主。有了心靈與肉體之安息，才能夠使人類與萬物走更
遠的路，生存得更爲愉快。同時也教人類與萬物懂得向造物
上主感恩，與祂建立密切的關係。因爲這個第七日是分別爲
聖的「安息日」，是人類與萬物在大自然之中敬拜上主之聖
日，從而凸顯「宇宙」這個大自然即人類與萬物敬拜上主之

「大聖殿」（大空間）。就宇宙大自然做為敬拜上主之「大聖殿」而言，便和東方宗教人以大自然為神靈又加以膜拜之信仰大大的不同。大自然僅是一個敬拜造物主之「大空間」，其中之「日、月、金、木、火、水、土」星座，不過是教人類去演算第七日為「安息日」之宇宙鐘錶。因為有限之人類以及被造萬物，的確需要於六日忙碌過後在第七日「安息」（敬拜造物上主即心靈之安息，停止勞動工作即肉體之安息）。由此見之，人類就是領導萬物於「安息聖日」敬拜造物上主的「祭司」（或牧師），其中的意義甚明。

現就以這個創造故事為引論，來探討《創世記》這卷經典之內容，以做一導讀性概論。

二、本書概要

《創世記》是「律法書」（Torah）五卷中（號稱「摩西五經」）的第一卷。按傳說雖然說是「摩西」（Moses）之作品，其實是許多位不同時代作家的共同著作。根據近世聖經學者之研究，《創世記》是由三種文稿湊合而成的一部經典。這些文稿就是：「耶和華典」（Jehovah Code）、「伊羅欣典」（Elohim Code）及「祭司典」（Priest Code）等三種文獻。而且這些文獻各有不同的敘述風格，其內容也很容易分析出來。就如第一個創造故事（一：1～二：4ᵃ）類屬於「祭司典」文獻，第二個創造故事（二：4ᵇ-25）則屬於「耶和華典」文獻。如果以「文學」立場來看，《創世記》是一部典型的希伯來民間

文學，這點之認知十分重要。上主藉著希伯來人的民間文學——《創世記》，向世世代代的人說話，其信息永遠具有信仰意義。《創世記》的內容可以分為下列兩大部份：第一章至十一章是關於宇宙萬物的創造和人類之「史前史」（pre-history），第十二章至五十章即記述亞伯拉罕如何被上主揀選及其家族的「族長史」（Patriarchal history）。

(一)創世記的史前史

這一段落（一：1～十一：32）記述宇宙萬物之被造，和人類出現之「史前史」。並且以宇宙大自然為背景，以上主和全人類交往的關係為題材。其內容分段有如下列（依據John C. L. Gibson之分段）：

1. 創造的故事（一：1～二：4^a）。
2. 伊甸園的故事（二：4^b～三：24）。
3. 該隱與亞伯的故事（四：1-16）。
4. 該隱與塞特的家譜（四：17～五：32）。
5. 天使之婚姻與偉人誕生的故事（六：1-4）。
6. 大洪水的故事（六：5～九：19）。
7. 迦南被咒詛的故事（九：20-28）。
8. 挪亞兒子的家譜（十：1-22）。
9. 巴別塔的故事（十一：1-9）。
10. 閃族家譜及他拉家譜（十一：10-32）。

從上列的段落見之，便知道古代希伯來人如何相信宇宙萬物之被造與上主的關係，人類文明之史前史傳說及其神

話。同時指出上主創造的宇宙大自然是如何的美麗，而且被造物也被上主看做美好。可惜人類因「本性之弱點」，從而糟蹋整個伊甸樂園（世界）。所謂的「人性弱點」（原罪）不外人類違背上主命令，想要僭奪上主統治世界之地位。可是上主是歷史主宰者，祂永遠施行「罪」與「罰」之公義審判，並且拯救義人。

(二)創世記的族長史

　　這個大段落屬於「伊羅欣典」文獻，內容敘述上主如何揀選亞伯拉罕（Abraham），使他成爲希伯來民族（選民）之祖先。傳統上，猶太人將這部份內容當做「族長史」（即真正的歷史書），其實內容參雜許多傳說。不過有個不可否認之事實：亞伯拉罕所領導之族群是個到處流浪的半游牧民族。種族及部落史往往與個人的故事混雜，卻傳說多於史實。關於《創世記》十二章至五十章的「族長史」分段，有如下列：

　　1.上主揀選亞伯蘭（十二：1-9）。

　　2.亞伯蘭下埃及（十二：10-20）。

　　3.亞伯蘭和羅得分手（十三：1-18）。

　　4.亞伯蘭搶救羅得（十四：1-16）。

　　5.麥基洗德祝福亞伯蘭（十四：17-24）。

　　6.上主與亞伯蘭立約（十五：1-21）。

　　7.夏甲和以實瑪利（十六：1-16）。

　　8.以割禮爲立約之記號（十七：1-27）。

　　9.上主應許亞伯拉罕得子（十八：1-33）。

34. 以撒去世（三十五：27-29）。

35. 以掃的後代（三十六：1-43）。

36. 約瑟和他的眾兄弟（三十七：1〜四十五：28）。

37. 雅各帶家眷移居埃及（四十六：1〜四十九：28）。

38. 雅各去世與埋葬（四十九：29〜五十：14）。

39. 約瑟安撫眾兄弟（五十：15-21）。

40. 約瑟去世（五十：22-26）。

從上列三十九章的經文，可以看出以色列人的族長史：自亞伯拉罕、以撒、雅各，以及約瑟如何協助其父家移居埃及的故事。其中最值得注意的是：這個與上主關係密切的以色列選民族群，始終相信上主的祝福及帶領這點。

三、信仰上之貢獻

現代基督徒在閱讀《創世記》時，難免會提出一些無法相信進去的問題。就如：上主真的以「六日」的時間創造宇宙萬物嗎？因為科學家說「太陽系星球」之形成已有百億萬年之歷史。人類真的是神從泥土中創造出來的嗎？為的是古生物學家說人類係由進化而來。也有人說《創世記》的故事也有近東之神話成分，那是真的嗎？這些問題都問得十分誠實，於事實上言並沒有不對。不過也應該知道，《創世記》是兩千七百年前或更早之作品，是猶太人先祖以文字記錄下來的「信仰語言」（languages of faith）。如果用現代人的知識規準去挑戰它的問題，當然是行不通的。而且其中的創造故事

確實也有近東神話（尤其是Enuma Elish之創造神話）之影響，而宇宙洪水神話（來自Gilgamesh Epic）也是。只是這卷經典經過「一神信仰」（monotheism）的猶太人記述之下，這些神話資料已經被「非神話化」（demythologized），因而不具神話意義，僅有信仰意義。事實上，世界諸宗教的經典，其所記錄之文字千篇一律均為科學無法證明的「信仰語言」，它只能以「信仰」（Faith）之認知才具有意義。可是「信仰語言」本身就是一種「象徵語言」（symbolic languages），用以說明信仰內涵之價值觀，進而凸顯其信仰意義。明白個中道理，就能夠明白「猶太教」（Judaism）和「基督教」（Christianity）都接納《創世記》為他們的信仰遺產及信仰依據之理由。關於《創世記》之於基督徒信仰上的貢獻，有下列幾個要點：

(一)造物主是唯一真神

　　《創世記》所證言的「造物主」，是作者心目中的唯一真神。此即「猶太教」與「基督教」的「一神論」之基礎。就歷史觀點言，人類史上最早出現的「一神論」，就是古埃及的第十八王朝法老王「伊克那頓」（Ikhnaton, or Akhenaten, 1380 B.C.登基為王，原名為Amenhotep IV）所倡導的「太陽神一神主義」，而且可能影響後代「摩西」（Moses）的一神信仰。不過摩西在《創世記》所主張的唯一神是宇宙萬物之創造主，而不是太陽神，這點是非常重要之認知。而且書中所指的獨一真神，是「全能、全知、全在」的立約之神。宇宙萬物從祂的「命令」（或語言）而被造：說有就有。單單這點，就和

古埃及的唯一神「阿頓」（Aton，本質是太陽神）全然不同，因其具備和選民（亞伯拉罕的後裔）立約之倫理關係。到了猶太先知出現的時代，這位造化萬物的唯一神就演變爲統治萬國萬民之「萬王之王，萬主之主」，從此超越了和以色列選民的信仰倫理關係。當然此一神觀也影響到「基督教」，只是耶穌將其極權化神觀（萬主之主，萬王之王）轉化爲人文化神觀（上主是一位人人可以親近的天父）。同時採取希臘哲學思惟模式，將這位上主描述爲：「聖父、聖子、聖神」的「三位一體」（Trinity），也即「造物主」之獨一眞神，從而凸顯「基督教」神觀之獨特性。

(二)罪與罰之教義

　　《創世記》一書裡面明顯地記述幾則「罪」與「罰」的故事，讀起來不但震撼人心，也會引人深省。就像亞當（Adam）與夏娃（Eve）嚐食禁果而被上主逐出樂園，人類從此有了軟弱人性（原罪）的故事（三：1-24）。該隱（Cain）懷恨其弟亞伯（Abel）獻祭蒙上主悅納，導致他殺死亞伯而受咒詛的故事（四：1-16）。人類因本性邪惡犯了大罪，上主命令挪亞（Noah）建造方舟逃避洪水之災，其餘行惡的人類皆受洪水毀滅的故事（六：1～九：29）。人類建造巴別塔（Babel）挑戰上主的主權，上主從而以混亂口音刑罰人類的故事（十一：1-9）。所多瑪（Sodom）和蛾摩拉（Gomorrah）兩城的居民無惡不作罪惡貫盈，上主便降下天火毀滅兩城及其居民的故事（十九：1-29）等等。這些「罪」與「罰」的故事，當然有警

告之意味：上主不容許罪惡之存在，所以人類一旦犯罪就必然要受到重罰。人類始祖亞當與夏娃如此，其餘的犯罪者也是如此！因此「基督教」提出了解除人性「原罪」的方法，那就是上主的「道」（Logos）耶穌基督成爲「贖罪羔羊」之祭品（約翰一：29, 35），來擔當人類「原罪」，使罪人因此被稱爲義（羅馬書五：6-21）。

(三)上主奇妙的揀選

從《創世記》十二章以下至五十章的「族長史」這部份，充分凸顯了上主揀選希伯來民族的用意，旨在使萬邦萬民因這一特選之族群而得福。雖然上主揀選特定之族群使以色列民族具有優越感，卻也促成了猶太人的團結、自信，以及逆來順受之精神。並且影響後代的猶太人經歷多次反閃族主義（Anti-Semitism）而近乎亡國滅族危機之時，尚能夠憑著「上主選民」之信念而浴火重生。二十世紀德國殺人魔王希特勒（Adolf Hitler）屠殺了六百多萬猶太人，他們卻還能夠於1948年在史稱「迦南地」的巴勒斯坦建國，的確和「以色列選民」的宗教意識形態有關。再就「基督教」觀點言，也明顯地將這類狹隘的上主揀選以色列民族之教義，昇華爲超越特定民族之「新以色列人」（基督徒）揀選教義。因此耶穌才揀選十二位門人來象徵上主國度（天國）的新十二位族長，普世基督徒也從此成爲上主特選之「新以色列人」。所以說「上主揀選」之教義，「基督教」也同樣接納，只是將其擴大爲超越猶太民族主義之認知。所以說，基督徒能夠成爲天

父的兒女，是上主奇妙的揀選。

結　語

　　摩西五經之一的《創世記》導讀，就簡要探討至此。這樣的簡介不但有助於大家研讀這卷經典，也使大家明白它之於「基督教」信仰之重要性。因為「創造」一詞是一種信仰語言，也是基督教神學（Christian Theology）所闡釋之重要教義，所以不能單單關心創造故事的內容就夠了。保羅這位基督教神學家就是將「創造」之信仰加以類比的人，他證言：罪因為亞當一人進入世界，死亡從此接踵而來，為的是全人類都犯罪。然而上主的恩典也藉著耶穌基督一個人，使普世罪人因信靠祂而被宣判無罪（見：羅馬書五：12-21）。因此保羅又證言：「無論是誰，一旦有了基督的生命（在基督裡）就是新造的人。舊的已經過去，新的已經來臨了。」（哥林多後書五：17）所以說，「舊創造」是「新創造」之準備，「新創造」是「舊創造」的完成。同時《創世記》也凸顯了「安息日」的意義：人類要做牧者領導萬物在這個大自然的「宇宙聖殿」中敬拜造物上主，使「神」、「人」、「大自然」共存於和諧之中。基督徒更要在「新安息日」（主復活之日）敬拜上主，從而獲得生之勇氣！

2009年10月2日

第一部

「創造」與
「進化」論述

一|論「創造」與「進化」
——地質學家林朝棨教授的「進化神學」

林朝棨教授（1910-1985）為台灣彰化縣人，日治時代台北帝國大學理學士，專攻地質學。曾獲日本東北大學理學博士學位，係近代名聞國際的台灣地質學家，學術界稱譽他為「台灣地質第四紀之父」。專著一百五十多篇，書四十部之多。他篤信耶穌基督，曾任台北市東門長老教會長老及名譽長老。林教授歷任日治時代台北帝國大學理農學部副手、台陽礦業株式會社地質師，滿洲長春工業大學教授、戰前中國北平師範大學教授兼地學系主任、北京大學兼任教授、北平臨大教授。戰後執教於台灣大學地質學系為專任教授、中央大學兼任教授、台灣神學院兼任教授（教授自然科學的天文與地質）等職。退休後又擔任台灣大學名譽教授、中國文化大學教授等職務。林教授出身基督教家庭，早期蘇格蘭長老會宣教師梅甘霧牧師（Rev. Campbell N. Moody, D.D., 1895-1931）在他的《君王賓客》（The King's Guests, 1932）書中，對其父林慈這位豐原望族及其慕道經過，有十分生動的描述。[1]年輕時

---

1 參照：Campbell N. Moody, *The King's Guests* (London: H.R. Allenson, Ltd., 1932), pp. 49-55. 書中稱林慈老先生為"Master Good-sir"，以及介紹他在豐原地方慕道之經過。

林教授因活潑於「長老教會」（Presbyterian Church）與「基督教青年會」（YMCA），而結識日本知名地質學家早坂一郎教授（台北日本基督教會長老、台北YMCA理事）。進而拜師早坂教授攻讀地質學，後以第一名成績畢業於台北帝國大學地質學系。這件事對於日治時代台籍青年來說，其意義相當深遠。因當時攻讀理科學術者，均爲日本人子弟所壟斷。

　　林教授於中國國立北平師範大學擔任地學系主任期間，曾經與舉世聞名的天主教（Roman Catholic Church）古生物學家德日進神父（Fr. Pierre Teilhard de Chardin, 1881-1955）有著深厚的友誼與交往。林教授於戰時生活困境當中，曾經盡力協助當時居住於北平並淪爲日本俘虜的德日進神父。其時正當德日進神父寫作《人之現象》（Le Phénomène Humain, 1940）這本名著。[2]十分顯然地，當時德日進神父的「進化神學」（Theology of Evolution）已經深刻的影響林教授，以致做爲地質學家又對古生物學有相當造詣的林教授，不得不去關懷自己的信仰與自然萬物「進化」的問題。[3]嚴格來說，林教授嘗試介紹他的「進化神學」時期，就是他應台灣神學院之聘而執教「自然科學」這門課程的期間，也即筆者做神學生的時代（二十世紀的六十年代）。憶及在課堂上，做爲自然科學家的林教授，面對一群以《新舊約聖經》之

2　參照：德日進（Teilhard de Chardin）著，李貴良譯，《人之現象》（台北：正中書局，1969年）。按此書撰寫始於1938年6月，而成於1940年夏天。其時，中國北方戰雲密佈，外國人生活相當艱困。

3　根據林朝棨教授自白，他之思考「創造」與「進化」的問題，係受德日進神父這位古生物學家影響，因此兩者的「進化神學」十分接近。但在調和《創世記》一章與「地質年代」的關係，及其「愛」與「進化」的分析上，林教授有其獨創的一面。

信仰爲基礎的神學人，他自覺應該爲自然科學來做見證。不過他同時也要爲「聖經」做見證。於是他提出「地質演化年代」與《創世記》第一章記述平行的科學論調，並且有系統的繪製一個表格加以比較，[4]這點可以說是林教授的「進化神學」之起步。至於林教授「進化神學」之成熟期，可見之於1980年發表的一篇題爲〈愛的分析與進化〉的文章。[5]文中他與德日進神父同樣強調「愛」（love）是一種「進化」（evolution）的基本動力。但是他比德日進神父更進一步地分析「愛」的進化過程，而自成一個系統。因此堪稱它做「林朝棨進化神學」。當然林教授的進化神學非以《新舊約聖經》爲本位，寧可說是立足於他的基督教信仰以及「科學」（地質學與古生物學）爲本位。因此名其爲「科學的本位神學」（scientifically based theology）也許比較妥當。林教授雖然不是攻讀基督教神學的人，不像「耶穌會」（Jesuit）法國神父德日進那麼精於「神學」。但數十年來始終以調和「創造」與「進化」的問題爲本務，因而步德日進後塵譜出自創一格的「進化神學」。所以說，林教授委實不愧爲一平信徒科學化神學家。其思想不但值得介紹，對於「台灣基督長老教會」而言可謂一大貢獻。林教授的「進化神學」的確讓新生代長老教會神學人從此耳目一新，又啓示後輩更加自信去創造自己的神學。

---

4 關於〈創世記一章與地質年代對照表〉，將於本文提及。其構想雖然立論於地質科學的基礎上，然其調和「創造」與「進化」問題的努力，委實值得喝彩。

5 參照：台北市東門教會青年團契編，《東門》創刊號（1980年4月），頁12-18。這雖然是一篇不長的文章，但對於調和「創造」與「進化」的問題頗具啓發性。

一、達爾文的「進化論」與德日進的「進化神學」

自從1859年英國博物學家達爾文（Charles Robert Darwin, 1809-1882）發表了他的曠世名著《物種起源》（*The Origin of Species*）以還的一百多年間，基督教與猶太教共有經典：《舊約聖經》「創世記」的「宇宙神造論」即被揶揄與排斥。基督教神學的「創造論」普遍受到懷疑。往後的日子，科學界與神學界對於「創造」與「進化」的問題如同水火不相容，彼此之間爭論不休。[6]不幸的是，這樣的問題迄今仍然存在著。時下基督徒一言及達爾文的「進化論」還是大加撻伐，無法容忍。[7]同樣地，一般受過現代教育的年輕人或社會大眾如果聽到《創世記》一章的「宇宙神造論」，也以輕蔑態度一笑置之。到底「創造」與「進化」的問題無法解決嗎？「神學」與「科學」是否可以溝通？這個問題對於和達爾文同時代的德國基督教思想家黎秋（Albrecht Ritschl, 1822-1888）而言，則認為「神學」與「科學」的界限應該劃分清楚，兩者

---

6 達爾文（Charles R. Darwin）的「進化論」，在當時的英國就曾引起科學家與教職人員之間的論爭。英國國家教會（Anglican Church）所無法容忍的一點，即人類來自猿類的進化這個論調。因為如此主張將貶低人類的尊嚴，尤其是人類的宗教秉賦與道德性也無法解釋。其時英國的另一位生物學家赫胥黎（Thomas H. Huxley, 1825-1895）則極力為達爾文的學說辯護，因而被人起了一個「達爾文的哈巴狗」（Darwin's bulldog）綽號。參照：R. R. Palmer, *A History of the Modern World* (13th printing, New York: Alfred A. Knopf, 1964), pp. 598-599.

7 在台灣基督教書局裡面，這類反對「進化論」的譯述不少。參照：季禧（Duane T. Gish）著，韓偉譯，《化石否定進化》（台北：校園團契出版社，民國67年）；亨利‧莫瑞士（Henry M. Moris）著，韓偉譯，《進化論與現代基督徒》（台北，中國信徒佈道會，1975年）；何天擇，《人從那裡來》（台北：宇宙光出版社，1976年）等書。

不應該互相侵犯。他認爲：「科學」（science）知識一旦干涉到「神學」（theology），而不明事理的揶揄排拒，那種科學是「貧乏的科學」（poor science）。同樣的道理，「神學」若強作武斷地僭越「科學」知識的範圍，如此的神學是「貧乏的神學」（poor theology）。對黎秋來說，「神學」是一種「信仰的價值判斷」（value-judgment of faith），[8]因爲宗教主要的關心就是信仰價值“werthurheile”，[9]故與「科學」的關心不同。如此劃清「神學」與「科學」分野的努力，在當代的學界頗受歡迎，也可以緩和兩者之間關係的緊張。事實上，《舊約聖經》「創世記」的「宇宙創造」記述，不能用現代人的科學頭腦去瞭解它。因爲那是三千多年前希伯來宗教人的信仰告白，是相當可愛的「信仰語言」（languages of faith）。[10]近兩千年的猶太教徒與基督徒均共同接納它爲信仰內容的理由，當然有著它穩固的神學基礎。那就是藉著這一「信仰語言」告白：上主爲宇宙造化源頭，人類爲上主匠心獨創之傑作。人類之被造旨在與造物主同工，並於整個歷史過程中經營這個世界。如此信仰經驗，誠然如同黎秋所說，是一種「神學」的價值判斷，而非「科學」的驗證。至於達爾文的《物種起源》一書所提關於物競天擇的「進化論」，不外

8　Alan Richardson, ed., *A Dictionary of Christian Theology* (4th impression, London: SCM Press, 1976), p. 192.

9　彭彼德，《基督教思想史》（香港：聖書公會，1953年），頁215。

10　田立克（Paul Tillich）就認爲聖經中所有的「教義」與「神話成分」，宜以象徵形式來保存，不應該以科學的詞句來代替。因爲這些均爲「信仰的語言」（languages of faith）。見：田立克著，羅鶴年譯，《信仰的能力》（台南：東南亞神學院協會、台灣分會，1964年），頁40。

代表著一位十九世紀博物學家所說的「科學語言」（languages of science）。目的在於闡述宇宙與一切地球上的生物，有過一段漫長進化與演變過程。從而假定「人類」與靈長目的「類人猿」之間，似乎有明顯的姻親關係。[11]當然學說歸學說，因為「進化論」（evolutionism）這種「論」（-'ism）字出頭的東西，畢竟不是一種「絕對」的學說。達爾文以後的學者尚有不斷的發現與修整。諸如：魏司曼（August Weismann）、門德爾（Gregor Mendel）、富里斯（Hugo de Vries），以及摩爾根（Thomas H. Morgan）等人的努力皆是。[12]儘管這麼說，「進化」（evolution）對於一些基督徒科學家言，是地質與生物演變之確切事實。[13]難道造物主不能用「進化過程」來「創造」這個世界？為什麼基督徒沒有勇氣承認造物主也藉著地質年代與古生物遺骸來向我們直接說話？於是法國耶穌會神父德日進與台灣地質學家林朝棨教授，均對這一問題提出了肯定的答覆：造物主的「創造」可謂是「進化」的另一種用語。造物之主用「進化過程」來創造我們的世界，基督徒是不能拒絕此一事實的。對上述兩位學者而言，地質年代與生物的進化，同為上主啓示的言語：「諸天宣佈上主的榮耀，穹蒼傳

---

11 參照：陳兼善，《進化論綱要》（台北：台灣商務印書館，民國55年），頁4以下。

12 參照：紐曼（H. H. Newman）著，劉正訓譯，《進化論今昔》（台北：台灣商務印書館，民國62年），頁25以下。

13 事實上「進化」（evolution）這個詞包括了「進展」（progress）與「退化」（degeneration）。諸如由「原人」而「人類」乃一進展過程。而某些器官之萎縮或消失，為一退化之現象。見：陳兼善，前引書，頁3。像天主教神父德日進與台北東門教會長老林朝棨博士，均根據「進化」事實而發展了「進化神學」。對他們來說，「進化論」可以不接受，但「進化」之自然現象可以說明上主造化之過程。

揚祂的作爲。」（詩篇十九：1）同樣地，地質年代與生物演化的歷史，也在默默宣揚上主的救恩。根據如此信念，這兩位忠於科學，又忠於基督教信仰的學者，即越過「科學」與「神學」的分野，努力調和「創造」與「進化」的問題，而發展出他們的「進化神學」（theology of evolution）來。[14]在他們看來，「神學」與「科學」所做的見證只是表達上的不同，兩者的努力並不相悖。「創造」與「進化」只是探索眞理的兩種不同領域的用語，它們的精義及努力完全可以調和。

談到這裡，我們倘若要進一步討論林朝棨教授的「進化神學」，必先瞭解德日進的學說，因爲後者對前者的影響很大。因爲兩者於二次大戰時期在北平工作的一段時間，曾經有過密切的來往。雖然一個是天主教會神父，一個是基督教長老教會信徒，兩者的信仰證言均爲一致，即都在見證上主之於物質世界的「創造」係由「進化過程」而來的。德日進神父係一位古生物學家（Paleontologist），他提出的學說在二次大戰前曾經被天主教會禁止出版。直到他去世以後，其作品卻影響整個世界，進而成爲現代世界最重要的思潮。[15]雖然

---

14 這裡所謂「神學」具廣義的理解，因爲「神學」不一定以《新舊約聖經》爲基礎來經營，也可以用「哲學」與「科學」來經營。故此「進化神學」係一種「科學本位的神學」（scientifically based theology）。其實它正可與「聖經本位神學」（Biblically based theology）及「哲學本位神學」（Philosophically based theology）互相媲美。

15 德日進思想的典型代表作有：《神的氛圍》（*The Divine Milieu*），鄭聖沖譯（台北：先知出版社，1973年）與《人之現象》（*The Phenomenon of Man*），李貴良譯（台北：正中書局，1969年）兩書。有關介紹德日進神父的外文作品，可參照：Thomas Corbisbley, S. J., *The Spirituality of Teilhard De Chardin* (London and Glasgow: Collins Press, 1971) 一書。這麼一位勇敢而走在時代思想前端的科學化

開明的教宗約翰廿三世〔Pope John, XXIII〕曾抱怨說：「爲何他專寫這種難懂的字句？」然而之後他還是被推崇爲「偉大的科學家與上主忠誠的偉人」。[16]關於德日進神父的「進化神學」，簡單介紹可分爲下列二段：

(一)人類是整個宇宙進化之極致

宇宙一切現象的同一質料是「物質」，人類是觀察整個宇宙進化的理想著眼點。因爲「人類」是肉體與靈性之綜合，集物質進化之大成。[17]原來宇宙進化的過程係由「複雜的意識律」〔law of complexity-consciousness〕不斷向前推進著，[18]而後變成更加複雜的「基子」〔elemental particles〕。基子又演變爲「原子」〔atomic series〕、「原子」再演變成各種有機與無機的「分子」〔molecular series〕。[19]這種逐漸之演進：從巨型分子、濾過性菌、細菌、細胞，以至「一切動物系列」〔zoological series〕等等，都有一個基本現象。此一基本現象就是：物質由微粒分子按著「中心排列」〔centred arrangement〕，再蟠繞成更爲複雜的物體，從而形成爲「生命樹」〔the tree of Life〕。[20]至於物質中間的「意

神學家，其有生之年竟然是一個默默無聞的「流浪漢」。見：鄧肇明，《現代神學家素描》（香港：基督教文藝出版社，1979年），頁93-98。

16 王秀谷等著，《現代先知德日進》（再版，台北：先知出版社，民國64年），頁5-8。

17 德日進，《人之現象》（前引書），頁109以下。又參照：鄭聖沖編譯，《人的現象（簡縮本）》（台北：先知出版社，民國61年），頁24以下的介紹。

18 Pierre Teilhard de Chardin, *The Phenomenon of Man* (6th impression, London & Glasgow: Collins, 1975), p. 67 and pp. 328 ff.

19 Ibid., pp. 89-90.

20 Ibid., pp. 135ff.

識」（consciousness）之出現，德日進神父稱它做「圈」（sphere）。依「生命樹」爲例之排列就是：「重圈」（barysphere），是爲演化之始。而後有「岩圈」（lithosphere）。接著有「氣圈」（atmosphere）。後來有「水圈」（hydrosphere）。當地面上的生物出現時，「生圈」（biosphere）隨之出現。「生圈」最奇妙之極點，即「人類創生」（anthropogenesis）。於是又出現了「物質」和「精神」合璧的「心圈」（noosphere），它是宇宙進化之頂點。人類出現是其中的典型。[21]到底物質如何孕育了「意識」（精神）的問題，德日進神父把「物質」看做「切線能」（tangential energies）、將「意識」看做「軸心能」（radial energies）。「物質」與「意識」之間的遞轉並非直接的轉變，而是屬於一種「突變」（mutation）之現象。[22]

(二)德氏進化神學之體系

　　傳統的「基督教神學」（Christian Theology）向來以爲上主（造物主）只是「向上的上主」，認爲「這個世界」總不會比高高在上的「上主那邊」要好。惟有德日進神父心目中的上主是一位「向前的上主」，因爲祂將帶領著這個動態的世界向著一個更好的「最終人性」前進。因爲如此，我們這個物質世界是很有前途的。[23]德日進神父從「心圈」（noosphere）的思想層面，開始解釋其「進化」（evolution）的終點，進而

---

21 Ibid., pp. 181 ff. 又參照：鄭聖沖編譯，前引書，頁23及頁90-91。
22 Pierre Teilhard de Chardin, *op. cit.*, pp. 190ff.
23 鄧肇明，前引書，頁95。

將進化過程譜成了神學體系。對他來說，「進化」始自「阿爾發點」（Alpha point），最終有目標的走向新天新地的「奧米加點」（Omega point）。到了「奧米加點」（Ω point）之時，萬物都要在上主裡面達到超越物質與人格的合一。上主不是宇宙本身，而是終末的依歸。因為祂引導萬物在終末的過程中得到完全。這正如同保羅（Paul）所做的信仰證言：「萬物都順服他的上主，好讓上主在萬物之上統御一切。」（哥林多前書十五：18）在此，德日進神父發現了一種「萬物屬神論」（panentheism）的神觀。因萬物在上主的帶領下，向著「奧米加點」的「太極」（the Ultimate）走向「永恆」（Eternity）。[24]

那麼「進化」到底有沒有內在的原則或中心？對德日進神父言，宇宙進化的內在中心是「基督」（Christ）。因為「基督」乃以「合一的律」使萬物在祂裡面得到完全的統一。[25]值得注意的是：這個向著「基督」為中心的終點，有一種「愛」（love）的力量在推動著。因為「愛」是「進化之能源」（love as energy），是「存在與存在之間的引力」（the affinity of being with being）。[26]「愛」乃是一切生物的特性。由於「愛之力量」的推動，宇宙間分散的物質才能夠彼此吸引，逐漸趨向於美善。由此看來，德日進神父的「進化神學」，乃是以「基督」與上主的「愛」為中心，來綜合「創造」與「進化」的難題。同時提醒普世基督徒勿敵視「科學」（尤其是「進化論」）。因為「科

---

24 Pierre Teilhard de Chardin, *op. cit.*, pp. 33 ff.
25 Ibid., pp. 322-326.又參照：德日進，《神的氛圍》（前引書），頁20以下。
26 Pierre Teilhard de Chardin, *op.cit.*, p. 29.

學」與「神學」是能夠相輔相成見證上主造化真理的。

　　由上述的討論，對德日進神父的「進化神學」已有概要瞭解。現在回過頭來探討林朝棨教授的「進化神學」就有門路可尋。無疑的，林朝棨教授的「進化神學」是來自德日進神父思想之啓蒙。他完全接納德日進神父的理論，因而在內容上相似之處甚多。但是他也有德日進神父所沒有的特色，諸如處理《舊約聖經》「創世記」第一章的記述與地質年代排列的問題，又把做爲進化動力的「愛」加以澈底的分析等。雖然林朝棨教授的「進化神學」沒有顯著的文獻爲研究的依據，但從他的「地史與創世記一章比較表」與〈愛的分析與進化〉這一篇文章，已足爲我們探討其思想的依憑。何況林教授的「進化神學」在筆者下筆之時（1982年）尙在發展中，咸信不日將可進一步由後人之努力（林教授已於1985年安息）去窺其內容全貌。

二、林朝棨教授的「進化神學」

　　林朝棨教授的「進化神學」可以分爲下列幾段加以介紹，就是：(一)宗教與科學的分野，(二)創造與進化程序之比較，(三)愛的種類與進化，(四)愛與基督徒生活。

(一)宗教與科學的分野

　　就林朝棨教授看來，「宗教」與「科學」是兩種本質上不同的學問，不得以同一眼光加以評論。他認爲：

科學以自然界爲研究對象，有其特有的研究方法和研究精神。科學研究不能受宗教上、政治上，和社會上的任何勢力所輕易動搖。惟科學受了目的的限制，只求「眞」；但宗教卻追求「眞、善、美」的完整境地。科學受了對象的限制，只研究自然的規律及其變化系統的因果律。而宗教卻重視人類的精神與靈性。科學受了智力和工具的限制，不能達到絕對的精密度。但宗教建立於人類的體驗、信仰、和靈感。[27]

做爲地質學家的林教授本人，既忠心於科學，又忠心於自己的宗教信仰，因此反對「宗教」和「科學」之間的互相批評。他告白道：

我相信上主創造宇宙萬物，培育其生長發展；同時瞭解科學並非完美。更相信宗教與科學的立場不同，目的不同，對象不同，方法亦不同。因此科學不能批評宗教，宗教不能輕視科學。譬如我以科學家的身份去參觀美術展覽會，看美術家所畫的房子似乎每間都要倒塌的樣子。人和生物的描畫，亦完全不合科學邏輯。如果我在會場大罵畫家的不是，我必被當爲笑柄。美術的觀點不

---

27 林朝棨，〈愛的分析與進化〉，台北市東門教會《東門》期刊創刊號（1980年4月），頁12。

得從科學立場來批評，因為美術作品並非科學報告，而是美術家對於美所「感受」的表現。[28]

　　儘管林朝棨教授將「宗教」與「科學」的範圍劃分得這麼清楚，事實上他認為兩者是可以溝通的。就如「創造」與「進化」的問題，外表上看來互相對立。但事實上，「創造」是原動力，「進化」是生長史。而《創世記》第一章所描述的，正是宇宙與生物的進化史。就此而論，林教授步德日進神父之後塵，調和了「宗教」與「科學」的對立，而建立他的「進化神學」。林教授認為：「創造」是栽培者（上主）的作為，被造物在創造主的「愛之培育」中，由種子、幼芽、生長、分枝、茂盛、開花、結果，而達到栽培者種植的目的。

　　一個生物的生長史是「個體發生」（ontogeny），整個生物界或其中每一生物群的一系列生長史是「系統發生」（phylogeny）。前者是由簡單的細胞組織的幼胚逐漸發育為複雜的成體，後者是由原始簡單的生物逐漸演變升高而為進步複雜的生物。生物學者和古生物學者都認為：「個體發生」乃是將他的「系統發生」全階段或其中一部份，按次序縮短後而再度出現者。[29]

---

28 同上註。
29 同上註。

雖然這類「個體發生」與「系統發生」非《創世記》創造論的用語，是科學家處理生物演化過程的語言。可是在林教授看來是可以調和的，因為真理往往殊途同歸。從此一理解開始，他即努力調和「神學」與「科學」之論點，視兩者的用語都在見證上主造化之奧妙，其精義是可以互相溝通的。

(二)創造與進化程序之比較

林朝棨教授「進化神學」的第一個重要創意，就是將《創世記》一章所記述的「創造程序」與生物的「進化過程」加以比較，而以「地質年代史」為其基礎。林教授認為：

> 《創世記》第一章不僅描述上主的創造史，同時也記述被造物的生長進化程序。而所敘述的程序與現在的地史學與古生物學所敘述者幾乎一致。

不過他又補充地說明：

> 惟撰寫《創世記》時人智未開，不能以其為大學課程內容講授。其目的只要使人類認識上主的權能與愛心，使「同根」的人類能夠互相互愛。[30]

---

30 同上註。

爲要更具體的說明「創造」與「進化」過程的平行之處，林教授用心的製作一個比較表，來支持自己的立場。[31]

「地史」與「創世記一章」比較表

地質時代	質代	生物時代	地史	創世記第一章的記述	
				聖經日子	經文內容
新生代	第四紀	人類時代	人類繁榮　現代人／新人／舊人／原人／猿人	第六天	26,接著，上帝說：「我們來創造人類；他們要跟我們相似，跟我們相像。讓他們管理魚類、鳥類，和一切牲畜、野獸、爬蟲等各種動物。」27,於是上帝創造了人類，使他們跟自己一樣。他創造了他們，有男的、有女的。28,賜福給他們，說：「你們要生養許多兒女，使你們的後代遍滿全世界，控制大地……」
	第三紀	一般哺乳類時代	繁榮哺乳類動物		24,上帝又命令：「大地要繁殖各類動物：牲畜、野獸、爬蟲；」一切就照著他的命令完成。25,於是上帝創造了地上所有的動物。上帝看這些動物很好。

---

31 林朝棨教授的這一份「地史與創世記一章比較表」作於1960年，就是在台灣神學院教授「自然科學」課程的時代。關於詳細的「地質年代表」，請參照：林朝棨主編，《地史學、古生物學》（台北：台灣大學地質學系出版），〈地質年代學〉這一部份，頁9以下。

代	紀	時代	事件	天	經文
中生代	白堊紀	爬行類（恐龍）時代	被子植物出現 鳥類出現 爬行類繁榮，其一部份入海，一部份在空中飛翔 哺乳類出現（陸一海）	第五天	20,上帝命令：「水裡要繁殖各種動物，天空要有各種飛鳥。」 21,於是上帝創造了巨大的海獸，水裡各種的動物，和天空的各種飛鳥。上帝看這些動物很好。 22,他賜福給這些動物，叫魚類在海洋繁殖，叫飛鳥在地上增多。 23,晚間過去，清晨來臨，這是第五天。
	侏羅紀				
	三疊紀				
古生代	二疊紀	兩棲類時代	裸子植物出現 爬行類出現（陸上） 昆蟲上陸 ⎱兩棲類 魚類上陸 ⎰出現		
	石炭紀				
	泥盆紀	魚類時代	羊齒植物出現 魚類繁殖 珊瑚類繁殖		
	志留紀				
	奧陶紀	有殼有脊椎動物時代	筆石及軟體動物出現 魚類出現 腕足類繁殖 三葉蟲繁殖		14,上帝又命令：「天空要有光體來分別晝夜，作為劃分年日和節期的記號。 15,並且在天空發光照亮大地。」一切就照著他的命令完成。 16,於是上帝創造了兩個大光體：太陽支配白天；月亮管理黑夜。他又造了星星。 17,他把光體安置在天空，好照亮大地。
	寒武紀				
原生代		無殼無脊椎動物時代		第四天	18,支配晝夜，隔開光和暗。上帝看光體很好。 19,晚間過去，清晨來臨，這是第四天。（月球形成）

始生代	始原生物時代	植物發生 { 複細胞類 有核單細胞類 無核單細胞類 （36億年前「生命」誕生）	第三天（A）	11,接著,上帝發出命令,「陸地要生長各種各類的植物,有產五穀的,也有結果子的。」一切就照著他的命令完成。 12,於是陸上生長了各種各類的植物,有產五穀的,有結果子的。上帝看這些植物很好。
	無生物時代	岩圍的矽鋁帶摺皺形成盤 古大陸及原始水圈 （65億年前「地球」（太陽系）誕生）	第三天（B）	9,上帝又命令:「天空下面的水要匯集在一處,好使大地出現。」一切就照著他的命令完成。 10,上帝稱大地為「陸」,匯集在一起的水為「海」。上帝看陸地和海洋很好。
始地球時代		地球區域結構的完成 （完成重圈、岩圈、氣圈、水圈）	第二天	6,上帝又命令:「在汪洋大水中要有穹蒼,把水上下分開」;一切就照著他的命令完成。 7,於是上帝創造了穹蒼,把水分為上下。 8,他稱穹蒼為「天空」。晚間過去,清晨來臨,這是第二天。
宇宙塵時代		宇宙塵的衝突合併、凝結	第一天	1,太初,上帝創造宇宙。 2,大地混沌,沒有秩序,怒濤澎湃的海洋被黑暗籠罩著。上帝的靈運行在水面上。 3,上帝令令:「要有光」;光就出現。 4,上帝看光很好,就把光和暗隔開。 5,稱光為「畫」,稱暗為「夜」。晚間過去,清晨來臨,這是第一天。

這一份比較表乍看之下，定會令人讚嘆《創世記》一章與「地史」之間關係的巧合性。嚴格來說，宗教的「信仰語言」與「科學語言」之間的對照，其細節尚有待批判。但對調和「神學」與「科學」的關係而言，則不可忽視。因為那是由一位基督徒科學家的信仰經驗而發之證言。無論如何，「進化」是個事實，是上主造化之代名詞，也是上主不斷地創造的方法。因此林朝棨教授解釋道：

> 宇宙間所有包羅萬象，都沒有一刻維持現狀而沒有變化。大由宇宙、星雲、恆星，小至濾過性病毒、細菌、分子、原子、電子等，都在運動變化。

又說：

> 從亞里斯多德（Aristotle, 384-322 B.C.）以來，進化論者都認為生物的「種」是在變化，地層中的古生物化石更告訴我們這個事實。這是上主的大權能和愛心的表現，亦是由上主賞賜生物的「生存能力」。[32]

　　在漫長的「地史」中，生物不斷地演化。是否其屬性也在演化呢？關於這點，林教授的答覆是肯定的：

---

32 林朝棨，前引文，頁12。

既然生物的體質在進化，當然其屬性亦在進化。[33]

關於生物屬性進化的問題，正是林教授的「進化神學」
所欲處理的焦點。他自稱：〈愛的分析與進化〉是他探討生
物屬性進化論的第一篇論文。[34]事實上，那也是其「進化神
學」最具特色之處。

(三)愛的種類與進化

「愛」是生物的基本屬性，是進化過程的動力。林朝棨
教授爲了要說明「愛」的本質，他先從文字的理解開始介紹。
在林教授看來，英文的"love"、德文的"liebe"、拉丁文的"amor"
與法文的"amour"，都不適於說明「愛」的屬性與進化。只有
希臘文（Greek），比較適於應用。諸如：男女性慾（肉慾）的愛
是："$\varepsilon\rho o\varsigma$"（eros）、親情與血統上的愛爲"$\sigma\tau o\rho\gamma\acute{\eta}$"（storge）、
愛慕智慧之愛是"$\psi\iota\lambda\iota\alpha$"（philia）、無條件的奉獻與犧牲的愛
是"$\alpha\gamma\alpha\pi\eta$"（agape）等。不過林氏認爲「愛」的內容並非如此
簡單。倘若詳細加以分析，「愛」的屬性的「進化過程」始
於「自愛」，繼而有「色愛」、「親愛」、「友愛」、「婚
愛」、「忠愛」、「智愛」、「美愛」、「善愛」、「仁
愛」，而終於「聖愛」等十一種之多。[35]此等不同的「愛」隨

---

33 同上註。
34 同上註。
35 林朝棨，前引文，頁13。
36 林朝棨，前引文，頁14。

著生物的體質進化而進化，其屬性與內容均不盡相同。比較原始的生物僅具一兩種低級的「愛」，越是高級的生物，其「愛」的內容更為高尚複雜。質言之，乃是向著上主的「聖愛」方向而進化。終而與神合一，達到圓滿。下列的圖表就是林朝棨教授所做關於「愛」的進化系統圖[36]。

「愛」的進化系統圖表

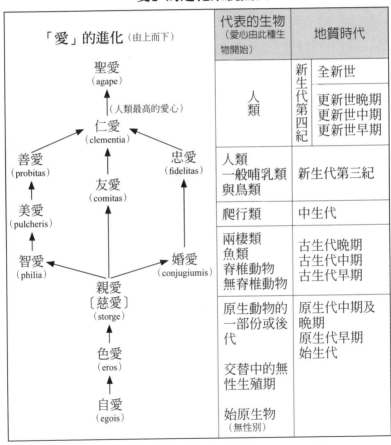

「愛」的進化（由上而下）	代表的生物（愛心由此種生物開始）	地質時代	
聖愛（agape） （人類最高的愛心） 仁愛（clementia） 善愛（probitas）　忠愛（fidelitas） 美愛（pulcheris）　友愛（comitas） 智愛（philia）　婚愛（conjugiumis） 親愛〔慈愛〕（storge） 色愛（eros） 自愛（egois）	人類	新生代第四紀	全新世
			更新世晚期 更新世中期 更新世早期
	人類 一般哺乳類 與鳥類	新生代第三紀	
	爬行類	中生代	
	兩棲類 魚類 脊椎動物 無脊椎動物	古生代晚期 古生代中期 古生代早期	
	原生動物的一部份或後代 交替中的無性生殖期 始原生物（無性別）	原生代中期及晚期 原生代早期 始生代	

上述的圖表，使我們對「愛」的進化過程可以一目了然，而「人類」的愛情最爲高級而複雜。關於「愛」之屬性解釋，林教授也有詳細的說明：[37]

　　自愛（egois）：屬於非動植物又無雌雄之分的「始原生物」（protista）的愛，它僅有生存與繁殖（細胞分裂）之本能。「自愛」只爲自衛、生存與繁衍而發，係最原始、最下級之愛。然而「自愛」也潛伏於高等動物之中，而表現出個人的自私、利己、權力與獨裁主義之上，也是一種弱肉強食貪瀆枉法的社會性病源。

　　色愛（eros）：出現於原始生物對異性所發的色慾之愛，乃雌雄繁衍後代的本能屬性，也即「始生代」就已出現的下級愛情。「色愛」同樣存留在「始原生物」以外的一切生物之中，人類也不例外。人類社會的色情氾濫，如：強暴、淫亂、娼妓、黃色污染等，均爲「色愛」本能所使然。

　　親愛（storge）：即母子情深之愛。禽類以其體溫孵蛋、育雛，獸類以乳餵養幼獸，教其覓食及防敵，這些均爲「親愛」（慈愛）的表現。人類於舊石器時代游獵爲生，父母同穴、母子相依，親子之間的感情爲全生物之冠。故「親愛」以父母對兒女的愛，或兒女對父母的孝敬爲典型。而延伸至親戚朋友間，以至同根民族的社會倫理之愛等等。

　　友愛（comitas）：人類社會越發達，與血統無關的成員建立團契彼此之間的「友愛」，大家相處互助合作亦隨之出

37 林朝棨，前引文，頁13-16。

現，「友愛」於是建立。

婚愛（conjugiumis）：男女之間具有法律約束之道義上及家庭上名份的夫妻情愛，就是「婚愛」。人類家族制度的基礎，即婚姻制度。因為男女在共同組織家庭以前，要在神靈與族親面前誓約行儀，而後被公認其婚姻的合法性。所以「婚愛」的倫理層面甚明，它與一般的「色愛」全然不同。

忠愛（fidelitas）：「全新世」之後人類社會組織趨於複雜，宗教團體、政治團體、學術團體、經濟團體等相繼出現。於是有對神靈與祖先的敬禮（宗教），對國家與相關團契之效忠（政治），「忠愛」從此出現。

智愛（philia）：人類獨有求知之本能，因此需要教育。教育初由父母抽出（德文教育"erziehen"即由內在抽出之意），後由師長培植，因此而有「智愛」。「智愛」促使人類去觀察、思考、實驗、組織、整理，從此增加智能並發展學術。林教授以為中國人求智之勤與愛智之深為世人之冠，故有中國之文明。惜因封建帝制與專制使政治腐敗、人民自私自利及社會不安，終被西方文明所凌駕。因此要發揮「智愛」，強化學術研究，才能夠扳回劣勢。

美愛（pulcheris）：人智一旦提高，除物質生活以外，就更進一步追求豐富快樂的精神生活。就如「更新世」晚期，中國「山頂洞人」就有愛美之心，是為人類「美愛」的萌芽。[38]當歐洲的克魯瑪儂人（Cro-Magnon man）尚在幾乎裸體的

---

38 中國「山頂洞人」的文化，比「北京人」更為進步。他們懂得製造裝飾品和宗教法

階段，前者已懂得穿衣和化裝。新石器時代初期，中國的繩紋陶、黑陶、彩陶，其造型紋路相當美。夏、商、周各朝的銅器，其形狀紋飾之美更爲世界之冠。故「美愛」之滋生使人類文化生活提高，生活內容更爲豐富。

善愛（probitas）：「全新世」後期寒冷的冰期已過，溫暖的氣候來臨，人類已具農耕、畜牧的技術藉以營生。生活改善的結果，人口自然增加，語言文字發達。無奈因社會成員利害關係複雜，難免發生糾紛。於是有宗教規條與國家法令來維護社會秩序。中國歷代君王聖賢，如文王、武王、周公、孔子、孟子等人，均鼓吹倫理道德。宗教家亦倡導愛神愛人的教條，諸如摩西（Moses）「十誡」的出現。他們目的都在淨化人心與社會，以期「善愛」能夠充滿人間。所以宗教之出現，人類的精神生活亦加速增進。

仁愛（clementia）：人間無私無我犧牲奉獻的最高級愛心，即是「仁愛」。基督教對「仁愛」的強調十分澈底，因它強調「赦免敵人」以及「以德報怨」的大道理，爲正義犧牲與奉獻之精神。林教授認爲孫中山的三民主義若能發揚耶穌基督的仁愛精神，那中國人實在有福了。只是理想與現實總是有一段距離，畢竟中國人自私自利太缺乏「仁愛」。

聖愛（agape）：愛的進化過程始於「自愛」，而以「聖愛」爲終結。「聖愛」是「愛的進化」之最高峰，正與恨的頂

物，懂得穿衣蔽體，懂得用穿孔技術製作貝殼與獸牙的項鍊，懂得使用紅鐵礦粉爲染料化裝。他們愛美之心，不亞於現代時髦的小姐與男士。參照：徐亮之，《中國史前史話》（再版，香港：亞洲出版社，1956年），頁126。

點：「魔鬼的恨」相對立。上主乃代表著最高的「聖愛」，而魔鬼代表最惡毒的「仇恨」。儘管人間的「仁愛」接近上主之「聖愛」，惟人類的愛摻雜著「自愛」、「色愛」與「親愛」等其他愛心，因此人間之「仁愛」無法與上主之「聖愛」相提並論。前者乃人類屬性之昇華，後者為神之本質。道成肉身的耶穌基督將上主的「聖愛」完全彰顯出來，終於使人人因信仰耶穌基督而能夠一步一步地接近上主的「聖愛」。

從上面的分析，我們對於「愛」的進化過程與上主的關係已經有個概念。總而言之，「始原生物」是由上主所出，此一生物胚種代表著「愛」的開始，可以叫做「A點」（alpha point）。人類是一切生物演化中最晚出的生物，是萬物之靈長，具有與神（上主）溝通的宗教心。因此人類若肯堅持「仁愛」品格，放棄低等的愛慾而追求「聖愛」以達「成聖」之時，就能夠抵達一系列進化之終點：「Ω點」（omega point），而與上主融合為一。[39]這樣看來，生物的進化過程乃是由「A點」邁向「Ω點」的理解，以及「愛」是一切生物之通性這點，明顯地乃是來自德日進神父的靈感。[40]因此兩位學者均相信：當人類進化至「奧米加點」（Ω點）之後，世界大同的「上主國度」（人類的生命共同體）就在地上實現。所以人生之主要目標，乃是努力向著上主的方向前進，縮短神人之間雙方的距離。從而由「聖愛」之實踐而達成「神人合

---

39 林朝棨，前引文，頁17。
40 參照：Pierre Teilhard de Chardin, *op. cit.*, pp. 290-294.

一」的圓滿境地。

(四)愛與基督徒的生活

　　分析「愛」的進化過程與種類之後，林朝棨教授即著手處理「愛」與基督徒生活的關係。對於此一基督教倫理層面的關懷，林教授提出五點來加以說明，就是：(一) 愛與信仰生活，(二)愛與家庭生活，(三)愛與社會生活，(四)愛與政治生活，及(五)愛與教育生活。[41]當然，人類要進化到「聖愛」階段的「Ω點」，基督徒單憑嘴巴講是不夠的，必須付諸品格之實踐才能夠達到這個目標。這便是宗教的倫理實踐與社會服務。

1. 愛與信仰生活

　　基督徒是跟隨耶穌基督，遵守他的教訓，以敬神愛人為準繩的人。他的目標在建設「上主國度」於地上，以人的靈魂得救與神合一的終極目標為本務。所以基督徒的信仰首在拒絕與「上主的愛」對立的「魔鬼的恨」，藉著戰勝「恨」並確保「愛」而奮鬥。「愛神」與「愛人」或「榮神益人」，正是促使這個聖戰勝利的關鍵。

2. 愛與家庭生活

　　「愛」正是建設家庭的基礎，缺乏了「愛」，家庭就崩

---

41 林朝棨，前引文，頁17-18。

潰。人類一生下來就受家庭親情培育，而後懂得孝敬雙親。有了配偶又經驗婚姻愛情，夫妻兩者同甘共苦建設家庭。然而「家庭倫理之愛」的提昇，必須以基督為一家之主。因此基督化家庭，就是在追求在「聖愛」中生活的家庭。

3. 愛與社會生活

人無法與社會隔離，因此人人均是「社會人」。人我之間的相處在於和平友愛，互助合作。事實上時下的社會風氣不佳，人人爭權奪利，政府貪污枉法沒有公義。下級的「自愛」與「色愛」氾濫，強暴、殺人、搶劫現象令人憂心。基督徒處身於這樣的環境中宜堅守信仰原則，潔身奮發，在社會中提倡「忠愛」、「仁愛」與「善愛」，謀國家民族之福利富強，促進「上主國度」臨在於斯土斯民中間。

4. 愛與政治生活

根據「愛的進化系統圖表」分析，人類的「親愛」向著三個方向演進：右線經「婚愛」至「忠愛」，那是代表由家庭的愛進化到國家民族的愛。中線經「友愛」至「仁愛」正代表著民族倫理精神（民族主義），與人權之伸張（民權主義）。左線經「智愛」、「美愛」、「善愛」又回到「仁愛」一線，正代表著科學、哲學、宗教之精神（民生主義）。由此可見，林朝棨教授認為三民主義具有基督教「博愛」之理想。惟美中不足者，乃是某些中國國民黨政府官員貪圖「自愛」與「色愛」，以致敗壞政風，使其精神不能發揮。基督徒的

公民責任在於以「忠愛」（不是愚忠）精神矯正政治不良之政風，再以「仁愛」精神爲吾土吾民奉獻犧牲，如同耶穌基督在歷史上所樹立的榜樣。

5. 愛與教育生活

「教育」有家庭教育、學校教育與社會教育之分，而教育的基本精神是「愛」。林教授認爲要達到我國憲法第一百五十八條規定的「完人教育主義」（whole man's education），則必須以「親愛」、「婚愛」、「忠愛」和「仁愛」從事「德育」。以「智愛」精神從事「智育」。把「自愛」提昇爲「體育」，來確保民族之健康。又將「美愛」推廣於藝術及生活內容，達成「美育」目的。至於社會的安定與全民的和諧，宜以健全而非盲目的「忠愛」爲本，來完成「群育」目標。無論如何，「愛的教育」旨在傳播上主「聖愛」，增進人類對進化之本源——神（上主）的向心力。當社會聖化，靈育完成，眞正的「完人教育」才能夠實現，「上主國度」（生命共同體之神人一家）的臨在莫非如此。

三、林朝棨教授「進化神學」之評估

雖然林朝棨教授是一位地質學家，沒有受過正規的基督教神學訓練，他居然有這麼大的熱情與勇氣來處理「創造」與「進化」的問題。這一點除了教人佩服之外，同時也指出一個事實：平信徒也可以經營基督教神學，基督徒科學家

更可以憑他所學之專長，來調和「創造」與「進化」的問題。以往數百年來，基督教「神學」與自然科學的「進化」之論述各立門戶，並且爭論不休，內容豈只是「創造論」與「進化論」的問題而已。[42]就如十六世紀天文學家哥白尼（Nicolaus Copernicus, 1473-1543）的「地動說」，十七世紀伽利略（Galileo Galilei, 1564-1642）的「天文學說」，也都被當時的天主教教廷判爲異端。達爾文的「進化論」對《舊約聖經》之「創造論」，對於基督教神學界所引起的震撼更不用談。時至二十一世紀的今日，倘若基督教會再對他們的「進化論」論述挪揄排拒的話，就未免顯得無知又意氣用事了。事實上，哥白尼、伽利略與達爾文均非神學家，而是自然科學家。他們用另一種語言證言造物主的啓示，實在是與神同工的先知先覺，其貢獻絕不能忽視。雖然現代天文學的發現超越了《新舊約聖經》的宇宙觀理解，「進化論」的出現又與「聖經」的人觀互相抵觸。如果上主要人類乘坐「地球」這艘「行星太空船」繞著「太陽」旋轉，又藉著「進化過程」使人類於地球上出現而與祂同工的話，[43]我們基督徒是不能拒絕的。如此認知使基督徒科學家們勇於去調和「神學」與「科學」的問題，讓現代人可以從自然科學的貢獻裡聆聽

---

42 參照：Ian G. Barbour, *Issues in Science and Religion* (London: SCM Press, 1966). 該書第一部份論「宗教與科學史」，第二部份論「宗教與科學方法」，第三部份論「宗教與科學理論」。其中第三部份用四章篇幅來討論物理學、心理學、進化、哲學與宗教的問題。

43 「進化論」並非絕對無誤的學說，達爾文以後的學者略有修整。然而「進化過程」則爲事實。因此許多科學家主張：上主仍舊藉著「進化」在繼續創造中。參照：Ian G. Barbour, *op. cit.*, pp. 414ff.

上主的話語。近代的「過程神學」（Process Theology）就是這種成果之一，其方法論的基礎即來自懷德海（Alfred N. Whitehead, 1861-1947）的「過程哲學」（process philosophy）。[44]當然懷德海的哲學架構來自自然科學，尤其物理學的「相對論」與「進化論」。[45]「科學」既然可以與「神學」溝通，做爲地質學家的林朝棨教授便勇於步德日進神父的後塵，用心去經營自己的「進化神學」來啓發現代基督徒。

也許我們要問，沒有《新舊約聖經》爲基礎，能夠經營基督教神學嗎？如果我們認爲《新舊約聖經》以外的「哲學」也可以經營「神學」，就像田立克（Paul Tillich, 1886-1965）的努力一樣的話，[46]其答案應該是肯定的。因爲「哲學化的神學」以及「科學化的神學」均非以《新舊約聖經》爲本位，而以《新舊約聖經》的信仰原則爲主體，雖然缺乏一些聖經引證的基礎。[47]根據傳統基督徒的理解是：《新舊約聖

---

44 按「過程神學」來自懷德海（Alfred North Whitehead, 1861-1947）的「過程哲學」方法論之應用，而由哈尚（Charles Hartshorne）、威廉斯（Daniel D. Williams）、畢典傑（W. Norman Pittenger）、柯布（John B. Cobb）、歐格田（Schubert M. Ogden）與韋曼（Henry N. Wieman）等人將它發揚光大。參照：Ewert H. Cousins, ed., *Process Theology: Basic Writings* (New York: Newman Press).最有趣的是：德日進的「進化神學」也被列入該書的第四部份（pp. 229-322），就是被視作「過程神學」的一部份。漢文有關「過程神學」的介紹，可參照：馬有藻，《基督教神學思想史導論》（香港：天道書樓，1979年），頁363-372。

45 參照：Ewert H. Cousins, ed., *op. cit.*, pp. 85-100.另參照：Alfred North Whitehead, *Process and Reality* (New York: The Free Press, 1969).

46 田立克（Paul Tillich）就是用哲學方法與材料來處理系統神學的成功學者。參照：Paul Tillich, *Systematic Theology*, 3 vols. (Chicago: University of Chicago Press, 1951-1963).

47 按「科學化的神學」的第一個入門仍然是《新舊約聖經》，並且依照《新舊約聖經》的信仰原則加以發展者。只是他們深信「科學」的知識貢獻爲上主的另一種啓示，可以與「聖經」的真理互相補充。

經》所啓示的道理以外，沒有別的啓示。但哲學化與科學化神學的理解是：《新舊約聖經》啓示眞理的原則都是「信仰語言」，其中不明之處可以用哲學與科學的貢獻（理性上之推理）加以詮釋。因爲現代學者領會到《新舊約聖經》的語言與現代知識分子實在難以溝通，尤其是哲學家與科學家們。然而他們確信上主藉著《新舊約聖經》的啓示以外，也通過哲學與科學的發現來彰顯祂的啓示。如此認信，才足以說明上主在歷史中的繼續創造。這麼說，傳統的「聖經神學」（Biblical Theology）不能沒有，因它是檢視信仰眞僞的憑據。但也不要把「上主的啓示」單單局限於《新舊約聖經》之中，因爲上主也藉著哲學與科學的成就（自然啓示）要人類更能洞察祂造化的奇妙與偉大。在此一理解上，《新舊約聖經》之啓示，「哲學」與「科學」之「自然啓示」貢獻，均在參與上主的啓示事工。其中的精華訊息應該可以互相溝通，進而互相調和來經營基督教神學，向現代人見證上主的救恩。我們也得承認：任何種類的「神學」均非絕對，故不可將它們絕對化。「神學」僅具一時性事奉教會的效用，於不同的時代與場合就得修整。畢竟「神學」不是「上主的道」本身。我們若能夠以這樣的態度來正視林朝棨教授的「進化神學」，的確有助於我們的信仰生活，因它代表著一位基督徒地質學家的見證。

　　嚴格來說，林朝棨教授的「進化神學」尚未完成，因爲尚在由後人繼續創作中。「地史與創世記一章比較表」，只能算是林教授「進化神學」之入門或導論。「愛的進化系統

圖表」及其分析，僅是探討生物屬性之進化的第一篇論文。林朝棨教授也知道所有的「進化學說會受到批判、檢討、修改，或否認」。[48]吾輩神學人莫不期待他的神學體系能夠繼續發展，以至能夠躋身於現代亞洲基督教神學的潮流中。無論如何，林朝棨教授的努力委實值得吾輩神學人以及基督徒科學家借鏡。因為我們能夠從他的貢獻而提高自己的信心，進而為我們自己神學的開發盡力去創作發展。

本文發表於台灣神學院《台灣神學論刊》
第四期（1982年3月），頁63-82。
2012年6月重新修整補充部份內容。

---

48 林朝棨，前引文，頁12。

二｜從《創世記》一、二章的創造記述正視神、人、世界的關係

這是一個變遷的世界！住在台灣的人於二次世界大戰以後的三十年間莫不深深體驗到西方文明的勢力，這種勢力導致一向務實的傳統社會發生劇變。[1]一個顯著的社會現象即：農村社會解組，年輕人紛紛走出農村湧入都市謀生。都市既成了「人蟻世界」，人因生存競爭的利害關係就變得彼此離間（alienation），不輕易互相信任，人際關係的真誠也因此破產。今日，已進入二十一世紀時代，「工業人」或「商業人」個個都充滿自信，以為自己才是世界真正的主人翁。為著是機器萬能、金錢萬能這種迷信在作祟。類似極端之自信心理終於使人冷漠了宗教信仰，並與傳統精神敵對。所謂「西化」（Westernization）、「現代化」（Modernization）、「世俗化」（Secularization）這些摩登說詞，委實把人迷住了。因它們象徵著文明進步的時代潮流，以及現代人生活上的享受。固然現代社會生活是進步了，可是精神

---

1 參照：陳紹馨等著，《台灣之社會經濟概況》（台北：台灣基督教福利會，一九六五年），頁1-10，25-42。

生活則墜落於極端混沌中。質言之，人與神的關係，人與人的關係，以及人與自然的關係，都已經陷入不正常的危機狀態。

一次筆者走訪一處中南部的養雞場，主人介紹他所養的「種雞」、「蛋雞」與「肉雞」都是以人工授精、孵化及飼養而成的。人類真是雙手萬能、巧奪天工！當觀察到「蛋雞」被關在一個個的小鐵絲籠裡拚命為主人下蛋，又看了「肉雞們」搶喫肥育素養肥自己來為主人賣肉時，君不禁為那些「人工雞」長嘆一聲！人類真不懂得造化的情趣，使創造程序陷於混沌。鄉下的那些自生自養的「自然雞」實在真正有福了！那幅小雞騎母雞、公雞追母雞的美麗畫面，真正是農村雞家族幸福的寫照。思及於此，只見現代「文明人的命運」亦與「人工雞」的遭遇差不了多少。人越來越將自己局限於工商業發達的都市，以「經濟人」角色取代了「自然人」的位置。人這種會思想的雙足動物，從而變成了「有生命的商品」。嗚呼哀哉！人性的尊嚴在何處？

宗教人（homo religiosus）的憂慮，就是世俗化潮流造成了現代人對「神聖」經驗的深度離間。現代非宗教人以為「神聖」經驗乃是他們本性自由的絆腳石，因此努力使自己「非神聖化」（desacralization）。[2]此一努力的結果，非但無法把「神聖」（sacred）之實有（reality）消滅，反而陷人間於憂慮不

---

2 Mircea Eliade, *The Sacred and the Profane*, tr. by Willard R. Trask (New York: Harcourt, Brace & World, 1959), p. 203.

安的混沌（chaos）狀態。當然「世俗化」有其美善的一面，因它代表著人的現世理想與努力，並不全然意味著對「神聖」實有的拒絕。神學家潘霍華（Dietrich Bonhoeffer, 1906-1945）的《倫理學》一書就強烈表現出基督教世俗主義的理想。[3]因爲人能在參與世俗的生活中與「神聖」相遇。[4]世俗潮流並非絕對，現代人的精神墮落，就是奉「世俗」爲神明而拒絕「神聖」的結果。

儘管世俗潮流沖淡了「神、人、世界」的關係，然而基督徒並不對此一時代的危機抱持悲觀。爲的是《創世記》一、二章的創造記述，提供了現代人嚮往「神聖」實有的重要啓示。「創造」（Creation）是基督教的信仰基礎，雖然《創世記》的創造記述裡具有古代近東的神話背景，[5]但是「神話」（myth）這一信仰語言卻是人尋求神聖的重要媒介。換句話說，人不可否認「神話」價值，因它是宗教人的「信仰語言」。[6]也就是此一「信仰語言」以象徵形式保存「神聖」實有，並且溝通了神人之間的關係。針對這點，本文除探討《創世記》的創造記述外，也重視中國神話宇宙論的考究。然以前者爲主，後者爲輔，來理解「神、人、世

3　Dietrich Bonhoeffer, *Ethics*, ed. by Eberhard Bethge (2nd imp. London: SCM Press, 1971).

4　J. G. Davies著，王成章譯，〈當代神聖的意義〉("Contemporary Meaning of the Sacred")，《神學與教會》十卷一期（民國六十年十一月），頁31以下。

5　Henri Frankfort and Others, *Before Philosophy* (reprinting, Baltimore: Penguin Books, 1971), pp. 137ff.

6　Paul Tillich著，羅鶴年譯，《信仰的能力》(*Dynamics of Faith*)（台南：東南亞神學院協會，一九六四年），頁40。

界」相互關係的問題。希伯來人與中國人都關心宇宙開關的問題，雖然兩者說法因著文化背景之不同而有異，但都在關心「神、人、自然」之間的和諧關係。不過從基督教的立場言，兩者的敘述都不盡完美。因為「創造」是繼續不斷的，它必須指向另一個「新實有」的出現才能獲得完全。這就是萬物「在基督裡」的「新創造」（見：哥林多後書五：17）。唯有「新創造」發生才能消除現代人心的空虛混沌，治好現今社會「人與神」、「人與人」，以及「人與自然」極端疏遠所引起的「世俗化失神症」。

一、從宇宙的誕生談起

關於宇宙的發生（cosmogony）此一人間最關懷的主題，希伯來與中國的神話傳統，均有重要的啟迪。現代的「科學人」面對這個偉大的問題，雖已盡了最大的努力與冒險，亦只能洞察其皮毛，至今尚無令人滿意的定論，或可說仍然是個謎。可是希伯來和中國的「宗教人」都以豐富的宗教經驗，並以優美的信仰語言（神話），來解答宇宙來源之謎。他們嚮往「神聖」及尋求人生根本意義的努力，給現代俗化的世界莫大鼓舞。

(一)《創世記》的敘述

《創世記》一、二章分別記述兩個創造故事，即（一：1～二：4ᵃ）所謂「祭司典」（以下簡稱「P典」）之記述，以及

（二：4^b-25）的「耶和華典」（以下簡稱「J典」）之記述。

1. 祭司典的創造論（創世記一：1～二：4^a）

舊約學者都公認「P典」（創世記一：1～二：4^a）係晚期作品，其描述技巧完整而有秩序。[7]從整個故事的發展看，不難發現其中所含的巴比倫神話要素，如（一：1-2）的「深淵」（tehom）一詞，即與巴比倫神話的混沌龍底阿瑪特（Tiámat）有關。根據巴比倫神話的說法，宇宙的發生係大神瑪杜克（Marduk）戰勝混沌龍底阿瑪特，把他斬成兩半而分開天地的結果。[8]自（一：3ff）也深受「當上面」（Enuma Elish）這一敘事詩的影響。[9]不過希伯來的「P典」作者在記述世界的創造時，曾經企圖解除巴比倫的神話外貌（參照：創世記一：1），然而並沒有完全破壞了神話本質。[10]下面粗略的比較，或可做為了解（一：1～二：4^a）之神話背景的嘗試：

《創世記》一：1～二：4^a	Enuma Elish敘事詩（epic）
1. 起初上帝創造天地	1. 太初Marduk與Tiámat發生戰爭
2. 地是空虛混沌	2. Tiámat的惡勢力極為強大
3. 淵面黑暗	3. Tiámat為混沌龍王
4. 上帝的靈運行在水面上	4. 大神Marduk凌駕Tiámat之上
5. 上帝分開光暗、天空與大地	5. Marduk把Tiámat劈成兩半分為天地
6. 上帝按自己的形像造人	6. 人類由Kingu的血造成[12]
7. 上帝以六日創造天地萬物，第七日安息（可能保存巴比倫人七日創造過程的回憶）[11]	7. Marduk建立了世界秩序，其旨意由天上星座日曆（即占星術）宣示

顯然的，希伯來作家不認爲宇宙的出現是秩序神與混沌龍戰爭的結果，而強調宇宙由上主的創造而來。更值得留意的是：宇宙的創造來自上主的「言語」（希伯來文發音"dabar"）。不過此一「言語創造論」也可從"Enuma Elish"敘事詩（Tablet 4.20ff）與古埃及的緬菲斯神學（Memphitic theology）找到痕跡，因爲古人以「言語」具有巫術創造力量。[13]無疑的是：「P典」作者所證言者爲上主的先在與主權，人類的被造成爲創造故事的最高峰。人類具有上主的形像（imago Dei）及活氣，他是酷似上主的存在者：上主的代表及化身，被造人類的尊嚴在此達到頂點。[14]上主看一切被造物極其美善，具有上主形像的人類，當然受造物主立爲世界的園丁。這個宇宙如同一所崇拜上主的大聖殿，上主特地爲萬物設立了「安息日」做爲神聖節期使萬物與祂交通，人類正是上主的祭司。日、月、星辰的運行成爲天上的鐘錶，不斷重複的宣示這一神聖

7　參照：Artur Weiser著，顏路裔、古樂人譯，《韋氏舊約導論》(*The Old Testament: Its Formation and Development*)（香港：道生出版社，一九六七年），頁149以下。

8　Henri Frankfort and Others, *op. cit.*, p. 194.

9　William F. Albright著，周天和譯，《聖經考釋大全：舊約論叢（上冊）》(*The Old Testament World*)（香港：基督教文藝出版社，一九七〇年），頁57。

10　Breavard S. Childs, *Myth and Reality in the Old Testament* (London: SCM Press, 1960), p. 42.

11　Ibid., p. 57.

12　William F. Albright, *op. cit.*, pp. 57-59.

13　Gerhard von Rad, *Old Testament Theology*, vol. one (London: SCM Press, 1975), p. 143.

14　Ibid., p. 145.

的安息，[15]好敎自然萬物在人類祭司的領導下與造物主保持密切的關係。

2. 耶和華典的創造論 (創世記二：4^b-25)

「J典」的年代遠早於「P典」，[16]又不像後者描述宇宙與人類按秩序一起被造，而是把宇宙與人類的創造個別分開，創造過程又相當擬人化。[17]作者首先描述上主是設計建造「伊甸園」（Garden of Eden）的工程師，園中因爲乾旱而沒有長出植物來。一天霧氣滋潤了大地，使園中的花草果樹欣欣向榮。於是偉大藝術家上主用潤濕的塵土塑造了亞當，並吹入自己的靈氣，他便成爲有靈氣的活人，來看守這一美麗的園子。可是獨居的亞當忙碌寂寞，顧慮周到的藝術家上主就用他一根肋骨塑造女人夏娃做他的配偶和幫手。從此陰陽相配，大自然生生不息美麗極了。人類成爲上主在大地的代表之後，就一一給大地的生物命名。上主給人類充分的自由（自由意志），唯一的禁令是：「不可喫『善惡果』。」

這個故事描述上主爲工程師，爲藝術家。描述人類的有限、尊嚴，以及家庭的設立。描述大地的美麗，與人類在大地的角色及其限制。其中人類的被造這點亦具有"Enuma Elish"的神話背景，只是Ea神造人用Kingu神的血，這個創

---

15 C. T. Fritsch, *Genesis* (2rd Imp. London: SCM Press, 1966), p. 19.

16 Artur Weiser, *op. cit.*, p. 119.

17 Fritz Stolz, *Interpreting the Old Testament* (London: SCM Press, 1975), P. 26.

造故事的材料則是泥土。[18]古埃及的「陶神之歌」，同樣說到人類是由泥土造成的：[19]

你是輪盤的師傅，	Thou art the Master of the wheel.
喜歡用輪盤塑造：	Who is pleased to model on the wheel,
你是萬能之神……	Thou art the Almighty...
你用輪盤造了人。	And Thou hast made men on the wheel.

中國古籍《太平御覽》引《風俗通義》的神話，亦載明女媧搏黃土作人的神話。可見「泥土造人說」的神話類型分佈甚廣。這正說明人類與大地有不可分割的關係，尤其是「J典」的創造故事，更強調「神、人、大地」三者的關係何等之密切。

(二)中國的開闢神話

雖然中國道家有「混沌」說[20]與「道氣」說[21]，理學家也有「陰陽元氣」論[22]，以闡釋宇宙的起源，只是都屬於半神話半哲學宇宙論。就台灣民間信仰言，最膾炙人口的即「盤古開天地」及「女媧造人」的神話。

---

18 Henre Frankfort. *op. cit.*, p. 197.
19 房志榮，〈創世記前十一章裡的敘述部份〉，《神學論集》十一號（一九七二年春）。
20 莊子〈應帝王〉篇有倏與忽鑿混沌七竅的寓言。
21 淮南子〈天文訓〉篇有「道」與「氣」成天地說。
22 見張載的《正蒙太和》，朱熹的《朱子語類》。

1. 盤古的開天闢地神話

這個神話見之於《太平御覽》卷二，引三國時代徐整的《三五歷記》[23]，馬驌的《釋史》卷一引《五運歷年記》[24]，以及任昉的《述異記》[25]之描述。據傳天地渾沌時代，宇宙如同一個「大雞蛋」。盤古巨人就孕育在這個「宇宙蛋」中。過了一萬八千年盤古忽然醒來，覺得黑暗渾沌的景象非常可惱，抓來一把大板斧用力一揮，「宇宙蛋」便破裂開來。突然「宇宙蛋」中那些輕而清的東西冉冉上升變成了蒼天，重而濁的東西沉沉下降變成了大地。這時盤古巨人站在天地當中頂天立地，隨著自然的變化而變化。這變化是：天每天升高一丈，地每天加厚一丈，盤古也每天增長一丈。如此過了一萬八千年，天升得極高，地變得極厚，盤古的身子極長無比變成巨人，推算有九萬里那麼長。盤古做這種撐天柱地的工作非常成功，他不必擔心天地會合在一起。終於，這位「宇宙巨人」倒了下來，安息了。臨死時的盤

---

23 《太平御覽》卷二引《三五歷記》原文：「天地渾沌如雞子，盤古生其中。萬八千歲，天地開闢，陽清為天，陰濁為地，盤古在其中，一日九變，神於天，聖於地。天日高一丈，地日厚一丈，盤古日長一丈。如此萬八千歲，天數極高，地數極深，盤古極長。故天去地九萬里。」

24 《釋史》卷一引《五運歷年記》原文：「首生盤古，垂死化身。氣成風雲，聲為雷霆，左眼為日，右眼為月，四肢五體為四極五岳。血液為江河，筋脈為地理，肌肉為田土，髮鬚為星辰，皮毛為草木，齒骨為金玉，精髓為珠石，汗流為雨澤，身之諸蟲，因風所感，化為黎甿。」

25 任昉《述異記》開端就說：「昔盤古之死也，頭為四岳，目為日月，脂膏為江海，毛髮為草木，秦漢間俗說，盤古氏頭為東岳，腹為中岳，左臂為南岳，右臂為北岳，足為西岳。先儒說，盤古泣為江河，氣為風，聲為雷，目瞳為電。古說，盤古氏喜為晴、怒為陰。」

古，其身體起了極大的變化：呼氣變成風雲，聲音變成雷霆，左眼變成太陽，右眼變成月亮。手足和軀體變成大地的四極和五嶽，血液變成江河，筋脈變成道路，肌肉變成田地，頭髮和鬍鬚變成了天上的星辰。皮膚汗毛變成花草樹木，牙齒、骨頭與精髓也都變成了各種金屬、石頭與珠寶。汗流變成了雨露甘霖，而寄生在他身上的蚤虱卻因天地靈風所感而變成了人類。又說盤古的眼淚成了江河，眼睛的瞳光成了閃電。他一高興就是晴天麗日，一生氣便黑雲密佈。總之，盤古就是用他整個的軀體來美化這個世界，整個大自然也就是盤古巨人的身體。人類也因感宇宙之靈氣才能寄生於大地。因為與盤古的長相一樣，而為萬物的靈長。

2. 女媧獨力造人神話

這個神話出現於《太平御覽》（卷七十八）引《風俗通義》。[26]《繹史》（卷三）引《風俗通義》又言及女媧為人類婚姻的建立者。[27]據說天地開闢以後大地還沒有人類，行走在荒寂大地上的大神女媧心裡感到非常孤獨，覺得這個天地間應當添一些酷似自己樣子的小東西進去才有生氣。經思考一下之後，就取地上的黃泥塑造了第一個十分像她的小傢伙。剛放在地上，這小傢伙就活動起來，並且高興地跳躍

---

26 《太平御覽》卷七十八引《風俗通義》原文：「俗說天地開闢，未有人民，女媧摶黃土作人，劇務不暇供，乃引繩於泥中，舉以為人。故富貴者土人，貧賤凡庸者絚人也。」
27 《繹史》卷三引《風俗通義》原文：「女媧禱祠神祈而為女媒，因置婚姻。」

著。因小傢伙的形貌幾分像神，看來有管理大自然的氣魄，於是稱他爲「人」。[28] 女媧對於她優美的藝術品相當滿意，便又繼續塑造無數的男女，使他們分散全地。可是大地太廣大了，她忙得疲倦不堪，還是無法使人類充滿在大地上。她終於想出一個妙計，就是用一條繩子放進黃泥中，再用力拉出向地面一揮，落地的泥點居然也變成了人類。大地之母的女媧眞是雙手萬能，只要她具有造人的念頭就得了。的確這個辦法好極了，大地很快的佈滿了人類。據說那些富貴的人就是女媧親手摶成的，貧苦人家係女媧用繩子引灑出來的。女媧的工作停止了，但泥土摶成的人類終要死亡歸入泥土，那麼如何使人類能代代不絕的綿延下來呢？最好的辦法就是設立婚姻制度，使男女互相配合，讓人類生生不息。於是女媧又做了人類第一位媒婆撮合男女婚姻，從此被奉爲婚姻之神。[29]

二、神、人、世界的關係

按照上述兩個古老民族的「神話化史前史」看來，主題都在闡明「神」與「人」、「神」與「世界」（自然界），或「神」、「人」與「世界」的關係。雖然兩者的創造神話有

---

28 袁珂，《中國古代神話》（又名《中國神話故事》，台北，河洛圖書出版社，民國六十五年），頁32。

29 《路史》後紀二：「以其（女媧）載媒，是以後世有國，是祀爲皋禖之神。」又《禮記》月令：「仲春之月，以太牢祀於高禖。」

顯著的文化背景之差異，卻都是宗教人的信仰經驗，以及他們對於「神聖時間」（sacred time）的嚮往。[30]創造神話的特色，在於敘述這個宇宙在太初的時間中發生，「神」是創造的主體，「人類」與其所處的「世界」均係造物主的傑作。然而神的創造並非盲目的，一定有其偉大的目標。那麼何者為創造的偉大目標？就是被造的「人類」及「大自然」對造物主的敬禮，又通過敬禮行為藉以維繫被造物與造物主的關係。也許此一了解有些希伯來化，因中國的開天闢地係由巨人盤古的身體所演化者，只有女媧的神話稍具造物主與被造物的關係。其實中國神話的大目標也在說明「神、人、宇宙」關係的一元性，以及人對神的敬禮，甚至人對大自然的敬禮。[31]藉此宗教行為，可以達到「神、人與大自然」三者關係的和諧。如此看來，希伯來與中國的創造神話雖有「神本」與「人本」的差異，[32]以「敬禮」（禮拜）的宗教行動促進維繫「神、人、世界」的和諧關係，則是相同的意涵。

(一)希伯來的「神本」信仰

「神」是創造的主體，這是《創世記》一、二章的共同證言。尤其在「P典」（祭司典）第一個創造故事中，作者描

---

30 Eliade, *op. cit.*, pp. 68ff.
31 中國人對自然的敬畏心理係基於宇宙一元論的理解，這種心向在宗教哲學用語上稱為汎神論（pantheism），表現於宗教信仰則傾向多神論（polytheism），就是以自然萬物為敬拜對象。
32 參照：謝扶雅，《基督教與中國思想》（香港：基督教文藝出版社，一九七一年），頁60以下。

述神用十句言語造成世界（一：3、6、9、11、14、20、24、26、28、29），[33]出此足見「創造」是神的作為，神是歷史的主宰。「J典」（耶和華典）的第二個創造故事對神的稱謂為：「耶和華神」（主上帝），這與「神」的稱呼有其意義上的分別。通常猶太人提到抽象觀念的創造主時，就以「神」來稱呼（參照：一：1ff），提到創造主與人立約關係時均用「耶和華神」（參照：出埃及記三：14，20:1ff）。[34]這個稱謂用在第二個創造故事也具有同一意義。神是人類與大自然的塑造者（Maker），這與先知耶利米的意境相同：視神是個陶匠、藝術家、工程師（耶利米書十八：1-11）。無論如何，宇宙的「創造主」或「製造者」是希伯來信仰主體。希伯來人就是憑此一信念去理解「神、人、世界」之間的關係。

　　「世界」的被造來自全能之神的「言語」，卻神看自然界一切被造物都甚好（一：12、18、21、25、31），這一理解相當重要。世界既然來自「神的言語」，它與神的關係便密不可分。畢竟物質世界永遠在彰顯著上主的主權、大能與榮耀。[35]也可以說，這個世界正是「神的言語」，神以世界來宣揚祂的慈愛。在此人找到了愛好世界的根據：人可以藉著

---

33 關於上主的「言語」與「創造」關係的解釋，舊約《詩篇》（卅三：6-9），新約《約翰福音書》（一：1-14），《約翰一書》（一：1ff）都有很好的說明，可資參考。

34 B. W. Anderson, "God, name of", in *The Interpreter's Dictionary of the Bible*, E-J (1962), pp. 409ff.

35 Walther Eichrodt, *Theology of the Old Testament*, vol. Two, tr. by J. A. Baker (London: SCM Press, 1967), p. 31.參照：《以賽亞書》（四〇：26；四十四：24；四十八：13；五〇：29），《詩篇》（十九：1ff，卅三：6-9；一〇四篇，一四七：49，一四八：5ff）。

世界來認識神，這世界是個萬物與神交通的大聖殿。沒有這個世界，人便無法與神交通。[36]「J典」的創造記述更說到「樂園」就在這個世界，其中有分別善惡的樹在挑戰人類的「自由意志」。此一世界中的美麗園子（伊甸園），是為人類的出現做預備。因為人類將成為神在世界的代理人，做管理萬物的園丁及引領萬物在此「世界大聖殿」裡與神交通的大祭司。這個世界將因人類的被造而顯得更完美，世界從此獲得人類的管理與愛護。

「人類」的被造過程，可謂是「神、人、世界」關係的綜合。「P典」言及神以自己的形像造人（一：27）。「J典」更說到耶和華神用地上的塵土造人，將活氣（靈氣）吹進人的鼻孔裡，使人成為萬物之靈（二：7）。如此記述充分表現神造人別具匠心：人類具有神的形像，擁有神的靈氣，雖然人的資料來自大地。因此人類集神的本質與大地的本質於一身，這種解釋相當接近東方人的理解。人類出於大地，[37]依大地而生存，至終也歸於大地（創世記三：19；哥林多前書十五：47），人類與世界的關係委實太密切了。人類與其他動物之間的最大分別，乃是人類係大地的泥土加上「神的形像」與「神的靈氣」的傑作。只有人類享有「萬物之靈」的特權，這又說明人類與神的關係何等密切。那麼，神造此靈物合一

---

36 教會史上的偉大聖徒法蘭西斯（St. Francis of Assisi, 1182-1226）便具有這種對大自然的愛情，自然界是他與神交通的聖所。

37 希伯來文的「人」（adham）與「土地」（adhamah）係同一語源。參照：B. S. Childs, "ADAM", in *The Interpreter's Dictionary of the Bible*, A-D (1962), p. 42.

的「人類」目的爲何？至少有二：一是與神同工管理這個世界；二爲與神交通敬禮造物之主。由此可見，「人類」是處於「世界」與「神」之間關係的中堅。因爲人類具有「萬物園丁」和「大自然祭司」的秉賦，這就是人類的無上尊榮之處。雖然人類擔負著世界與神之間關係的偉大角色，但人類斷不能取代神的地位。爲的是人類與神的關係，乃是以信仰創造主爲基礎。[38]就因如此，先要了解希伯來人的「神本」信仰，才能夠洞察他們所經驗的「神、人、世界」之關係及其所具有的本能及使命之意義。

(二)中國的「人本」信仰

針對盤古開闢神話與女媧造人神話來推敲，中國文化係以人本信仰去理解「神、人、世界」的關係。這個世界乃是盤古巨人的身體變化而來的，在此說明了大千世界係由一個「人」開始。然而宇宙巨人盤古並非普普通通的人類，他是具有神格（神人一體）的超人。[39]神人盤古的軀體化生成爲世界，質言之，大自然等於是一個「神體」。這種觀念係典型的東方「神人一體」之汎神論，演爲哲學的理解便有《易經·繫辭上傳》的「太極」生「兩儀」、「四象」、「八卦」

---

38 參照：Walther Eicbrodt著，陳思永譯，《舊約中的人觀》(*Man in the Old Testament*) (台南：東南亞神學院協會台灣分會，一九六六年)，頁19以下。

39 自古以來「盤古」即是中國社會的傳統神明。根據一九六〇年官方的統計，台灣民間有奉祀「盤古」為主神的廟宇四所。參見：劉枝萬，〈台灣省寺廟教堂（名稱、主神、地址）調查表〉，《台灣文獻》第十一卷第二期（民國四十九年六月廿七日），頁52。

的說法。[40]儒家的「天人合一」論，[41]道家的「人法自然」說，[42]也多少與此神話的意義一致。這麼說，「神」與「世界」的關係何等密切！神化身成了世界，這世界就是神的影像。「人類」生存於這個世界（如同棲息於神的懷抱中），莫非由神所養育，難怪人類被描述為盤古身上的寄生蟲了。但這並不貶低人類的尊嚴，反可以說明人類地位的重要：人類在太初就依神而生，並與神共化生。所以要解開「神」與「世界」關係之謎，只有通過「人類」去做解答。傳統所了解的人類是「三才」之一，所謂：「三才者，天、地、人。」[43]因此只有人類可以配天地。究竟人是個「小宇宙」（小天地），男女婚姻如同天地的神聖婚媾（hierogamy），[44]與「大宇宙」的乾（陽）坤（陰）認同。是故，人類往往寓有神的涵義，人文具有天文的背景和基礎，[45]這點為盤古開闢神話所給人的啟示。

　　另外，女媧用黃土造人的神話，也指出人與神、與大地的關係是多麼親密。值得留意者，中國古籍所描述的女媧

---

40 《易經・繫辭上傳》第十章：「易有太極，是生兩儀，兩儀生四象，四象生八卦。」

41 方東美，《中國人生哲學概要》（香港：黑龍江出版社，1974年），頁43。

42 周世輔，《中國哲學史》（台北：三民書局，民國六十年），頁114。作者以《道德經》二十五章的「道法自然」可解釋為「人法自然」，此為道家看人與宇宙關係的最佳說明。

43 謝大荒，《易經語解》（三版，台南：大千世界出版社，民國六十一年），頁6-54。《易經・繫辭下傳》第十章：「易……有天道焉，有人道焉，有地道焉。……三才之道也。」

44 Eliade, *op. cit.*, p. 165.

45 《易經・賁卦彖辭》：「觀乎天文以察時變，觀乎人文以化成天下。」參見：謝扶雅，上引書，頁8。

是半人半蛇的角色，她與其夫（或其兄）伏羲同為人身蛇尾的神。[46]從東漢時代的石刻看來，[47]伏羲與女媧蛇尾相交，夫妻面面相對各持規與矩，中間抓住一個小孩，一見就知道他們是中國式的始祖亞當與夏娃。不過這個「女媧生人圖」似乎是另一個獨立的神話傳說，因為在女媧以黃土造人的神話中，伏羲並沒有參與。無論如何，這個神話酷似《創世記》二章的記述，同樣強調人類出於大地，也得生存於大地。又同樣暗示神運用匠心創造人類，並為人類創立婚姻家庭。所不同者，即女媧造人為數甚多，又有貧富的區別，分明包含「命運天定論」的意味。尚有，女媧這位造人的女神相貌十分奇特，既具人身，又具蛇尾，此即「圖騰崇拜」（totemism）的特徵。[48]這種人神平行主義，在中國民間司空見慣。[49]在這裡又可看到「神、人與自然萬物」的關係交織在一起，並且都以「人本」立場來理解三者的關係。

希伯來與中國的「神話宇宙論」儘管有「神本」與「人本」兩樣宗教背景的分野，然而理解「神、人、世界」關

---

46 據聞一多的考究，古籍中關於伏羲女媧夫妻蛇身人首的記載，至早不會超過東漢。參見：聞一多，《神話與詩》（香港：未名書屋），頁3以下。

47 同上，頁602。另參見：李亦園編，《中國神話》（台北：地球出版社，民國六十六年），頁17-19。

48 女媧具有明顯的「蛇圖騰」（snake totem）這點，可參閱：聞一多，《神話與詩》，頁十三以下，及徐亮之，《中國史前史話》（再版，香港：亞洲出版社，民國四十五年），頁131-133、139，及衛惠林，〈中國古代圖騰制度範疇〉，中央研究院《民族學研究所集刊》第二十五期（民國五十七年），頁11。

49 參見：徐松石，《基督教與中國文化》（再版，香港：浸信會出版部，一九六五年），頁68以下。

係的主要角色則同是以「人類」為主。[50]希伯來宗教家在口頭上多論「神」而少言「人」，中國思想家恰好與他們相反，即多言「人」而少言「天」（或「神」）。如果詳細推敲，兩者所言均「神寓於人，人寓於天」，其重點也離不了「人」。[51]舊約《創世記》作者以「人類」是造化冠冕，具有神的形像與活氣（一：27；二：7）。中國民間傳說指出宇宙由一個神人盤古變化而來，人神共生共存密不可分，莫不在暗示人倫乃合一於天倫，神道合一於人道。《易經》上乾卦又言及「大人者與天地合其德」的道理。聖保羅的書信也言及「屬土」的人因著第二亞當的來臨，末後將有「屬天」的形狀（哥林多前書十五：48-49）。[52]到此境界，「人類」豈不是集天地神明的樣式於一身了嗎？的確，「人類」是與「大宇宙」對應的「小宇宙」，是神的形像之投射，所以是「神、人、世界」三者關係的核心。偉大者，人類！他們雖非造物之主，卻是大自然中唯一可以和「造物主」交通的「小神明」。神話的宇宙論，就是用這種「信仰語言」啟示這一實有（Reality）。可是如此重要的認識，竟然被現代非宗教人所忽略了，以致使人類自貶地位，甘心從具有神的形像或小宇宙的「自然人」墮落為僅有思想又用兩隻腳走路的「經濟人」地位，這就是文明人的悲哀！這麼說：人應當確認「神

---

50 參見：John A.T. Robinson, *Honest to God* (17 Imp. London: SCM Press, 1976), pp. 50ff. 論及神學與人類學的關係。

51 參見：謝扶雅，上引書，頁7-9。

52 謝扶雅將保羅的論調叫做基督教的「新天人合一論」。參見：謝扶雅，上引書，頁9註(二)的說明。

話宇宙論」的價值，因其指明「神、人、世界」的適當關係，重視人性尊嚴。如此重要的宗教認知，現代人豈能無視！

三、新創造的展望

現代非宗教人的內在危機，即是沒有「神、人、世界」關係這種「神聖實有」（sacred reality）的信仰經驗。因為科學沒有「神」這一字彙，宗教人的「信仰語言」──「神話」更被視為無稽之談（雖然科學也有它自己的俗化神話）。遠在紀元前六世紀希臘哲人芝諾芬尼（Xenophanes, ca. 565-470 B.C.），便做如是觀。[53]人拒絕「神聖經驗」之結果，便以物質生活為依歸。因此便加深了人性的失喪與墮落。人為萬物之靈，所以人要求一種比物質更豐富的「靈性生活」來平衡身心，那便是宗教之使命。希伯來與中國的宇宙開闢神話乃是宗教之內容，它們雖係古代社會的產物，可是現代宗教人藉著了解神話所啟迪的「實有」，可與神聖者溝通，重現「創造」的意義。[54]所以單單了解神話的片面是不夠的，還要尋求它的「實有」，此即神話意義的核心。

那麼「神話的實有」為何？這個問題要從神話的結構和功用來加以了解。「神話」乃是象徵超自然者活動的歷

---

53 Mircea Eliade, *Myth and Reality* (New York: Harper & Row, 1975), p. 1.
54 Ibid., p. 6.

史。這種「神聖歷史」被宗教人認為「真實」與「神聖」，又與宇宙萬物的被造有關。「神話」是「活生生」的宗教經驗，其中的角色活躍於過去與現在。這暗示「神話的時間」與「凡俗的時間」異質。「神話」在說明一種「原型時間」，一種「神人交會」的神聖史，與一般年代的時間迴異。[55]人類學家馬林諾斯基（Bronislaw Malinowski, 1884-1942）主張神話解釋不在於滿足科學的興趣，而是在於注重一種初期實在（primeval reality）的記述之復活。即論及人類深度的宗教需求，道德的熱望，社會服從及維護，甚至實際需要上的滿足。[56]根據上述的理解，再反觀希伯來與中國的「神話宇宙論」，便能把握它們的「神聖實有」，以及看出神話根本意義之所在。不過《創世記》的宇宙論和中國民間的神話宇宙論，對其實有的理解則有很大的差距，這點將分述於下。

(一)中國開闢神話之「實有」解釋

前已言及，中國文化取人本立場去洞察「神、人、自然」的關係。那麼中國的神話宇宙論所闡發的實有，即「神、人、自然」三者的和諧。用哲學化用語來說，就是「天」、「地」、「人」三才交會的一元論（monism）思想，又可稱為「神、人、自然」同源的汎神論（pantheism）經驗。一般民間經

---

55 Ibid., pp. 18-19, also see Mircea Eliade, *Myths, Dreams and Mysteries*, tr. by Philip Mairer (New York: Harper and Row, 1975), pp. 23ff.
56 Bronislaw Malinowski, *Magic, Science and Religion* (New York: Doubleday & Company, Inc. 1954), p. 101.

驗神話的實有，係以宗教行為來表達。他們奉「盤古」與「女媧」為神明，[57]按時敬禮膜拜。人就在崇拜行動中使開闢天地的「神聖史」重現，「神、人、世界」再次於這一「神聖時間」中交織在一起。所以「禮拜的時間」係創造事件之重演，「天、地、人三才」在這事件中達到和諧。宗教學家伊利阿得（Mircea Eliade, 1907-1986）對此一經驗的說明極為清楚。他解釋「神話時間」為一「偉大時間」，開闢天地在此一太初的神聖時間中（in illo tempore）發生。宗教人為要經驗這一「永恆的時間」，便在宗教儀式中模倣諸神或神話英雄的行為使「神聖史」重現。於是宗教人又尋回了「太初的時間」（illud tempus of "the beginning"）。[58]質言之，宗教人乃藉著「神話時間」（神聖史）的重現（即宗教儀式）去體驗「神聖實有」。足見「神話」的意義，是現代人能夠與古人溝通的。同時「神話實有」，正是宗教人生活中所需要的信仰經驗之模式。

(二)新天、新地、新人之展望

舊約《創世記》一、二章的創造記述雖具明顯的神話層次，但其「神話實有」的理解則超越中國開闢神話的意義。顯然的，《創世記》作者（尤其是P典）有意把近東的神話宇宙論非神話化（demythologization），結果並沒有完全解除神話全貌，只是成功的重新形成其信仰傳統，提供了他所了解的神

---

57 台灣民間奉「盤古」為主神的廟宇有四所，「女媧」廟宇十二所。此係根據1960年官方的統計，目前相信已不止此數。參見：劉枝萬，上引文，頁52。

58 Mircea Eliade, *Myths, Dreams and Mysteries*, pp. 23ff.

話實有。[59]那麼作者強調的神話實有爲何？基督徒如何來接納這一神話實有？要回答這些問題，得事先了解「創造」的意義。

在舊約中，「創造」（Creation）的意義集中於以色列子民與上主之間的立約關係。耶和華是創造主（詩篇八：6，以賽亞書四十四：24），被造物都在彰顯祂的主權與榮耀（詩篇十九：1-4，一〇四：24，箴言三：19-20，耶利米書十：12-13），上主的子民當稱頌、敬拜與順服祂（詩篇九十五：1ff，以賽亞書四〇：27-31）。「創造」與「拯救史」（Heilsgeschichte）有密切的關係（申命記廿六：5-10）。因此「創造」這一信仰實有，必須由創造主與以色列選民的立約關係來加以了解。[60]這些信仰告白，使「創造」的含義超越了「無中造有」（creatio ex nihilo）的「神話實有」，所以可說：「混沌」（chaos）此一「虛無實有」，乃是創造主所拒絕的。[61]「創造」係繼續不斷的事件，[62]這一「存在實有」爲整部《舊約聖經》的證言。當以色列選民的命運深陷混沌危機之時，「新創造」立即發生（以賽亞書四十三：1ff，19-21：五十一：9-11：六十五：17ff；六十六：22；以西結書卅

---

59 B. S. Childs, *op. cit.*, pp. 30ff, 42.

60 B. W. Anderson, "Creation", in *The Interpreter's Diotionary of the Bible*, A-D (1962), pp. 725, 727-728.

61 參見：W. Eichrodt, *Theology of the Old testament*, vol. Two, pp. 101ff.; B. S. Childs, *op. cit.*, pp. 40-42; B. W. Anderson, "Creation" in *The Inderpreter's Dictionary of the Bible*, A-D, p. 728. 依上述的文獻所論，認爲《舊約聖經》本身看不出來有「無中造有」（creatio ex nihilo）思想。其思想出處係《瑪加比下傳》（四六七：28），《羅馬書》（四：17）與《希伯來書》（十一：3）等，這些次經及《新約聖經》經文，皆具明顯的希臘哲學色彩。

62 Alan Richardson, ed., *A Dictionary of Christian Theology* (4th imp. London: SCM Press, 1976), p. 79.

六：26-28）。並且創造主將和以色列選民立一「新約」（New Covenant），以維繫「新天、新地、新人」的關係（耶利米書卅一：31-34；何西阿書二：18-23）。由此可見，舊約的「新實有」就是「新以色列」的展望。[63]因此「新創造」的發生，含有終末論（eschatology）的信仰意義。

這一《舊約聖經》的「新創造論」，委實深深地影響《新約聖經》之作者，並且與「基督論」（Christology）有關。《新約聖經》始終強調耶穌基督這一位「末後亞當」的來臨，「新創造」的實有才能夠發生。原本上主的造化是完美的，然而「第一個亞當」墮落了：人類墮落爲罪人，世界陷入造物主所拒絕的混沌中（羅馬書五：12ff）。其結果導致人類及其所處的世界與造物主離間，無法維繫正常的關係。然而「造化之道」的耶穌基督成肉爲人，從此肯定宣告「新創造」已經出現（約翰一：1ff），上主欲與人類建立「新約」的關係（希伯來書九：15）。其最有力的證據是：耶穌基督戰勝了罪與死亡這種極端的混沌（羅馬書六：6-11，哥林多前書十五：20-22）。「新創造」的實有完成了，墮落的人類「在基督裡」，[64]便蛻變爲「新造的人」（哥林多後書五：17；加拉太書六：15；以弗所書二：15；四：24；歌羅西書三：10）。另一方面，混沌的世界也因造物主的大愛（約翰三：16）獲得「新創造」的榮耀（羅馬書八：19ff）。當基督於歷史終末的第二次降臨時，新天

---

63 B. S. Childs, *Op cit.*, pp. 96ff.
64 Hans Conzelann, *An Outline of the Theology of the New Testament* (2nd ed., London: SCM Press, 1976), pp. 208ff.

新地將被永遠建立（彼得後書三：13；啓示錄廿一：1、5）。

　　以上的討論已經給基督徒一個清楚的概念，即《新舊約聖經》所理解的「創造」已經超越了「神話實有」，而走向一種哲學化的「基督教神學」（Christian Theology）理解。《新舊約聖經》都以「創造」爲信仰基礎，來闡明「造物主」與「被造物」之間的關係。「舊約」展望「新以色列」的出現，上主與聖民所立的「約」促成此一新實有。「新約」的焦點是「耶穌基督」，祂是「新創造的源頭」。通過耶穌基督這一上主言語的成肉，「神、人、世界」之間關係的「新約」才得以建立。[65]所以「基督教」對於「創造」的解釋，不是關心「開始」時所發生的事件，而是重視「時間」內所發生的新實有。「創造」係上主不斷的行動，人與世界若在上主的話語中──「基督裡」（in Christ），「新創造」便從此發生。其時，「混沌的境況」消失，「新實有」出現（哥林多後書五：17）。至此境界，即是基督徒信仰經驗的高峰！

四、結語

　　本文一開始即談到討論這個主題的用意，即關心現代人極端俗化的危機。此一危機的現象，具體表現於人與神關係的緊張，人與人的彼此離間，以及人對自然的疏遠等。現代

---

65 W. G. Kummel, *Theology of the New Testament* (2nd ed., London: SCM Press 1976), pp. 162-163.

人的物質生活雖然豐富，但是精神生活卻已陷入混沌狀態。為此，「創造」的實有必須再現，來彌補現代社會人性的虛空混沌。當然希伯來與中國的「神話宇宙論」，能夠協助現代人重新發現「神、人、世界」三者關係的實有，而重建人性的尊嚴。可是「神話時間」（神聖史）那種循環式的「混沌—創造」之神聖實有體驗（即宗教儀式之重演），依基督教的立場看尚嫌不足。畢竟僅止於「再創造」的重複式境界。基督教則展望一種一勞永逸的「新創造」，「耶穌基督」則是此一新創造的焦點。筆者放膽的指出：《創世記》一、二章的創造記述與中國的開闢神話，必經基督的亮光加以成全才有意義（馬太五：17）。因為「在基督裡」它們被新創造，也只有在基督新創造的光照下，這些神話的宇宙論才能協助現代人尋回「神、人、世界」關係之實有。

關於現代人的不信、驕傲、邪慾這些墮落的表徵，及基督做為象徵「新存有」的意義，保羅・田立克（Paul Tillich, 1886-1965）的《系統神學》第二卷有精闢的闡述。[66]他強調人是無法自我拯救的，諸如猶太教（Judaism）的律法主義，東方的禁慾主義與神祕主義，甚至基督教的教條或感情主義等。[67]這些之外，理當加上現代人的「主義式」（'-isms）信仰。諸如哲學的物質主義、實存主義，政治的共產主義、民族主義、三民主義，工藝學的機械萬能主義、技術本位主義

---

66 Paul Tillich著，鄭華志譯，《系統神學》第二卷（Systematic Theology, vol. 2）（台灣：東南亞神學院協會，1971年）。
67 Ibid., pp. 100-109.

等等，也都不能自救。唯獨在耶穌基督裡的「新存有」，才是拯救人性的動力，[68]才是現代人由舊混沌狀態達到新創造的獨一途徑。這是基督徒的信仰告白。

二十世紀偉大的天主教古生物學家德日進神父（Fr. Pierre Teilhard de Chardin, 1881-1955）曾經用「進化」（evolution）來代替「創造」（creation）一詞，並用「阿爾法點」（Alpha point [A]）為進化中最原始的基點，「奧米加點」（Omega point [W]）做為「進化」的最終目標。這就是說，宇宙始於造物主，亦終於造物主（參照啟示錄一：8）。[69]他強調整個宇宙在「走向基督」，萬物在「宇宙基督」（Cosmic Christ）裡將獲得大團圓。[70]此一「在基督裡」的大團圓即「新創造」的實有，「神、人、世界」的關係將會達到合一的頂點。這豈非「新天」、「新地」、「新人」的實現！耶穌基督是「新創造」的記號，「神、人、世界」關係的中保（希伯來書四：15），這個偉大的基督教福音訊息，正是現代人最迫切需要的信仰認知及必須追求的經驗。

---

68 Ibid., pp. 211ff.

69 參見：王秀谷等著，《德日進與人類的遠景》（台北：現代學苑月刊社，民國五十八年）。

70 德日進著，鄭聖沖譯，《神的氛圍》（台北：先知出版社，民國六十二年），頁27。這種神學即「萬物在神內論」（pan-en-theism）。

三｜謝扶雅的「過程神學」
——基督教與中國文化溝通之探討

時下基督教世界經營「神學」的方法有二：哲學的神學（philosophical theology）——美洲式神學，以及聖經基礎的神學（biblically-based theology）——歐洲式神學。而前者的影響力頗有增強之勢。[1]當代的名學人謝扶雅（1892-1991）便是採取哲學方法經營中華基督教神學的人。謝氏的哲學化神學的背後，有很穩固的哲學基礎。更成功的調和中西學說：採懷德海（A.N. Whitehead, 1861-1947）的「過程哲學」（process philosophy）與「易學」為方法來發展他的「過程神學」，故稱其為中國的過程神學家，實在當之無愧。

謝扶雅早年在美國芝加哥大學攻讀神學與宗教哲學，旋赴哈佛大學拜師當代「過程哲學」的開山祖師懷德海而為其門下。[2]這種學術淵源，使他多數的作品，都具有「過程哲學」的味道。[3]然而他喜歡稱自己的哲學體系為「唯中論」（Chung-ism）或「交依說」（Interdependentism）。[4]謝氏遠在

1　James Barr, *The Bible in the Modern World* (London: SCM Press, 1973), p. 5.
2　謝扶雅，《巨流點滴》（香港：基督教文藝出版社，一九八〇年），頁145。
3　參照《南華小住山房文集》一至六輯，此文集收錄一九七〇年以前謝扶雅所有的學術、宗教、時論、雜文、詩等作品，由香港南天書業公司出版。
4　同上，第二輯，頁454。又見謝扶雅，〈我的一些未成熟的神學思想〉，《景

一九三〇年代即從事基督教本色化運動的工作，致力於調和基督教與中國文化。但其最成熟的神學作品，還是近幾年來的事。《基督教與中國思想》（1971年）一書爲其典型的神學著作。[5]而〈「中和」與「誠」新釋：中華基督教神學的哲學基礎〉（1968年）[6]、〈我的一些未成熟的神學思想〉（1973年）[7]與〈怎樣寫中國化的系統神學〉（1974年）[8]等文，更具體的陳明他的神學體系。綜觀這些作品的思想背景，可歸納爲：

(一)採用康德（Emmanuel Kant, 1724-1804）的「道德哲學」與中國文化的「道統」互相呼應，來發展中國化的神學方法。諸如：康德的「意志自由論」跟中國的以「行」體驗「信」之理路合轍，可闡發中國系統神學的「認識論」。其「上主存在論」循此理路探討，自然成爲「本體論」。其「靈魂不滅論」，更可闡發爲「價值論」。[9]

(二)採取穆耿（Conwy L. Morgan, 1956-1936）及亞力山達（Samuel Alexander, 1859-1938）的「層創進化論」（theory of emergent evolution）與懷德海（Alfred North Whitehead, 1861-1947）的「過程哲學」[10]爲基

風》，三十六期（一九七三年春），頁3。又參照：謝扶雅，《唯中論集》（台北：台灣商務印書館，民國五十八年）乙書。

5　謝扶雅，《基督教與中國思想》（香港：基督教文藝出版社，一九七一年）。

6　《景風》，十九期（一九六八年十二月），頁26-41。

7　《景風》，三十六期（一九七三年春），頁1-11。

8　周億孚編，《中華基督教神學論集》（香港：中華基督教徒送書會，一九七四年），頁8-16。

9　謝扶雅，〈怎樣寫中國化的系統神學〉，頁8以下。

10　John Macguarrie, *20th Century Religious Thought* (3ed Impre. London: SCM Press, 1976), pp. 258 ff.

礎，再配合中國的「易學」，《四書》的「中庸篇」，邵康節（1011-1077）的「先天學」，與王陽明（1472-1528）的「心學」，來完成他的「神觀」、「人觀」與「宇宙論」。謝氏自稱其哲學體系「就認識論來說是多元的，就本體論來說是一元的，就價值論來說是一在多中，多在一中，即一多互攝的『交依學說』（theory of interdependence）」。[11]其實「交依學說」是他的「過程神學」別名，因他受「過程哲學」之影響至鉅。

一、神學方法

以中國人的思想與用語，適切應用西方的哲學方法來系統化基督教要理，乃謝扶雅最成功的治學之處。

(一)認識論──探究神學的外貌[12]

上主人看不見，那麼到底有沒有上主？關於這一點，謝扶雅主張採取中國人的「直覺法」（即「天人合一」之密契）來領悟上主的存在。西方往往以「知」（理性）證信。就如康德的「意志自由」驗證。中國人則以「行」（實踐）體信，因為「道」（Logos）是人走出來的。[13]雖然上主超乎正史，但也寓於歷史中。絕對相對一如，但既非相對，亦非絕對。上主

---

11 謝扶雅，〈我的一些未成熟的神學思想〉，頁31-32。
12 謝扶雅，〈怎樣寫中國化的系統神學〉，頁10-11。
13 謝扶雅，《基督教與中國》（香港：中華基督徒送書會，一九六五年），頁20。

一度完全啓示祂自己於耶穌基督之身上，我們則須賴《新舊約聖經》的幫助，不斷努力，才能突破朦朧不清的摸索，面對面的觀見真神。

(二)本體論——探究上主存在的本質[14]

上主的存在是自明的真理。那麼上主是什麼？謝扶雅以「上主在其本身」（God-in-himself）是人所斷乎不可知的。但這並不是說上主木然孑然孤處於大千世界之外而不與世間接觸。透過大自然而與超自然契合，是中國文人美的神秘主義。上主使拿撒勒人耶穌「成肉」臨格人間來啓示祂自己，而又被釘死十字架、復活，為這啓示的最高潮。人欲體驗上主，除效法耶穌背起十字架，將罪釘死換得新人外，別無任何途徑可循。中國的「天、地、人」三才說，乃以道德為維繫。故天人可以合一，聖人可以德配天地。這樣，中國的道統可與基督的啓示相通。

(三)價值論——探究上主對人間的救法[15]

人具有上主的形像，也是墮落的罪人，那麼人如何與上主復和？謝扶雅以神學的價值論就是探究原人狀態的人類學與救世論，而保羅書信具備這兩件大事的神學見解。上主所造的亞當誤用他的自由意志，違抗神命而墮落，慈

---

14 謝扶雅，〈怎樣寫中國化的系統神學〉，頁11-13。
15 同上，頁13-15。

悲的上主爲了挽回人類萬劫不復的厄運，惟有卑屈自己以「人」的樣式成肉，與罪苦鬥，以至被釘死十字架乃喊出了「完成了」（約翰十九：18-30）的奧妙救法。復活的基督復在五旬節賜下聖靈，使徒們建立了聖教會，謀求天國降臨大地，而望在地若天，神旨得「成」（馬太六：10）。這正符合《易經》六十四卦之最後兩卦：「既濟」（completed）與「未濟」（incomplete），亦不妨說中國古代先知於冥冥中獲得奧妙神啓。謝氏主張中國古籍也具有上主的「約」，此一「中國人的舊約」堪爲「新約」的前驅。中國文化最弱的一環，即救贖的教義，這一點可由基督教補充。中國儒教、道教、佛教三教之優美部份可接駁於基督教，國人感恩報本的觀念與寬容的美德，更可促進聖教合一。

二、神學結構

謝扶雅的神學結構是正統基督教的，[16]但採取大膽的「聖經觀」，[17]以與中國古籍的精華調和。這種立場自然興起爭辯，視它是一種曲解。[18]但他調和中西思想十分得宜，其神學體系乃由三個來源所構成：

---

16 參照：謝扶雅，《基督教與中國思想》，頁22-72。
17 參照：謝扶雅，〈關於中華基督教聖經的編訂問題〉，《景風》，二十八期（一九七一年春），頁1-7。又參照：謝扶雅，〈再談中華聖經問題〉，《景風》，三十一期（一九七一年冬），頁1-2。
18 參照：戴智民（R. Duetsch），〈文化遺產與舊約對等嗎？〉，《景風》，二十九期（一九七一夏），頁1-9。

(一)《新舊約聖經》

「舊約」的五經與先知書，「新約」所闡明的基督成肉和十字架、聖靈與教會、使徒的救贖論，再加上《馬太福音》的「成全說」（馬太五：17-18），來做爲他聖經神學的基礎。[19]

(二)中國哲學思想

1. 《易經・繫辭上傳》二章：「易有太極，是生兩儀，兩儀生四象，四象生八卦，八卦定吉凶，吉凶成大業。」

2. 《四書・中庸篇》第一章：「中也者，天下之大本也；和也者，天下之達道也；致中和，天地位焉，萬物育焉。」

3. 邵康節「先天之學」（a priori）：從伏羲卦位圖的「象數」去「反觀」宇宙。所謂「以物觀物」（觀物內篇），乃視各物爲一「現實的機緣」（actual occasion）。[20]「乾坤交變而不離乎中」（觀物外篇），「中」者爲現實機緣之由來。

---

19 參照：謝扶雅，《基督教與中國思想》，頁22-48。又參照：謝扶雅，《基督教與中國》，頁32以下。

20 參照：Alfred N. Whitehead, *Process and Reality* (5th ed., New York: The Macmillan Co. 1960), pp. 95, 188.

21 謝扶雅，〈我的一些未成熟的神學思想〉，頁36以下。

22 同上，頁32以下。

4. 王陽明的「四句教」：「無善無惡心之體，有善有惡心之用，知善知惡是良知，爲善去惡是格物。」謝氏以王陽明的「心學」可理解爲「神學」，因其「心之體」等於「神在其本身」，「心之用」以至「知善知惡」、「爲善去惡」皆是「神爲其本身」。[21]

(三)西方哲學體系[22]

1. 康德的道德哲學與「物本體」（ding-an-sich）觀。
2. 穆耿與亞力山達的「層創進化論」，尤取後者在《時空與神》（*Space, Time and Deity*）一書的六個格律來看宇宙。
3. 懷德海的「過程哲學」，也以六層格律來說明「本體」（Reality）與「過程」（Process）關係。

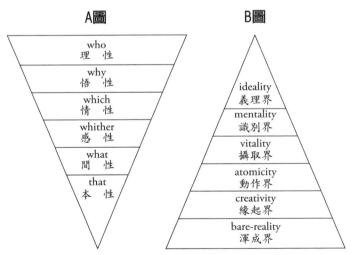

A圖

| who 理　性 |
| why 悟　性 |
| which 情　性 |
| whither 感　性 |
| what 間　性 |
| that 本　性 |

B圖

| ideality 義理界 |
| mentality 識別界 |
| vitality 攝取界 |
| atomicity 動作界 |
| creativity 緣起界 |
| bare-reality 渾成界 |

〔A圖〕謝扶雅稱爲「認識論」，是他的「觀相說」

（theory of perspectives），即心物關係的一個例子。此即由亞力山達「層創論」所演繹者。

〔B圖〕謝扶雅稱爲「形而上學」。基層的「渾成界」在我們知覺中廣泛遍在，但其尖端雖具共同理想，卻只滄海一粟。此由懷德海的「過程哲學」所演繹。

由上列三個思想體系的範疇，構成了謝氏的「過程神學」。綜合起來可發展爲下列體系：

宇宙的本質是「一元的」（monistic），《易傳》的：「太極生兩儀、四象、八卦，而……成大業」的說法，如同《約翰福音》的：「太初有道……萬物是藉著他造的」（一：1-3）之證言一樣。用懷德海的語氣言，可做：「太初有造化（creativity），造化與神同在，造化即神。……萬物由造化而來。」[23]因「過程」（process）在「本體」（reality）中，「本體」亦寓乎「過程」之內。兩者交互相依，一體兩態（mutuality）。正如兩儀之「陰」靜，「陽」動，相反相成。〈中庸篇〉：「中也者，天下之大本也；和也者，天下之達道也。致中和，天地位焉，萬物育焉。」而「中」（insideness）爲「本體」與「現實機緣」（actual occasion）之由來，也即「上主在其本身」。至於「和」、「位」、「育」即上主的創造過程，相當於「上主爲其本身」。[24]其實「上主在其本身」即懷德海神觀的「根本性」（primordial nature），

---

23 參照：A. N. Whitehead, *op. cit.*, pp. 523ff.
24 參照：謝扶雅，〈「中和」與「誠」新釋〉，頁28以下。又參照：謝扶雅，《唯中論集》。

「上主爲其本身」等於「結果性」（consequent nature）。[25]上面所論殊爲複雜，可以表格加以標明：

出處	本體 （Reality）	過程創造性之形成 （Process creativity becoming）
懷德海「過程哲學」	根本性 （Primordial Nature）	結果性 （Consequent Nature）
謝扶雅「過程神學」	上主在其本身 （God-in-Himself）	上主爲其本身 （God-for-Himself）
《易經‧繫辭上傳》二章	太極	兩儀、四象、八卦
《禮記‧中庸篇》第一章	中	和、位、育
邵康節「先天易學」	太極（理一）	六十四卦象徵（分殊）
王陽明的「心學」	心之體	心之用、知善知惡、爲善去惡
《舊約聖經》	「我是本有永有的」 （出埃及記三：14）	起初上主創造天地 …… 上主以自己形像造人 （創世記一：12）
《新約聖經》	道（造化）就是上帝 （約翰一：1）	「太初有道（造化）…… 萬物由道（造化）而來」 （約翰一：13）

總之，謝扶雅的「交依說」乃是以「過程哲學」爲藍本，來發揮其神觀。他肯定上主的「超越性」（如「上主在其

---

25 參照：A. N. Whitehead, *op. cit.*, p. 523. 另參見：H. P. Owen, *Concepts of Deity* (London: Macmillan and Co., 1971), pp. 75-89.

本身」乃超乎人的可知界），但也承認上主的「內蘊性」（「上主為其本身」乃寓乎人的世界中）。他反對把上主「絕對化」，因為上主固然可敬，但並不以絕對權威統馭萬物為其奴隸。上主不以本身而自足，祂必須要創造以「為其本身」，也要人類與祂合而為一。[26]為避免其神學方法過於受「實證經驗論」（Positive empiricism）影響，謝氏採用王陽明的「心學」做為一種實存的宗教經驗。他把王陽明的「致良知」認同於「致中和」，來當做人與上主復和的體驗。[27]

關於謝扶雅的形而上學，乃取穆耿、亞力山達的「層創論」與懷德海的「形而上學」（見上述兩表），來寓解上主創造歷程（「層創論」）以世界的基層為「時空」，由時空突創「原子性」、「生命性」、「心靈性」以至「神性」，其奇妙的突創力叫做"nisus"。謝氏據此把它分成六個格律，依次名之為「本性」（that）、「間性」（what）、「感性」（whither）、「情性」（which）、「悟性」（why）、「理性」（who）。「本性」最基本單純，好比〈中庸篇〉所說的：「喜怒哀樂之未發謂之中。」但是「中」卻是「天下之大本」。其中最複雜者是「理性」，萬物之靈的人類各有各的世界觀和人生信念，這是主觀的大千世界。[28]再者，「形

---

26 這種論調可與德日進（Teilhard de Chardin, 1881-1955）的「宇宙基督」（Cosmic Christ）相呼應。萬物最後將與「奧米加點」（Omega point）會合，而基督即此一「奧米加點」。參見：Teihard de Chardin, "My Universe", edited by Ewert H. Cousins, *Process Theology* (New York: Newman Press, 1971), pp. 249-255.
27 謝扶雅，〈我的一些未成熟的神學思想〉，頁10-11。
28 同上，頁4。

而上學」的本體在過程之中，以「緣起界」首先跳出「時空」，「時空」跳出「重力」（gravitation），「重力」爆出物理學中的「場」（field）而有微弱交動（weak-interaction）[29]以後再由原子創進爲無機晶體、有機晶體、再爆出原生細胞，層層演進爲高級動物的人類。[30]謝扶雅據此來發展他的形而上學，分成六個格律：「混成界」（barereality）、「緣起界」（creativity）、「動作界」（atomicity）、「攝取界」（vitality）、「識別界」（mentality）、「義理界」（ideality）。基層的「混成界」最爲廣泛遍在，但人生之最高理想（即〔B圖〕尖端的一點）必是萬流共仰唯一的「極樂世界」（Summum Bonum）。謝氏以〔A圖〕之「認識論」與〔B圖〕的「形而上學」格局雖然相反，而底層皆是基本，上層皆爲共同之最高理想，故可對照推敲。他以基層是「中」（insideness），「中」發而皆「中節」謂之「和」（本體論的「中」跳到價值論的「和」），互相交依（interdependence），亦一亦多，非多非一，與西方的二元論大異。[31]一般西方哲學立基於「知」（Knowledge），而知必有「能知」與「所知」相對立，兩者本質上是背反的（antagonistic）。中國的「陰」、「陽」雖然相反而適相成。因此謝扶雅以爲他的「交依說」或「唯中論」，可跟基督教的「逆證」（paradox）原理互相發明。[32]

---

29 相等於《易傳》：「太極生兩儀、四象、八卦。」參見：謝扶雅，〈易學數學與神學〉，《景風》，三十八期（一九七三年秋），頁1-8。
30 謝扶雅，〈我的一些未成熟的神學思想〉，頁6。
31 同上，頁7。
32 同上註。

三、神學原則

　　謝扶雅是建立「中華基督教神學」的有心人，長久以來在這一方面下了很多功夫。[33]他以所謂「神學」者無他，只是條理地陳列出「上主觀」罷了。但神或上主的本體獨一，「上主觀」則可以有多種。上主觀又因時代環境與個人而變更，所以具有時代性與民族性。[34]耶穌本人所顯出關於上主的一切真理，若從中國基督徒的立場來做解釋，就成為中華基督教的神學。中國古代對天或上主的純摯樸質信仰，大致與基督教的上主多少吻合。只是這種信仰不見於「神學」之闡述，因而無先知與神學家之產生。孔孟所領導的儒家雖言「天」與「天命」，但注重「人道」而不重「天道」，謝氏稱其為「不可知論」（agnosticism）。[35]雖然如此，儒家所言「仁義」、「和平」、「誠信」諸德，無非是上主的屬性，基督教能夠加以「成全」。[36]中華民族所能貢獻基督教神學的特點，在於從品德方面闡明上主的本性。諸如「孝」的觀念，可與正統基督教論人對上主的「順服」做一特殊的發揮。耶穌教我們稱上主為「天父」，我們對祂盡孝乃最合乎我們的民族性。中國的「天倫」思想實超過義務觀以上，它

---

33 參照：謝扶雅，《南華小住山房文集》（四）輯。
34 謝扶雅，〈中華基督教的神學〉，收入於周億孚編，《中華基督教神學論集》（香港：中華基督徒送書會，一九七四年），頁26。
35 參照：謝扶雅，〈孔子與不可知主義〉，《景風》，十七期（一九六八年六月），頁1-10。
36 謝扶雅，〈中華基督教的神學〉，頁26。

足以使基督教成爲十足的「倫理宗教」。[37]關於中華基督教神學的原則，謝氏提出如下幾個構思：

(一)「易」的神觀

中國十三經之首的《周易》這部奇書，在謝扶雅的心目中相當於《舊約聖經》的「創世記」。[38]《周易》雖無「上主」字樣，但《繫辭》上傳：「易有太極，是生兩儀」，「陰陽不測之謂神」與《序卦》下篇：「有天地然後有萬物」的說法，乃在說明創造天地萬物的本因是「太極」，可稱之爲《周易》作者的上主觀。假如我們用中國式術語勉強解釋上主的體性，不妨說眞神「一體兩態」，即「靜態的上主」與「動態的上主」。「上主在其本身」是靜的，永遠不變的；而「上主爲其本身」則是動的，刻刻創造不息。但兩者原是一體。[39]

後漢大儒鄭玄以「易有三義：簡易一也，變易二也，不易三也」。謝氏認爲「易學」以此論相當於中國的本色神學。所謂「不易」即「上主在其本身」。「變易」即造化，等於「上主爲其本身」。而「簡易」便是最容易知、最容易行的中道。《易經‧繫辭上傳》：「易簡而天下之理得矣。」十七世紀哲人斯賓諾沙（Spinoza, 1632-1677）稱上主爲

---

37 參見：謝扶雅，《基督教與中國思想》，頁161-163。又參見：謝扶雅，〈中華基督教的神學〉，頁26-27。
38 謝扶雅，〈周易的宗教價值〉，《景風》，四〇期（一九七四年春），頁1。
39 謝扶雅，〈孔子與周易〉，《景風》，三十四期（一九七二年秋），頁1。

「實體」，具「心」與「物」兩屬性。這心物兩態是永遠並行的。[40]「心」是「不易」，即「靜態的上主」；「物」即「變易」，乃「動態的上主」。動靜交依，相互相成，「簡易」自明。

(二)耶穌是「完人」

謝扶雅認同「三位一體」（Trinity）教義為基督教神學之共同基礎，但強調信仰須由「人」出發。所謂「聖人者，與天地合其德，與日月合其明」（易・乾卦）。同樣，基督教的上主亦完全彰顯在耶穌身上（約翰十二：45）。人必須透過聖子耶穌才能認識聖父上主，所以把握道成肉身的基督至為重要。[41]

不論耶穌的神性如何，中國人即使非基督徒亦無不承認其偉大人格。一個完滿的人格，在中國人的心目中實等於神或上主的一個代名詞。上主絕不可能企及，但完滿的人格則是人所可以憧憬、模仿與跟從的。耶穌對我們的呼召不外乎「跟從我」一語（馬太四：19、馬可一：17）。保羅大膽見證那些跟隨基督的人都帶有耶穌的形象，並且要做神長子的弟兄（羅馬書八：29）。至此，中國基本倫常的「孝」、「悌」，如今可以放大反映於我們同聖父、聖子的關係上。[42]原來的亞

---

40 謝扶雅，〈周易的宗教價值〉，頁5。
41 謝扶雅，〈中華基督教神學的幾個原則〉，《景風》，十二期（一九六六年十二月），頁2。
42 同上，頁3-4。

當全像造化的神，但虛誑的蛇引誘他淪落而不再像神。亞當的子孫更繼承始祖的悖逆與驕傲，人間就成了汪洋苦海。於是慈悲的上主計畫在「人」裡面重造祂的形像，這即道成肉身的事件。耶穌以神長子的名份，以十字架苦刑承擔軟弱弟兄的一切憂傷。這種偉大孝友的人格，是「神子」而亦「人子」耶穌之所為。如此事實足以使他做了全人類的救主。[43]

(三)聖靈與道德心

中國人對「聖靈」的瞭解，依謝扶雅看來是不陌生的。他以中國傳統上不從「聖靈」去講「聖靈」，卻從「天命之謂性」（中庸篇首句）來闡明「聖靈」。質言之，即「道德心」。[44]孟子說：「惻隱之心，人皆有之；是非之心，人皆有之；禮義之心，人皆有之；廉恥之心，人皆有之。」王陽明更把人的「良知」說得活龍活現。我們對於「道德心」雖不能眼見，卻能直接感覺到。中國是道德哲學發達的民族，但所闡發的道德根本只有「仁」、「義」兩個字。我們只說仁義寓乎人倫相互關係之偉大，而不窮究其來源與本質。

保羅說：「聖靈將上主的愛澆灌在我們心裡。」（羅馬書五：5）這樣，「聖靈」就是人心一切全德的造因。[45]基督徒能達成「信」、「望」、「愛」的德性，皆由「聖靈」所感動而來。上主所給人恩賜之中，再沒有比那「與神合一」

---

43 同上，頁4-5。
44 同上註。
45 同上，頁6。

的恩賜更大的了：「上主將祂的靈賜給我們，從此就知道我們是住在祂裡面，祂也住在我們裡面。」（約翰十四：13）「聖靈」對中國人而言，不外乎「愛」與「良善」的人格化。人的本性稟自天命，而人的本務是在「率性」（中庸），是在「明明德」（大學篇）。基督教強調那運行在人心裡的「聖靈」是上主白白的恩賜。故前者重實踐，後者側重信託。耶穌自己宣稱：「我是道路、真理、生命。」（約翰十四：6）上主顯然要中國人從「道路」的途徑去尋求聖靈上主。[46]

(四)美與善並重

謝扶雅看〈大學篇〉首章的「止於至善」是中國人的人生觀與世界觀。天道運行不息，上主在永遠創造中。上主本已至「止」的極境，但亦「永無止境」。這相反相成的一點係中國思想方法的特色，是中國所謂之「美」。「美」、「善」在中國文字裡同根，兩者都屬於「大吉祥」（summus bonus）。上主每造一物都拍手稱「好」（創世記一：1ff），因此我們的世界是「善」也是「美」的。中國基督徒必須從「美」與「善」的觀點來說明基督教。因這最能迎合中國人的人生觀與世界觀。[47]

中國是藝術化的民族，我們的生活是那麼寫意、灑脫、優游！數千年來中國的文藝實在太豐富了。因此基督教的宣

---

46 同上註。
47 同上，頁8。

道方式，對熟稔於「眉目傳情」及「傳神之筆」的中國人而言，與其辯證說教，無寧以詩歌、戲劇、小說、圖畫、雕刻，使整個基督教美化來沁人心脾，動人皈依。因宗教的本質是「至善」也是「至美」的。[48]用「易學」的動靜原理言，上主的靜態是「美」，而動態是「善」。此「一體兩態」（mutuality）──神靜態（美）與神動態（善）之學說，可與傳統基督教三位一體論相呼應，而爲中國基督教神學的特色。[49]

四、結論

在今日亞洲基督教神學的起步聲中，[50]我們喜見中國人中有如此穩健哲學化的神學思想。的確，謝扶雅教授數十年來致力於中華基督教神學的崇高精神，足以做中國神學人與神學生的榜樣和鼓勵。回顧二十世紀三、四十年代的中國教會，曾致力於基督教本色化運動。[51]其間不無中國化神學的出現，而劉廷芳、誠靜怡、趙紫宸、徐寶謙、謝扶雅等學人，都是中華基督教神學的前驅。二次世界大戰以後，趙紫宸的《基督教進解》（1947年）與《神學四講》（1948年）兩部

---

48 同上註。

49 同上，頁9。

50 參見：Gerald H. Anderson, ed., *Asian Voices in Christian Thelogy* (Maryknoll, New York: Orbis Books, 1976), pp. 3ff.

51 參見：王治心，《中國基督教史綱》（香港：基督教輔僑出版社，一九五九年），頁267以下。

神學作品之出現，乃是中國化基督教神學邁向成熟的典型。不幸中國政治變色，共產黨取得政權，教會迅速關閉，大有前途的中國神學就此暗淡下來。但不幸中之萬幸的：中國神學前途竟在暗淡中由有心人在異域發揚光大，這就是謝扶雅教授在英國殖民地的香港與美利堅合眾國，窮其心血努力所創的「中國過程神學」。

謝扶雅教授謙卑自居，聲稱其神學思想尚未成熟，這點若從《新舊約聖經》基礎做神學的立場來看不無道理。一來是哲學化的神學缺乏「聖經」的基礎，二來是謝氏本人是哲學家而非神學家。儘管如此，用「哲學」方法來經營「神學」，對現代世界的宣教效用可能比以《新舊約聖經》為基礎的傳統神學更大。原因是：它能夠無顧忌地與世界各宗教各文化交通。當今的「過程神學」就是一個例子。[52]而田立克（Paul Tillich, 1886-1965）在其《系統神學》第三卷，也採取過哲學方法來做他的神學。[53]再看謝氏的哲學化神學，其哲學基礎不但穩固，而且更成功的調和中西學說，使基督教與中國文化能夠互相溝通，互相效力。

當今亞洲的基督教學者不喜愛採用「本色化」（indigenization）一詞來做神學用語，而喜用「場合化」（contextualization）以擴大經營神學的領域。[54]的確，「神學」

---

52 參見：Swert H. Cousins, ed., *Process Theology* (New York: Newman Press, 1971).

53 參見：上引書，頁25-26。另參見：Paul Tillich, *Systematic Theology*, Vol. III.

54 Douglas J. Elwood, ed., *What Asian Christians Are Thinking* (Quezon City: New Day Publishers, 1976), p. XXVI.

具有時代性、地區性、人文性這些場合的特色。諸如：日本北森嘉藏的「上帝痛苦神學」，[55]第三世界的「解放神學」與「發展的神學」。[56]做爲中國人的謝扶雅教授的「交依神學」（過程神學），旨在關心中國人文的場合，因此委實足以躋身亞洲基督教神學之林。故此，中國基督教神學人應以謝扶雅教授的貢獻而提高自信心，以期能夠進一步開發中華基督教的「場合神學」。並且這位中國哲學家的用心，也可以鼓勵台灣神學人去創造自己的神學。不論哲學化神學也好，《新舊約聖經》爲基礎的神學也好，只是理一分殊，相反相成。

1977年7月上旬於
香港中文大學崇基學院神學組旅廬
2012年6月重新整理

---

55 Ibid., pp. 197-220.
56 Ibid., pp. 379ff.

第二部

《創世記》的
史前史信仰

四｜創造的信仰

　　起初，上主創造天地。地是空虛混沌，淵面黑暗；上主的靈運行在水面上。上主說：「要有光」，就有了光。上主看光是好的，就把光暗分開了。上主稱光為「晝」，稱暗為「夜」。有晚上，有早晨，這是頭一日。上主說：「諸水之間要有空氣，將水分為上下。」上主就造出空氣，將空氣以下的水、空氣以上的水分開了。事就這樣成了。上主稱空氣為「天」。有晚上，有早晨，是第二日。上主說：「天下的水要聚在一處，使旱地露出來。」事就這樣成了。上主稱旱地為「地」，稱水的聚處為「海」。上主看著是好的。上主說：「地要發生青草和結種子的菜蔬，並結果子的樹木，各從其類，果子都包著核。」事就這樣成了。於是地發生了青草和結種子的菜蔬，各從其類；並結果子的樹木，各從其類；果子都包著核。上主看著是好的。有晚上，有早晨，是第三日。上主說：「天上要有光體，可以分晝夜，作記號，定節令、日子、年歲，並要發光在天空，普照在地上。」事就這樣成了。於是上主造了兩個大光，大的管晝，小的管夜，又造眾星，就把這些光擺列在天空，普照在地上，管理晝夜，分別明暗。上主看著是好的。有晚上，有早晨，是第四日。上主說：「水要多多滋生有生命的物；要有雀鳥飛在地面以上，天空之中。」上主就造出大魚和水中所滋生各樣

有生命的動物，各從其類；又造出各樣飛鳥，各從其類。上主看著是好的。上主就賜福給這一切，說：「滋生繁多，充滿海中的水；雀鳥也要多生在地上。」有晚上，有早晨，是第五日。上主說：「地要生出活物來，各從其類；牲畜、昆蟲、野獸，各從其類。」事就這樣成了。於是上主造出野獸，各從其類；牲畜，各從其類；地上一切昆蟲，各從其類。上主看著是好的。上主說：「我們要照著我們的形像、按著我們的樣式造人，使他們管理海裏的魚、空中的鳥、地上的牲畜，和全地，並地上所爬的一切昆蟲。」上主就照著自己的形像造人，乃是照著他的形像造男造女。上主就賜福給他們，又對他們說：「要生養眾多，遍滿地面，治理這地，也要管理海裏的魚、空中的鳥，和地上各樣行動的活物。」上主說：「看哪，我將遍地上一切結種子的菜蔬和一切樹上所結有核的果子全賜給你們作食物。至於地上的走獸和空中的飛鳥，並各樣爬在地上有生命的物，我將青草賜給牠們作食物。」事就這樣成了。上主看著一切所造的都甚好。有晚上，有早晨，是第六日。天地萬物都造齊了。到第七日，上主造物的工已經完畢，就在第七日歇了他一切的工，安息了。上主賜福給第七日，定為聖日；因為在這日，上主歇了他一切創造的工，就安息了。

（創世記一：1～二：3）

宙到底如何發生的問題，係古今科學家、哲學家與宗教家所不斷思考及企圖去尋找解答的問題。雖然自然科學及人文科學不同領域的學者各有他們一套的說法，但是做為宗教人的基督徒，卻仍然深信這個人類居住的宇宙來自上主的創造。然而「創造」的信仰必須給予適當的闡釋，才能夠堅固基督徒信念，否則此一信仰就禁不起時代科學知識的挑戰。

　　自古以來世界各地許多不同民族對於宇宙來源的問題，都是用宗教信仰的「神話」（myths）來加以說明。所以「宇宙開闢神話」佔了神話故事的絕大部份。諸如：蘇默人（Sumerians）和巴比倫人（Babylonians）視宇宙的出現來自兩位宇宙大神的戰爭。戰敗之神底阿瑪特（Tiamat）的身體被萬王之王瑪杜克（Marduk）劈成兩半之後，變化為天地又形成萬物。印度人（Hindus）看宇宙係至高之神梵天（Brahman）的化生，這種信仰思想類似中國陰陽八卦的「宇宙化生說」（太極生兩儀、四象、八卦）。可是台灣民間信仰則相信宇宙是巨人「盤古氏」所開闢的，自然萬物是盤古身體所變化形成的，人類也是盤古身上的寄生蟲所化生者。又說人類係上古女神「女媧」的作品，富貴人士是她親手用黃土塑造的，貧賤的勞動者是她用繩子自泥土之中引出來的泥滴形成的。這類宇宙開闢的「神話」，世界各民族都有所流傳。

　　《舊約聖經》也記載有兩則創造故事：第一個「創造故事」聖經學者主張屬於「祭司典」（P code）文獻，記載於《創世記》（一：1～二：4ª），其時代較晚，並受巴比倫文化

影響。第二個「創造故事」載於《創世記》（二：4^b-25），屬「耶和華典」（J code），其時代較早，是公元前十世紀時代的作品。就「宗教史」（History of Religions）立場言，《創世記》的開天闢地故事，同樣是一種「神話」（mythology）文獻。這裡所謂的「神話」不是指虛幻故事，而是指著一種「信仰語言」（languages of faith）而說的。而一神論（monotheism）的「聖經」作者，雖然採用這兩則神話故事資料做為信仰告白，但已經被「猶太教」（Judaism）信仰化了。因此只有「信仰意義」，而沒有「神話意義」。對基督徒言也是如此，因為他們所關心者並非故事的字義，而是它們所啟示的意義，尤其是「創造」（Creation）的信仰這點。

那麼何為「創造」的信仰？根據《舊約聖經》教訓，「創造」是上主主動的作為，是上主的主權與智慧的行動。上主一發出命令，宇宙即由「無」而「有」，世界便因祂的「話」（言語）而受造（約翰一：1以下）。同時，宇宙運行的秩序正反映出上主的攝理與智慧，上主看一切的被造物都是美善。值得留意的是：上主的「創造」非一時性的，祂於太古起初創造世界，時至現今祂還藉著人類與祂同工繼續在創造中，使這個世界更走向美善。正因為有這樣的信仰，因此被造的世界（宇宙）不是「神」（上主）本身。這點就與「宇宙化生說」的東方思想迥然不同。質言之，基督教一言及「創造」的信仰之時，始終不教人把大自然的力量及萬物神格化。因為大自然只是上主的作品而已。又相信創造宇宙的上主是揀選與立約之神。祂揀選以色列民族，以至古今基督

徒。並且使他們與祂「立約」做祂的僕人，要他們將此一「創造」的信仰訊息傳達於全世界。

關於「創造故事」的經文解釋，基督徒也得留意。茲提出兩點以供參考：

1. 這段經文勿以字面的意思加以解釋。若強要以字義做解釋，則自然與現代人的思想格格不入。諸如世界以「六天造成」之說法這點，就與自然科學有關宇宙形成之理論相差太遠。這段經文宜以象徵意義加以處理，因爲作者是古人非現代人。但至少作者已經提出此一「創造」的寶貴信仰。

2. 《創世記》不是一冊科學與歷史的教科書，因爲它是一本充滿著信仰語言的作品，坦誠告白上主是創造主，創造是上主拯救人類的開始。因此若用進化論、考古學與地質學知識來理解《創世記》的故事，非但不能解決問題，反而會使問題更加複雜。

那麼，這段經文啓示基督徒有關的「創造」的信仰爲何？

一、世界由上主的「言語」所造

這個故事明顯指出：上主在「六日」的創造過程中，連連「發言六次」。上主發言說「有」，就有了萬物：

1. 上主説：「要有光。」（3節）

2. 上主說：「諸水之間要有空氣，將水分為上下。」
（6節）

3. 上主說：「天下的水要聚在一處，使旱地露出來。」
（9節）

4. 上主說：「天上要有光體，可以分晝夜……」（14節）

5. 上主說：「水要多多滋生有生命的物；要有崔鳥飛在
地面以上，天空之中。」（20節）

6. 上主說：「地要生出活物來，各從其類……」（24節）

這與「新約」《約翰福音》（一：1以下）：「萬物由
「道」（λογος，言語）來創造」的見證，以及《約翰一書》
（一：1）所說：「起初……就有生命之『道』（言語）」，是
同一的見證。因為有上主的「道」（言語），萬物因而存在，
生命因而出現。由此可見：上主的「言語」（道），乃是創
造的第一因。

這麼說，人不能用擬人化方式來看上主的創造，將上主
單純的看成是一位製作者（Maker）而已（雖然第二個創造故事有此
一含意）。上主乃是藉著祂的命令或言語造成這個世界，因為
祂說有就有。祂的「命令式言語」使宇宙創生，是天文學家
所說的「星雲聚合程序」、「宇宙塵聚合說」，以至古生物
學家與地質學家所說的「自然進化程序」等等，這些宇宙起
源的科學推理。因此這類信仰語言之創造程序，人類是不能
拒絕的，為的是科學的發現也在見證創造主之偉大。

二、世界在「程序」中被造

聖經記載，上主用「六日」時間創造這個世界，第七日就安息。但是這裡所說的「日子」不能視為一日二十四小時的日子而言。因為「上主的時間」與一日二十四小時（或十二時辰）的時間不同。如同詩人所說：「在你眼中千年如一日。」（詩篇九○：４）至於說，上主創造世界是一日一日漸進的，這分明是象徵「進化」（evolution）之過程。無論如何，《創世記》證言：這個宇宙是在「程序」之中被造成的。

(一)時空觀念從此出現

因為上主在「程序」之中創造天地萬物，所以「時間」及「空間」觀念從此開始。其創造的時間程序是：

第一日──「光」

第二日──「穹蒼」

第三日──「旱地、植物」

第四日──「日、月、星宿天體」

第五日──「鳥、魚」

第六日──「動物、人類」

台灣地質學家林朝棨博士就曾經主張：《創世記》的創造程序與地質年代是有些符合的。因為地球在幾十億萬年前的確是一團火球（光體），而後冷卻。於是太陽系的恆星、行星與衛星定位，地球（行星之一）上的植物出現，爬蟲類出現，最後人類才出現。而且「時間」與「空間」因此有了定

位。其「進化神學」可以參照：《台灣神學論刊》第四期（1982年3月），拙作：〈論「創造」與「進化」〉乙文（即本書第一章）。

(二)上主的創造程序係「時間」與「空間」的演化

上主既然在「時間」中按程序創造天地「空間」，那麼「時間」觀念就有「始」（α）與「終」（ω），「空間」也會有滄海桑田式的變遷（即地質年代之造山運動）。質言之，上主創造程序乃是一種「時間」與「空間」的變遷（演化）。因為「創造」是繼續不斷的，上主自古及今繼續在創造中。《啟示錄》作者在（一：8，廿二：13）說到：「昔在、今在、將來永在的神，全能的上主說：『我是阿拉發（α），是開始的，是亞米加（ω），是終結的』」，便是此一繼續創造的證言。

基督徒不以現在這個世界為滿足，他們展望另一個「新天新地」。因為「原罪」（人性軟弱）的問題使人類歷史充滿了不完美的悲劇，至今國家與國家之間，民族與民族之間，尚有許多隔膜及戰事而無法和平。人類也因不懂愛惜自然環境，以致因污染自然環境而傷害自己生命。因此基督徒相信：上主是人類歷史及大自然的真正改造者。因為祂藉著耶穌基督重新創造我們的人格，在時機成熟之時，更要為我們創造「新天新地」。所以說，創造的信仰應該包含著「新天新地」與「新人」之展望！（見：啟示錄二十一：1-4，哥林多後書五：17）

三、宇宙乃是上主的「聖殿」

《創世記》（二：1-4）說到，上主創造天地完成之後，於第七日在宇宙時空中不僅人類要安息，大自然界萬物也都要安息。由此足見，作者描述這個被造的宇宙大自然，實在是一所上主的「大聖殿」。宇宙這個大空間既爲聖殿，人就得在一定循環的時間中，領導萬物安息，並且崇拜祂。

(一)宇宙是敬拜造物主的聖殿

這類視宇宙大自然爲「聖殿」的信仰，不僅聖經《創世記》有所啓示，全世界的宗教人均如此相信，尤其是東方人更做如是觀。因爲「造物主」（Creator）這位至上神的觀念是普世性的，不論原始社會人類以至文明社會人類，均視大自然爲神之作品，以至神本身（如多神論者的東方人）。爲此，人類可在大自然中敬拜祂，與祂溝通，向祂祈求。

(二)日月星辰是宇宙鐘錶

上主爲教人懂得按時敬拜祂，所以安置「日、月、金、木、水、火、土星宿」爲宇宙鐘錶。「第七日」是上主特定要求人類及萬物「安息」以及崇拜祂的「聖日」。是日，人類及萬物都要安息，重新與上主建立關係。「安息」的意義，包含人類的心靈與肉體。「心靈的安息」使人類與造物主能夠保持親密關係，「肉體的安息」則使人類獲得健康與精力。古代巴比倫人看「日、月、星座」是大神（Marduk）的

秘密語言，祭司（占星師）解開其中運行動態，即可測知宇宙人間（國家及個人）的命運，於是出現「占星術」（Astrology）。但猶太人則不信「占星術」，僅視「日、月、星宿」爲上主所安排的宇宙鐘錶，是爲人類及萬物身心的「安息」所預備者。

(三)人類是引導萬物敬拜造物主之祭司 (牧師)

那麼，人類在宇宙聖殿中的角色爲何？就是引導萬物安息與崇拜上主的「祭司」（牧師）。人類雖然在創造程序中最後出現於自然界，但是他們具有「上主形像」（image of God），是造化之冠冕，萬物之園丁，以及擔負上主繼續創造的同工。人類既然做引導萬物敬拜上主的牧者，他們也負有引導萬物歸向上主之天職。這使基督徒相信：耶穌降世爲人，旨在救贖這個問題世界，使萬物與上主和好（約翰三：16）。因爲人類在歷史中擔負的祭司角色失敗了，以致使世界陷入於罪惡苦況中。然而上主愛世界一切被造之物，因此才由上主的「言語成肉」（道成肉身）來加以恢復（見：約翰一：1-18）。

(四)新創造之展望

上主看這個宇宙自然的被造是美善的，人類要好好經營與生存其中。所以「創造的信仰」包含人類對其人生與大自然的肯定：人類不可逃避世界的生活與責任。的確，人類要肯定其人生、積極其人生，因爲創造主給他們的大自然是美

麗的。當然大自然之所以美善，乃是人類懂得與上主同工來經營它。可惜「罪」進入世界污染人性，使人間戰爭殺戮不斷。因此這個世界需要重新被造，才能夠恢復原來造化當初之美善。只是「新天」、「新地」、「新人」之重現，乃是藉著耶穌基督之拯救而完成的，此即基督徒的信仰展望。

四、結語

總而言之，創造的信仰應立足於基督教信仰來加以認知與肯定，才能夠凸顯其重要意義。耶穌基督是造化源頭，也就是「新創造」（New Creation）之源頭。基督教所強調的「新天」、「新地」、「新人」之展望，就是因為耶穌基督的來臨而出現。人類與上主因耶穌基督之救恩從此重新和解（見：羅馬書五：1-11），從而做個稱職的世界園丁與牧者。人與人的關係，也從此以愛心互相結連。人類更因而更愛好自然，使大自然真正成為「上主聖殿」。

《傳道書》的作者曾經呼籲說：「你當在你少年之日紀念創造你的主。」（傳道書十二：1）所以世人一生一世都要敬畏創造萬物之上主，因為這是人類獲得生存勇氣的原動力。

2012年7月

五｜人類之角色

　　創造天地的來歷，在耶和華上主造天地的日子，乃是這樣，野地還沒有草木，田間的菜蔬還沒有長起來；因為耶和華上主還沒有降雨在地上，也沒有人耕地，但有霧氣從地上騰，滋潤遍地。耶和華上主用地上的塵土造人，將生氣吹在他鼻孔裏，他就成了有靈的活人，名叫亞當。耶和華上主在東方的伊甸立了一個園子，把所造的人安置在那裏。耶和華上主使各樣的樹從地裏長出來，可以悅人的眼目，其上的果子好作食物。園子當中又有生命樹和分別善惡的樹。有河從伊甸流出來，滋潤那園子，從那裏分為四道：第一道名叫比遜，就是環繞哈腓拉全地的。在那裏有金子，並且那地的金子是好的；在那裏又有珍珠和紅瑪瑙。第二道河名叫基訓，就是環繞古實全地的。第三道河名叫底格里斯，流在亞述的東邊。第四道河就是幼發拉底河。耶和華上主將那人安置在伊甸園，使他修理，看守。耶和華上主吩咐他說：「園中各樣樹上的果子，你可以隨意吃，只是分別善惡樹上的果子，你不可吃，因為你吃的日子必定死！」耶和華上主說：「那人獨居不好，我要為他造一個配偶幫助他。」耶和華上主用土所造成的野地各樣走獸和空中各樣飛鳥都帶到那人面前，看他叫甚麼。那人怎樣叫各樣的活物，那就是牠的名字。那人便給一切牲畜和空中飛鳥、野地走獸都起了名；只是那人

沒有遇見配偶幫助他。耶和華上主使他沉睡，他就睡了；於是取下他的一條肋骨，又把肉合起來。耶和華上主就用那人身上所取的肋骨造成一個女人，領她到那人跟前。那人說：這是我骨中的骨，肉中的肉，可以稱她為「女人」，因為她是從「男人」身上取出來的。因此，人要離開父母，與妻子連合，二人成為一體。當時夫妻二人赤身露體，並不羞恥。

（創世記二：4-25）

《創世記》有兩個創造故事，說明人類之被造經過及其特質：人類具備「上主形像」（一：1～二：3，其中的一：27做此交代），及人類由塵土所造卻具有「上主靈性」（二：4-25，其中二：7強調人類是具有靈魂之生物）。

第一個創造故事以「宇宙」（Cosmos）為本位，強調「宇宙」是萬物之「聖殿」。人類被造具有上主形像，其目的在於教人類做「萬物之園丁」去管理大自然。同時教他們做「宇宙聖殿」之「祭司」，於第七天「安息日」盡其「祭司」職責來領導萬物（大自然）敬拜造物之上主。

第二個創造故事以「人類」（mankind）是上主之傑作，是具有靈魂的活人，其名字叫亞當（Adam）。這位上主用土創造又有上主本質——「靈魂」的人類，擁有自己的「自由意志」（free will），可以選擇善與惡（用兩棵樹做為象徵）。目的是要他參與上主之創造，管理伊甸園及做園丁。為此上主為他造了一位女人夏娃（Eve）做為配偶，又將他倆送做堆做夫

婦。上主爲人類設立婚姻與家庭，旨在延續上主的創造，來繁榮人類所賴以生存的大自然。

雖然上列兩個故事有一些差別，然而均在強調：上主是造物主宰，也是宇宙與其歷史之主權者。人類是被造物之冠冕，有「上主之形像」及「超然之靈性」，是上主之代表（小上主）。其天職是做大自然之園丁，管理上主所創造的世界，始終都要善用生命與祂同工。他也要在「安息日」做牧者（祭司），就是在此一「宇宙大聖殿」中做萬物之祭司，領導萬物敬拜上主。

而《創世記》（二：4-25），正可以說明人類被造之意義。因此必須認眞思考其中之教訓，洞察「人類之角色」爲何。

一、人類之本質

根據《創世記》（二：7）這句信仰語言的內容所指，人類之本質和「塵土」有關：

耶和華上主用地上的塵土造人，將生氣吹在他的鼻孔裏，他就成了有「靈魂」的活人，名叫亞當。

這段經文指出人類的本質有二：一是來自「塵土」，然而卻具有上主吹入之靈氣（靈魂）。

(一)人類來自塵土

人類來自土地，是生存於大地之生物。人一生活動之空間是大自然，而且由土地生產之物質所養生。人類既然是來自「塵土」之生物，也就有其限制。尤其是「生命」之過程——「生」與「死」就是新陳代謝之限制。但是《創世記》(三：19) 的記載，則以亞當與夏娃吃禁果之信仰語言，說明他們因吃了「禁果」而無法永生，也出了樂園。又特別交代：「你本是土粉，也要歸於土粉。」這點正指出人類生存之過程是有限的，他來自大自然的「土地」，至終也必回歸大自然。

(二)人類的超然性

雖然人類來自「塵土」，又具備有朝一日將回歸自然的有限生命，可是他卻具備上主（造物主）賦與的兩種本質：「上主的形像」(Imago Dei, or Image of God) 以及上主的「生命氣息」(the breath of life)。人類從此成為具備「小上主」本質的生物，既能如同造物主一樣管理大自然，也擁有一般動物所沒有的「靈魂」（見：創世記一：27，二：7）。這一信仰語言之描述，具有兩種意義：

1. 人類生命具有無比尊嚴

原來人類按「上主的形像」被造之意義，並不是指「上主的形像」如同人類形像一樣。正確的理解是：人類具備與

上主一樣，可以與祂同工管理大自然之能力。既然人類具備來自上主之秉賦，所以「人性」（human nature）是尊嚴的，做「人類」是相當榮耀的一件事。值得留意的是：「上主的形像」男女均有。只因上主為欲使有限生命之人類生生不滅才造男造女，刻意安排婚姻。然而上主是超越男女兩性之神，此一理解十分重要。所以說，人類之生命具有無比尊嚴！

2. 人類有來自上主的靈魂

經文中強調：上主將活氣吹入人類鼻孔，人類從而成為有「靈魂」的活人（二：7）。在此道出人類的「靈魂」來自上主之活氣。此一超自然本質，使有限的人類可以用祈禱和無限的上主互相交通。所以《約翰福音》（四：24）證言：

> 上主是個靈（神），敬拜祂的人必須以心靈（心神）和真誠敬拜祂。

值得注意的是：華人社會時常言及「人為萬物之靈」之口頭禪，來形容人類比萬物高一等，是最具智慧與能力之生物。然而這種說詞不等同於證言人類具有上主賦有之「靈魂」而言，因這和基督教之理解不同。對基督教信仰而言，人類既有上主的「活氣」（靈魂），他就是一位具有與上主溝通之「小神仙」，既可與上主同工管理大自然世界，又能因此使「上主的創造」（creation of God）不停止。基督教又證言：人若能夠認識「上主的道」所化身成肉的耶穌（見：約翰

一：1-18），人類的靈魂就能夠再次與上主結連。因為耶穌就是引導世人與上主結連的「道路」、「眞理」、「生命」（見：約翰十四：6）。

二、人類的生存環境

《創世記》（二：7-17）言及：上主造人之先，先造大地。之後造人，又將人安置於「伊甸園」中，成為這個美麗園子的主人，藉此與上主同工管理萬物。這等於是說：人類的生存環境是上主安排，並且要人類做園丁管理萬物。上主也賦與人類自由意志，使人類有選擇吃「生命樹果子」（象徵「善果」）及「善惡果」（象徵「惡果」）之自由，所以沒有給人類「宿命」。這些經上的「信仰語言」，有下列兩個要點及提示：

(一)人類是與上主同工的大自然園丁

原本沒有受工商業污染的自然環境是美麗的，尚未犯有「原罪」（人性之軟弱）的人類（亞當與夏娃）所居住的「伊甸園」更是大地的天國。而人類正是此一「大地天國」的管理者、伊甸園之園丁。

1. 為萬物命名

人類管理「大地天國」（大自然）之第一個行動，就是為萬物命名。始祖亞當及夏娃主導伊甸園中的一切，在此一沒

有罪惡與環境污染的生存環境中，以園中之果物、蔬菜爲主食（上主爲人類設計的牙齒是吃菜的）。人類和所有生物和平相處，沒有疾病及苦難，更沒有洪水、猛獸、地震、颱風及人禍之侵擾，因爲沒有罪惡、亂象及環境污染之故。

2. 與上主同工

人類居住於「大地天國」（伊甸園的大自然環境）是有其職責的，那就是：「善用生命、與神同工。」上主賦予人類「自由意志」（沒有給他們宿命），就是給人類能夠發揮其自主能力與上主同工去管理這個世界。因爲一個「被宿命」的人類（諸如：「命運天定」（台灣人傳統命運觀）及「命運自造」（佛教命運觀之信徒）），其管理大自然之秉賦是受限制的，無法發揮其與生俱來的恩賜。

(二)人類不可誤用自由意志

上主賦與人類「自由意志」去做大自然園丁管理萬物，又命令人類給萬物命名。然而「自由意志」是不可誤用的，因爲「自由意志」一旦被誤用就是墮落，人類將被逐出大地天國的「伊甸園」（可稱其爲「伊甸園的法律」）。

雖然上主沒有決定人類的命運（將人類宿命），命運全由人類的「自由意志」所選擇，不過上主卻給予人類一個選擇命運好歹的尺度。這個尺度就是伊甸園中那兩棵象徵「善」與「惡」之果樹：「生命果樹」及「善惡果樹」。再加上了上主的一道吩咐：喫「生命果」可以永生，喫「善惡果」則

一定墮落出了樂園。也就是說，人類喫了上主所安排的「生命樹果」，就是順服上主的表現，可以永遠做伊甸園此一不受環境污染的樂園之園丁。一旦違抗上主吩咐，喫了「善惡樹果」（憑「自由意志」），就得出樂園。這就是上主所立的一道選擇善惡之法律——「伊甸園法」（the law of Eden）。上主的用心是教人千萬不可誤用「自由意志」，爲的是順服上主或聽從魔鬼誘惑，人均可以自由選擇。

可惜的是：《創世記》第三章證言人類禁不起惡者（魔鬼蛇）之誘惑而誤用「自由意志」喫了禁果，終於出了樂園，從此喪失永恆的生命。人類誤用「自由意志」正是一種「原罪」（「原罪」即指人性弱點）。人類之「原罪」使世界混亂又引起戰爭，「伊甸園」從此不得進入。事實上人類食了「善惡果」之「原罪」，迄今仍然存在。因此人間始終沒有真正的「和平」可言。對於基督教信仰而言，「伊甸園」之恢復就是祈求「上帝國」（上主國度）這一「人類生命共同體」之降臨。爲此耶穌教導人追求「上帝國」及其社會公義（見：馬太六：33-34）。因爲耶穌的來臨及其教導的「福音」，旨在建立人類的「新伊甸園」之上主國度：上主爲天父，人類即兄弟姊妹，其領土是人心。所以「新伊甸園」（上主國度）就是一個命運共同體之地球村。

三、人類的家庭

在經文上的（二：18-25）這一段信仰語言，提及人類始祖

亞當最初孤獨一人沒有伴侶。上主因此動腦筋爲亞當創造了一位「女人」，做爲他的幫手。而後將兩人撮合爲夫妻，建設人類第一個家庭。這等於啓示基督徒一個「婚姻是神聖」的眞理，「一夫一妻」制度才是愛情之基礎。所以家庭是上主之傑作。至於男子成人以後離開父母和妻子結婚，夫妻裸體坦然相處的描述，旨在強調男女的正當「性關係」是十分自然的一件事，是傳宗接代必經之道。在今日此一男女平權時代，《創世記》的人類婚姻與家庭的起源論，到底對於現代基督徒有何啓示？

(一)女人為男人孤單而被造問題

經文提到女性始祖夏娃之被造，係因男人亞當之孤單無伴被上主看在眼裡，上主才從男人亞當的「一根筋骨」創造而出。如此信仰語言之描述，旨在強調男女婚姻關係之一體性，以及反映早期重男輕女時代那種「男主外、女主內」之傳統習俗。所以基督徒不能以現代人的眼光去看待這一宗教象徵所宣示的意義。其實華人社會也有類似見解：男人一生是「事業」，女人一生是「家庭」。可是這類見解明顯已被現代人男女平等的社會生活所打破，僅在保守而落伍的人類社會存在著。就如存在於「族長社會」（patriarchal society）以及信奉「伊斯蘭教」（Islam）的國家之中。

現代社會爲了家庭的經濟問題，夫婦均有職業，男女都有自己的職域。如此一來，婚姻關係就變得不受尊重。因爲男女兩者容易因意見不合而離婚，家庭也變得不完整，社會

上的「單親家庭」因此比比皆是。雖然經文中的教導有些重男輕女的意味，但如果將其理解為男女兩性之天職為：「男主外、女主內」，仍然是可以接受的。其實夫妻之間的互相尊重，才是幸福婚姻的基礎。

(二)夫妻之間的倫理應受尊重

上主造男造女設立婚姻，使兩人成為一體，就如經文所言：「夫妻兩人赤身露體在一起坦然面對也很自然」之描述（見：創世記二：24-25），均在強調婚姻倫理的正當性。這類信仰語言在在提示夫妻間的倫理關係，應該受人類社會所尊重。

1. 性生活具神聖本質

經文中明顯提示：夫妻倫理始自「性生活」。所謂「家庭」（family）者，就是通過夫妻間之「性生活」來繁衍子女，成立人類之基本社會。所以說男女兩性之「性」（sex）本身具有一種「創造性」（creativity）本能，其本質是神聖的。因為能夠繁殖下一代，建立有兒女之家庭。這點正是使徒保羅借婚姻關係，來強調基督與教會之親密性的理由（見：以弗所書五：25-33）。

2. 強調一夫一妻制度

雖然《創世記》的「史前史」（一章至十一章）以及「族長史」（十二章至五十章）明顯地有「一夫多妻」現象之事實，可

是這段經文指出：原始的婚姻制度是「一夫一妻」的，由始祖亞當與夏娃樹立了此一制度。所謂「兩人成為一體」的兩性倫理，便是指此而言。婚姻倫理的健全，乃建構於「一夫一妻制」。為此耶穌才教導人：「上主所配合的，人不可分開。」（見：馬可九：10）婚姻之美，就是夫妻倆能夠白首偕老。這點也是基督教不贊同夫妻任意隨便「離婚」之理由所在。因為「離婚」等於破壞上主對於婚姻之祝福，是家庭悲劇！不過「離婚」若是出於淫亂（夫妻兩造之一的不忠外遇）的緣故，則另當別論。

四、結語

從上面三大段落之討論，使大家重新認識到人類於上主創造的過程中之基本角色為何。依據經文說法，人類之本質是大地的塵土。上主用塵土造人，將「活氣」（靈魂）賦與用塵土所造的這一高等生物之用心，在於象徵人類有與上主溝通之秉賦（用心靈敬拜祂），以及與上主同行（尤其是與上主同工管理大自然）之天職。為此，人類一生必須和上主建立美好的關係。只是人要洞察這點，就得來自耶穌基督救世福音之啟蒙。上主將祂傑作之人類安置於大自然環境中，旨在使人類做大自然之園丁，保護大自然之生態。從此教人類與大自然和諧相處，並且尊造物之主為大（神、人、大自然之和諧）。人類最基本之社會就是「家庭」，它也是人際關係之開始。所以夫妻一體互相恩愛，子女與親友之倫理關係從此

建立。而「一夫一妻制」正是家庭生活幸福之基礎，上主之配合，人不可分開！只是基督教的「家庭」，不同於中國儒家所強調那種「同姓相容、異姓相斥」之「家庭主義」（family-ism），而是以「上主為天父，人類是兄弟姊妹」的世界一家（地球村）之生命共同體（也即耶穌所宣揚的「上帝國」）為本。而最不可忽略的一點，就是造物上主給予人類可以選擇「善」與「惡」的「自由意志」。為此基督教沒有「宿命論」的命運觀，因其強調「命運自決」。也唯有具備「自由意志」秉賦的人類，才能夠與造物主同工去管理大自然。如此重要教義，正是「基督教」（Christianity）優於「印度教」（Hinduism）、「耆那教」（Jainism）、「佛教」（Buddism）、「儒教」（Religious Confucianism）、「道教」（Religious Taoism）、以及日本「神道教」（Shihtoism）這些東方宗教的「命運自造」宿命論及「命運天定」宿命論之處。

2011年3月25日

六│人性之救贖

　　耶和華上主所造的，惟有蛇比田野一切的活物更狡猾。蛇對女人說：「上主豈是真說不許你們吃園中所有樹上的果子嗎？」女人對蛇說：「園中樹上的果子，我們可以吃，惟有園當中那棵樹上的果子，上主曾說：『你們不可吃，也不可摸，免得你們死。』」蛇對女人說：「你們不一定會死；因為上主知道，你們吃的日子眼睛就明亮了，你們便如上主一樣能知道善惡。」於是女人見那棵樹的果子好作食物，也悅人的眼目，且是可喜愛的，能使人有智慧，就摘下果子來吃了。又給她丈夫，她丈夫也吃了。他們二人的眼睛就明亮了，才知道自己是赤身露體，便拿無花果樹的葉子為自己編做裙子。天起了涼風，耶和華上主在園中行走。那人和他妻子聽見上主的聲音，就藏在園裏的樹木中，躲避耶和華上主的面。耶和華上主呼喚那人，對他說：「你在哪裏？」他說：「我在園中聽見你的聲音，我就害怕；因為我赤身露體，我便藏了。」耶和華說：「誰告訴你赤身露體呢？莫非你吃了我吩咐你不可吃的那樹上的果子嗎？」那人說：「你所賜給我、與我同居的女人，她把那樹上的果子給我，我就吃了。」耶和華上主對女人說：「你做的是甚麼事呢？」女人說：「那蛇引誘我，我就吃了。」耶和華上主對蛇說：你既做了這事，就必受咒詛，比一切的牲畜野獸更甚；你必用

肚子行走，終身吃土。我又要叫你和女人彼此為仇；你的後裔和女人的後裔也彼此為仇。女人的後裔要傷你的頭；你要傷她的腳跟。又對女人說：我必多多加增你懷胎的苦楚；你生產兒女必多受苦楚。你必戀慕你丈夫；你丈夫必管轄你。又對亞當說：你既聽從妻子的話，吃了我所吩咐你不可吃的那樹上的果子，地必為你的緣故受咒詛；你必終身勞苦才能從地裏得吃的。地必給你長出荊棘和蒺藜來；你也要吃田間的菜蔬。你必汗流滿面才得糊口，直到你歸了土，因為你是從土而出的。你本是塵土，仍要歸於塵土。亞當給他妻子起名叫夏娃，因為她是眾生之母。耶和華上主為亞當和他妻子用皮子做衣服給他們穿。耶和華上主說：「那人已經與我們相似，能知道善惡；現在恐怕他伸手又摘生命樹的果子吃，就永遠活著。」耶和華上主便打發他出伊甸園去，耕種他所自出之土。於是把他趕出去了；又在伊甸園的東邊安設基路伯和四面轉動發火焰的劍，要把守生命樹的道路。

(創世記三：1-24)

關於人類本性與救贖的問題，不僅是哲學（philosophy）的問題，也是宗教（religion）的問題，更是「基督教神學」（Christian Theology）之論題。只是各個宗教對這一問題之見解都不同（這點將另段討論），所以不能用傳統漢人的觀念去解釋。尤其是斯土台灣基督徒，就必須以基督教信仰的立足點來加以探討。因為《舊約聖經》的《創世記》二章與三章，

言及人類本性與命運之起源，所以引用（二：4-7，三：1-24）為依據來探討這個問題。當然人類本性與救贖，對於「基督教」（Christianity）而言是以《新約聖經》為主才有的解答。也就是和耶穌基督的降世、受苦、犧牲（十字架）與復活（永生）的福音，有直接關係。

一、經文的教導

《創世記》（二：4-8，三：1-24）係以信仰語言記載上主造人的經過，以及受蛇的引誘而墮落出樂園的故事。這段故事也是基督徒從小到老時常聽聞的教義。因為「主日」（禮拜日）及其他聚會時，講道者均一再提及，所以大家非常熟悉。不過少有深入探究其中所象徵之重要意義與教訓，尤其是字義解釋所出現的一些問題。下面先從經文教導的內容談起，而後才分析有關「人性救贖」的基督教教義。

(一)人類被造的故事（二：4-7）

> 創造天地的來歷，在耶和華上主造天地的日子，乃是這樣：野地還沒有草木，田間的菜蔬還沒有長起來；因為耶和華上主還沒有降雨在地上，也沒有人耕地。但有霧氣從地上騰，滋潤遍地。耶和華上主用地上的塵土造人，將生氣吹在他鼻孔裏，他就成了有靈的活人，名叫亞當。

這段經文應該從頭唸到尾（二：4-25），才足以明瞭人類被造之經過，以及上主如何為「亞當」（Adam）造一位女人「夏娃」（Eve），並且使他們結為夫妻建立家庭，做為人類始祖的故事。

1. 上主用塵土造人 (二：4-7)

在這一段經文裡面，言及天地創造當初地上沒有草木、蔬菜、雨水，一望無際的土地無人耕種。後來有水（霧氣）自地下湧出潤澤大地，上主就著手用地上的「塵土」造人，以自己的活氣之「生命」（靈魂）吹入其鼻孔。有「生命」及「靈魂」的人類從此出現於大自然之中。如果與《創世記》（一：27）對照的話，便知道這位用「塵土」所塑造出來的人類，是按照「上主的形像」（Imago Dei）所造出來的，所以是一位尊貴無比的「小上主」（上主的代表）。而這位有限之人類的「超然本質」，就是可以和超然之上主溝通祈禱的「靈魂」。

2. 人類居住於伊甸園 (二：8-17)

造物上主將這位被造之人類安置在東方的「伊甸園」（Garden of Eden），園中樹木茂盛美麗，到處都有美好的果子。而園中各有一棵「生命果樹」（象徵善律）及「善惡果樹」（象徵惡律），由一條自「伊甸園」流向四個支流的河流灌溉。就是：「比遜河」（Pishon，出純金、寶石、香料，環繞哈腓拉（Havilah）地區）、「基訓河」（Gihon，環繞古實（Cush）地區）、

「底格里斯河」（Tigris，穿過亞述（Assyria）東部）、「幼發拉底河」（Euphrates）。由此見之，「伊甸園」就是古代的巴比倫（Babylonia）與亞述，即今日的伊拉克（Iraq）。上主命令那人看守園子，耕種蔬果五穀。特別叮嚀園中的「善惡果樹」之果子不可以吃，吃了就會死亡。其餘可食，而且食了可以長生不老健康長壽。

3. 女人為男人而受造（二：18-25）

造物主為顧及那人忙不過來，便為其造了一位伴侶。造物主先前造好各種動物（野獸、牲畜、飛鳥，同樣用塵土所造），將其帶到那人面前給他命名及管理。後來趁著那人睡著時，取下他的一根肋骨，造了一位「女人」給他做伴。這位「女人」也就成為「男人」的伴侶。那人也表達非常滿意，說：「我終於看到我的同類，是我骨中之骨，肉中之肉。我要稱她做『女人』，因為她從『男人』而出。」（二：23）造物主也將他倆「送做堆」成為夫婦。從此男人長大成人之後就離開父母「結婚」（一夫一妻），男女光著身子成為一體，成立家庭。

(二)人類犯罪與出樂園（三：1-24）

這章著名的經文，可視為基督教「人性論」及其「墮落論」之基礎。故事言及：伊甸園中的「毒蛇」這一狡猾的動物如何引誘夏娃及亞當吃「禁果」，結果他們喪失真正的「生命」（永生），並且永遠出了樂園。

1. 自由意志之誤用（三：1-13）

造物主給人類「自由意志」（free will）去選擇善與惡，使人類能夠與祂同工管理大自然，所以沒有給人類「宿命」（定命）。挑戰人性之「自由意志」者，就是惡者（魔鬼毒蛇）之「誘惑」（temptation）。這個故事言及女人禁不起狡猾的毒蛇之誘惑，自己不但吃了「禁果」（善惡果），又分給他的男人吃。亞當與夏娃從此眼睛開了，知道自己裸體之恥，就編無花果樹葉爲裙遮羞。黃昏之時造物上主出現，叫躲起來的他們出來問話。男人亞當與女人夏娃互相推諉責任，也推給那條誘惑他倆的狡猾毒蛇，充分曝露人類不負責任之本性。

2. 上主審判逐出樂園（三：14-24）

造物上主下一步之行動是審判與懲罰：毒蛇在所有動物中，惟有牠受咒詛，終生吃塵土，與女人的後裔爲敵（蛇頭被打碎，人的腳跟被咬）。女人將有生產之痛楚，既要依賴丈夫又受他的管轄。男人因聽妻子的話，必須終生辛勞流汗才可以生活。並且人類也將有死亡，死後回歸塵土（人來自塵土，也將回歸於塵土）。從此第一個男人名叫「亞當」（從塵土而來），第一位女人名叫「夏娃」（人類之母）。上主也爲他倆準備皮衣遮身。上主因怕人類吃了「生命樹果」而有永生，就將人逐出「伊甸園」。園子之四周有四面轉動火焰的劍，藉以防止人類接近「生命樹」。又於東邊安置守護天使「基路伯」（cherubim）及「火焰之劍」加以守護。

二、人性之墮落與救贖

　　《創世記》是「猶太教」（Judaism）所號稱的「摩西五經」之第一卷，也同樣是「基督教」（Christianity）所接受的「舊約經典」的內容之一。爲此，人類本性與墮落之認知，這兩個宗教的看法均一致。只是「猶太教」沒有提出人類墮落的解決之道，但「基督教」的《新約聖經》都在強調耶穌基督的救贖。可見「拯救觀」完成於「基督教」，而非「猶太教」，因此將「猶太教」之經典稱爲《舊約聖經》。

(一)關於經文之解釋

　　世上任何一個宗教的經典，如「印度教」（Hinduism）的《吠陀經》（Vedas）、佛教（Buddhism）的《三藏經》（即「經」、「律」、「論」三藏）、「伊斯蘭教」（Islam）的《古蘭經》（Quran），其內容均爲「信仰語言」（Languages of faith）。「基督教」的經典：《新舊約聖經》（The Holy Bible），當然也不例外。因此「經典」之內容必須加以解釋，才能夠解開其中所象徵之重要意義。

1. 人類來自「塵土」之意義

　　上主由地上「塵土」（土粉）造人的說法，旨在強調人類來自「土地」，也即來自大自然（二：7）。所不同者，人類的塵土軀殼之中，有兩種相當重要之因素：有上主之「形像」（一：27），也有上主的「活氣」（靈魂，二：7）。因此人

類「生命」尊嚴無比，具備著「小上主」（因此有資格與上主同工）之派頭。人類因此無權剝奪同類之生命（這點也是反對處人類「死刑」之依據）。據此理解言，人就不必用理智去思考：「人類」到底是用什麼「塵土」去塑造的問題，因為經典說法是「信仰語言」。畢竟「泥土」的種類太多，它是古人形容上主造人的材料，而不能以「台灣塵土」去理解。

　　人類被造之後，上主給他居住於「伊甸園」此一不愁食物之樂土做園丁。也用兩棵樹來做人類「自由意志」之試金石──「生命樹」與「善惡樹」。這正說明基督教沒有「宿命論」之教義，因為人類生來就有選擇「善」與「惡」之自由（包括選擇宗教信仰與職業之自由）。只因那人（亞當）很孤獨，上主又用那人之肋骨造了一位女人給他做伴侶，使他倆結合為夫妻。這正象徵夫妻關係（性生活）是一體性的，而且指出只有「一夫一妻制」才有幸福可言。而家庭生活正是在此一「夫妻坦然相處」的生活中，去經驗婚姻生活之奧妙！

2. 蛇之誘惑與出樂園

　　在這個人類墮落的故事中，出現一條誘惑女人吃禁果的「蛇」。這便是許多基督徒自始至終均見蛇就殺的原因，因牠是魔鬼之化身。其實世上之蛇類有四百種以上，用「蛇」當做魔鬼似的誘惑者，只是一種象徵之說法而已（這與巴比倫的敘事詩"Gilgamesh Epic"的神話有關）。其實「蛇」也有好的一面，就如摩西所立救命之「銅蛇」（serpent of bronze，民數記廿一：9）。又古埃及文化就崇拜蛇類（尤其是眼鏡蛇），視其為「再

生」（regeneration）之動物。因此埃及王法老之王冠上就有一條「眼鏡蛇首」爲裝飾。先知以賽亞蒙召時所出現的「撒拉弗」（Seraphs，天使），就是一條發出火焰又有三對翅膀的蛇（見：以賽亞書六：2-6）。這些例子均與誘惑始祖犯罪的那條毒蛇（撒旦）不同。至於蛇以塵土爲食，以腹行走是一種刑罰之說法，也都是信仰語言。夏娃生產之痛苦及亞當勞碌求生之說辭，也不一定是咒詛。但眞正之咒詛是「出樂園」與「死亡」（失去與神同在的永生）。其實古代猶太人就是用「人類來自塵土，又回歸塵土」之生命過程，來說明「生命」之有限，並視其爲犯罪之結果。

(二)人性墮落與救贖

這個人類被造、墮落、失樂園之故事，迄今依舊是基督徒之重要信仰語言。然而單單《創世記》（二：4～三：24）的這段故事，只能認識人性之墮落，而無法凸顯「救贖」之教義。所以《新約聖經》教訓的補充，是十分重要的。

1. 人性之墮落

上面這段經文（創世記一：27，二：4-7）證言人類是上主之傑作。他來自大地之「塵土」，卻有上主「形像」（Image of God）及「靈魂」（Soul）。人類的任務是經營「大地」（自然環境），管理「萬物」（動物與植物），與造物主同工做自然界之園丁。上主也造了女人做男人伴侶，組織「家庭」，也要他們生育眾多。但上主不給被造之人類「宿命」，因而

給他「自由意志」去選擇自然界之「善」（生命樹）與「惡」（善惡樹）。可是人類過不了「惡者」（蛇）之誘惑這一關，失敗於「肉體情慾」（食物之誘惑）、「眼目情慾」（見善惡果好就吃）、「今生驕傲」（無視上主命令，誤用「自由意志」）。因此出了「樂園」（失去與上主同在之永生），並且受「咒詛」（面對人生苦難）。這一幅《創世記》第三章之圖畫性描述，均在在指出「人性」（Human Nature）之軟弱，也指出神學家所謂「原罪」（Original Sin）的問題。由此見之，基督教的「人性觀」是「人性墮落論」（非「人性本善論」）。那麼「人性」如何從「罪」（誘惑）中解脫的問題，《創世記》（二章與三章）的故事並沒有解答，僅言及上主用兩套「皮衣」給亞當與夏娃的「裸體」（罪之象徵）遮羞，將不可見人之慚愧事情隱藏起來而已。

2. 人性之救贖

　　一個由「人性墮落論」為入門之宗教，必然強調需要「救世主」之救贖。可惜「猶太教」沒有強調這點，僅以如同皮衣一樣的「摩西律法」（Moses' Law）去遮羞人性弱點。儘管有先知預告「彌賽亞」來臨之信息，卻僅是強調拯救民族之期待（政治性的），而不是拯救普世人類之「人性」這一重點。幸而此一救贖「人性」之信息，係來自耶穌基督降世所詮釋之「福音」（上主國度之內容），也即「基督教」之出現才得以圓滿解決。

　　全本《新約聖經》的廿七卷經文，都在證言上主的

「道」（Logos）成肉體降世救贖普世人類之恩典福音。沒有
耶穌基督爲神人之間的「中保」，罪人就無法與上主和好
（和解）。從此也可以看出「基督教」將「猶太教」經典：
《律法、先知、文集》（Tonakh）稱爲《舊約聖經》，而稱自
己的經典爲《新約聖經》的原因所在。《約翰福音書》作者
之證言最爲直接（一：17）：

> 上主藉著摩西頒佈「律法」（猶太教），但「恩典」與
> 「眞理」是藉著耶穌基督（基督教）而來。

這一句經文足以說明對於「人性」如何恢復「上主形
像」而與神和好之分野：「猶太教」靠「律法」，「基督
教」靠耶穌基督救贖之「恩典」。

三、結語

探討這個人類被造、人性墮落及受咒詛出樂園的故事，
便知道「基督教」之信仰入門是「人性論」。並且強調眞正
的「人性之救贖」來自耶穌基督之救贖。人類獲得「永生」
之要領不是靠「律法」（猶太教及東方諸宗教的教義）之修行爲手
段，而是靠一位眞正之「救主」——耶穌基督的恩典。反
觀強調「人性本善」的宗教（儒教、道教、佛教），都是靠「修
行」這一自力解脫之用心及努力，結果容易教人走向僞善，
從此「人性」問題無法澈底解決。其中的「佛教」因爲將生

命過程之「生」、「老」、「病」、「死」（生命觀）之苦難現象絕對化，結果大嘆「人生是苦海」來消極人生，而「人性」善惡問題因此也沒有用心去思考及解決。但願這些探討能夠使大家更把握自己之信念，從而信靠耶穌基督來積極人生及樂觀人生，進而善用生命與上主同工，做盡職之大自然園丁。

2011年2月重新修改

七｜《創世記》的罪與罰故事

　　耶和華上主説：「那人已經與我們相似，能知道善惡；現在恐怕他伸手又摘生命樹的果子吃，就永遠活著。」耶和華上主便打發他出伊甸園去，耕種他所自出之土。於是把他趕出去了；又在伊甸園的東邊安設基路伯和四面轉動發火焰的劍，要把守生命樹的道路。

（創世記三：22-24）

研讀「摩西五經」（Moses' Pentateuch）之一的《創世記》這卷書，必須認識其中五十章的內容分為兩大部份：史前史（一章至十一章）及族長史（十二章至五十章）。而在這兩大部份章節之中，有不少「罪與罰」的故事。其中因為第一部份的「史前史」均著重於「人性」（human nature）之墮落的説明，諸如：亞當（Adam）與夏娃（Eve）的墮落、該隱（Cain）殺害亞伯（Abel）、人類的邪惡與挪亞（Noah）逃避毀滅性洪水、人類對抗上主的巴別塔（tower of Babel）等故事可以為例。至於第二部份的「族長史」之中，最凸顯的「罪與罰」故事，就是羅得（Lot）家族的逃亡與所多瑪（Sodom）及蛾摩拉（Gomorrah）二城之毀滅。所以《創世記》的「罪與罰」故事，就是以上列這些記述為主，來探討這些故事對於現代人

（尤其是基督徒）之啓示。而《創世記》（三：22-24）這段始祖亞當和夏娃被上主逐出「伊甸園」（the garden of Eden）之記述，只是這一「罪與罰」故事論題之引子。

「基督教」（Christianity）的拯救觀，與其「人性論」有不可分割的關係。人類的本性是軟弱的，因此躲不過惡者（魔鬼）之誘惑。而此一軟弱之人性，於基督教神學的用語上叫做「原罪」。若用信仰語言（languages of faith）的理解言，這一人性之「原罪」來自始祖亞當與夏娃之遺傳。從此人類皆有「原罪」，也就離不了「罪與罰」的問題。對於「猶太教」（Judaism）而言，解除人性「原罪」的方法是持守「摩西律法」（Moses' Law）及「十誡」的社會倫理原則。由此可見，這一方法類似東方宗教所強調的個人「修行」與「積功德」，只是其人性論不同於東方宗教的人性本善論。至於「基督教」對於解除人性「原罪」的方法，則完全不同於「猶太教」的律法主義。因其強調：人性「原罪」之解除無法靠自己的「修行」及「善功」，而是需要靠一位救主，就是耶穌基督（Jesus Christ）。因爲耶穌基督締造了一個罪人得救的「恩典時代」，人若「在基督裡」，其人性「原罪」就被解除，成爲「新人」（見：哥林多後書五：17）。

下面就來探討《創世記》的一些重要的「罪」與「罰」故事，藉以從其中記述獲得重要的啓示。

一、始祖墮落的故事 （三：1-24）

《創世記》證言：人類是上主的傑作。因為人類具備「上主形像」（一：27），又有「上主氣息」，即靈魂（二：7）。只因人類來自大地物質，所以有「人性」之弱點。上主這位創造宇宙萬物的大工程師以匠心造人，為要使人類男女與祂同工管理萬物（一：28-31）。然而人類本性軟弱，上主因此在伊甸園中設下「善果」（生命樹果）與「惡果」（善惡樹果）兩種果樹的選擇尺度。並且叮嚀人類一旦吃了「惡果」當天必定滅亡，故千萬不可吃它（見：二：15-17）。上主賦與人類有分別善惡及是非的「自由意志」（free will），也就是不給人類「宿命」。其主要目的是要人類能有「與上主同工」之自主性。單憑這點，就和台灣社會牢守的「命運天定宿命觀」及佛教的「命運自造宿命觀」不同。可惜人類誤用其「自由意志」，受不了惡者之誘惑而墮落。

(一)亞當與夏娃犯罪 （三：1-13）

《創世記》（三：1-13）記述始祖亞當與夏娃禁不起惡者（以狡猾的「毒蛇」象徵魔鬼）之誘惑，因此雙雙都吃了「善惡果」（後人以此一行為來形容男女的性關係如同「吃禁果」，而將性行為加以醜化）。結果是：始祖夫妻眼睛都開了，發現自己赤身露體。他倆因此只得用無花果葉編成衣裙遮身，等待上主之審判（見：三：1-7）。

當天黃昏上主出現於伊甸園中走動，始祖亞當與夏娃就

跑到樹林裡躲起來。全知的上主當然知道始祖兩人的所作所為，故意呼叫他們。亞當與夏娃只得出現，誠實以對。他們告白：因吃禁果眼睛開了，就很害怕才躲起來，而且發現自己赤身露體。於是上主故意質問：「誰說你們是裸體一對？你們一定吃了禁果是吧！」（三：11）其時兩人本性畢露：亞當責怪夏娃給他禁果吃。夏娃又把偷吃禁果的犯罪行為推給毒蛇魔鬼：「那蛇誘騙我，所以我吃了。」（見：三：12-13）然而始祖犯罪行止，上主必然追究。

(二)上主刑罰亞當與夏娃 （三：14-24）

根據《創世記》（三：14-24）之記述，始祖亞當及夏娃犯罪以後，在一切動物之中只有蛇類受到懲罰：「用肚子爬行，終生吃塵土，又和女人的後裔敵對。」（見：三：14-15）至於人類的懲罰是：女人受丈夫管轄，有懷孕及生產之痛苦。男人的刑罰是：「土地因他受咒詛，既長出荊棘雜草，也得終生汗流滿臉勞苦才能夠獲得足夠的糧食。」（見：三：17-18）而且「死亡」也臨到人類：因人類來自塵土，死了也必歸於塵土（見：三：19）。於是亞當給妻子取名為「夏娃」（Eve），因為她是人類的母親（見：三：20）。上主也用獸皮做衣服給亞當與夏娃穿，藉以遮羞（見：三：21）。可是從今以後，始祖也被逐出伊甸樂園，這是上主對人類最重的刑罰。而且人類已經有辨別善惡及是非之能力。上主為了預防他們又偷吃長生不老的「生命樹果」，就在伊甸園東方安置「基路伯」（Cherubin）守護使者及發出火焰之四面轉動的劍，藉

以防止人類接近生命樹（見：三：22-24）。

這一罪與罰的始祖墮落故事，雖然是以「信仰語言」（神話）傳述，卻啟示人一個重要真理：人類雖然具備上主本質（上主的「形像」及「氣息」），有能力與上主同工管理世界，可是「人性」之弱點來自始祖之遺傳（在神學上稱為「原罪」（original sin）），因此人類容易受惡者誘惑去犯罪。犯罪之結果就是「出樂園」，無法過著「與上主和好」的正常生活。此即始祖墮落故事的主要教訓。

二、該隱殺弟的故事（四：1-16）

《創世記》（四：1-16）描述人類首次（根據信仰語言）的殺人流血事件。緣由亞當與夏娃的長子該隱（Cain）是農夫，次子亞伯（Abel）是牧人。祭期一到，該隱帶了土地生產的農作物土產為祭品獻給上主，亞伯也從他牧養的羊群中選出頭胎上等的小羊為祭品獻給上主。結果是：上主接納亞伯的祭物，卻不喜歡該隱獻上的土產。該隱因此非常不悅，生了亞伯的氣。於是上主出面警告該隱，責備他不該動怒。因為人若犯罪做了不該做的事，人就被罪惡控制。上主也對這種人的獻祭行為不悅，當然他的禮拜也不會被接受。

可惜該隱沒有悔改，從此懷恨其弟亞伯，就計謀陷害他。一日該隱約亞伯到田野散步，亞伯不知道這是其兄該隱要殺害他的死亡約會。於是殘暴的該隱在亞伯無防備之下把他殺死，這真正是始祖亞當與夏娃的家門不幸！

無所不知的上主出現，要審判該隱了。上主質問該隱：「你弟弟亞伯在那裡？」（四：9）該隱傲慢地回應：「不知道。我豈是弟弟的看守人嗎？」（四：9）其時上主開始審判該隱，直指他是殺害弟弟亞伯的凶手。因為「亞伯的血從地下出聲向我（上主）哭訴。當你（該隱）殺害他時，大地開口吞沒他所流的血。」（四：10）於是上主宣告該隱應得的刑罰：

> 現在你受咒詛，再也不能耕犁田地。即使你耕種，土地也不能生產。你要成為流浪者走路，在地上到處遊蕩。
> （四：11-12）

該隱聽完上主的宣判之後，隨即向上主訴苦，表示他受不了這麼重的刑罰。為的是他既被趕出這塊土地又無法見到上主的面，將成無家可歸的流浪者。因為他在地上到處流浪，一旦踏入別人地盤，就難逃被殺命運（四：13-14）。上主對該隱的回應是：「不，殺你的要賠上七條命。」上主也在該隱的額頭上做了記號，藉以警告人不可殺害該隱（四：15）。由此可見，殺人者自己也怕死！從此該隱離開上主面前，居住在伊甸園東邊名叫挪得（Nod）之地（意即「流蕩之地」）。

這個故事指出：殺人動機出於人性軟弱之「原罪」。兄弟互相殘殺更是亞當與夏娃的家門不幸，也是人間悲劇。犯罪結果是審判，之後有刑罰。此一定律古今皆是，因為上主不容許罪惡存在，尤其是手足相殺更是人間重罪！

三、挪亞洪水故事 (六：1~九：29)

挪亞（Noah）洪水始於「諸神的罪惡」及「人類的罪惡」。根據《創世記》（六：1-4）這段信仰語言之描述，當人類遍滿大地之後，諸神之子娶了人類的女兒爲妻，從而亂了天界婚姻的秩序。神人聯姻結果「巨人」（Giant）誕生，成爲世上英雄之先祖。從此暴力及罪惡進入人間，結果引起上主不悅。因爲人類罪大惡極，上主後悔造人。於是決定毀滅世界，僅留下義人挪亞一家八個人，因爲這個家庭與上主同行（見：六：5-9）。挪亞有三個兒子，就是：閃（Shem）、含（Ham）與雅弗（Japheth），三人各有妻室（六：10）。上主目睹諸神與人類均犯了強暴之罪，下令挪亞用「歌斐木」（cypresswood，松柏木的一類）建造「方舟」（Ark）。該舟長300肘（約100公尺）、寬50肘（約17公尺）、高30肘（約10公尺），分成上、中、下三層甲板。除了挪亞一家八人爲「方舟」的乘員外，也要集合地上動物一公一母進入船內。又要儲存足夠的糧食，藉以保全挪亞全家以及所有生物的生命（六：1-22）。

從《創世記》（七：1~八：22）這兩章經文所記載，係描述大洪水的情形。內容是：挪亞600歲時，「洪水」因一連下了四十晝夜的大雨而出現。挪亞一家及地上動物均進入「方舟」，逃避這一場宇宙大洪水的災難。其災情是：大洪水高漲超過高山頂峰15肘（約5公尺）。大洪水滯留期間爲時150天，天下生物全數滅頂。150天以後大洪水才退去。挪亞先是放出烏鴉試探，知道洪水尚未完全退去。之後再放出鴿

子，鴿子咬回橄欖樹樹枝表示洪水已退，地上已有植物。所以「鴿子」和「橄欖樹枝」成爲天下太平之象徵。直到今天，這兩樣東西都是人間「和平」的記號。挪亞601歲時洪水才完全退去，全家和各類動物都出了「方舟」，在被洪水淨化的大地居住。於是挪亞在山崗獻祭，感謝上主拯救之恩。後來上主和挪亞立約，掛在天邊的「彩虹」就是立約的永久記號（見：九：1-17）。

就近東世界文化史觀點見之，挪亞洪水故事顯然受到古代巴比倫洪水神話：「吉爾加密斯敘事詩」（Gilgamesh epic）的影響。這個神話言及：有一位住在幼發拉底河（Euphrates river）沿岸市鎮修魯巴克（Shuruppak）的義人，被智慧之神伊亞（Ea）警告，洪水將毀滅該地，要他設法逃避。這位名叫尉拿筆司丁（Utnapishtim）的義人受諸神指示建造「方舟」（尺寸和挪亞者一樣），結果成功逃避洪水之災，因而保存了全家及牛羊的生命。之後，尉拿筆司丁及其妻向諸神獻祭。諸神從上界蜂湧降臨，如同蒼蠅一樣圍繞著獻祭之祭肉大吃一陣。義人尉拿筆司丁並蒙諸神祝福，變成不死之神仙。由此可見，挪亞洪水故事和此一近東神話敘事詩有平行之處。只是《創世記》作者採取其資料加以改寫，並且棄除神話成分來強調上主不容許世上有罪惡之存在。一旦人間出現殺人與暴力的罪惡，上主一定審判。而上主審判之手段，是通過大自然之力量「洪水」來加以淨化。至於世上的「義人」，上主一定拯救，藉以凸顯上主的公義！

四、巴別塔的故事

《創世記》（十一：1-9）所記述的「巴別塔故事」，對於人類自高自大妄想取代神的地位所引發的「罪」與「罰」，的確對現代人那種「人定勝天」之倨傲行徑有所教訓。雖然這個故事有其神話背景，其所啓示之意義也值得基督徒去好好省思！

故事說到：太古時代的人類，語言口音統一，人與人之間的互相溝通良好。並且擁有建築術之文明科技，就是有燒磚建築高塔的技術。當人類移居示拿地（Shinar）定居之後，各族領袖就聚集計劃用既有技術燒磚當石頭，以柏油做固定磚頭的泥漿，共同建造一座堅固的城邑，以及一座「塔頂可以通天」的高塔。目的是爲他們自己在歷史上留名，免於各族群分散於全地。不過其動機很不單純，目的在於展現人類向神挑戰之本能。耶和華上主降臨知道世人的用心，於是和天界諸神相約下到凡間來變亂人間之口音。因爲人類語言彼此不通之後，人類才能夠明白：人類是不可反抗上主的。結果人類口音紛亂無法彼此溝通，從那裡分散全地，就停止建造城與塔。所以那個建造「通天塔」的城名叫「巴別」（Babel），即「混亂」之意。

就「宗教史」（History of Religions）的認知言，「巴別塔」其實就是古巴比倫（ancient Babylonia）的「七星球塔」（Ziggurat）。其用途是占卜：日、月、木、金、火、水、土的星座之運行，是古代巴比倫宗教的占星師（Magi）觀星望

斗占卜命運的高塔，因此和「占星術」（astrology）有關。現在的伊拉克（Iraq，即古代的巴比倫）尚有「七星球塔」之遺址。古代的游牧民族習慣於居住帳棚，對於磚造的高塔視其為一種反抗天神之表徵（伊斯蘭教清真寺的尖塔除外）。「猶太教」（Judaism）向來反對「占星術」，因此可能同樣視「巴別塔」為反抗上主之建築物，所以才有這個故事出現於《創世記》（十一：1-9）之中。也就是說，人類建築高塔即反抗上主之表現。

無論如何，「巴別塔的故事」指出，人類一旦目中無神，自以為科技萬能，就凸顯人性的原罪。這種「人性的原罪」使人類濫用自己的科技萬能與政治權力，妄想做神，如同中國古典小說《西遊記》那隻妖猴齊天一樣，大膽跑到天庭叫「玉皇上帝」讓位換牠做。結果是逃不出「如來佛」（神）的手掌中，被祂壓在五指山下天天吃石頭受苦。所以「巴別塔的故事」凸顯人類一旦自以為萬能主宰者去反抗上主的話，那就是犯罪。犯罪一定有審判與刑罰，就是天下大亂（混亂）。人間也從此戰爭不斷，沒有永久的和平。

五、所多瑪與蛾摩拉的毀滅（十八：16～十九：29）

這是屬於「族長史」（十二章至五十章）所記載的一個「罪」與「罰」故事。《創世記》（十八：1-18）記述：上主及兩位使者訪問亞伯拉罕（Abraham），做為主人的亞伯拉罕善待三位客人。其中上主應許他年老的妻子撒拉（Sarah）將

要生子，撒拉因此偷笑被上主看見，使她賴也賴不掉。而這段記述，就做為稍後故事的序幕。《創世記》（十八：1-33）言及亞伯拉罕和三位訪客同行，其中上主特別祝福他的後裔將成為大國。當亞伯拉罕得知「所多瑪」（Sodom）和「蛾摩拉」（Gomorrah）這兩座城的罪惡深重將被毀滅時，他直接問上主：「城中若有五十、四十五、四十、三十、二十、以至十個義人時，會受到被毀滅的刑罰嗎？」每次上主的回應都是「不會」。亞伯拉罕不好意思再問下去，因為這兩個城市連十個義人都沒有。後來上主即先行離開走了。

從《創世記》（十九：1-29）的記述，可以知道：兩位使者到了所多瑪城時，先是受到羅得（Lot）善待，並接待他們在家裡留宿過夜。想不到，所多瑪城不分老少的一群人，將羅得的住家圍住，要強行帶走這兩位使者，意欲和他們「親近」（原文做同性戀的雞姦）。羅得為了保護兩位使者，甚至願意將兩位待字閨中的在室女（處女）女兒交出，要求所多瑪人勿性騷擾那兩位客人。然而卻被他們悍然拒絕。後來羅得反而受那兩位使者保護，用神跡使暴民的眼睛迷糊而找不上門。是夜，兩位使者告知羅得有關所多瑪與蛾摩拉將立即被滅亡之事，要他告知城中已出嫁的女兒及女婿。可惜女婿們不信，因此拒絕離開。天亮時，兩位使者催迫羅得帶著妻子和兩個女兒一起離城。並且特別交代：逃命奔跑之時，千萬勿回頭觀看。不太會奔跑的羅得，要求使者准其逃往附近的小城瑣珥（Zoar）。後來羅得妻子因戀慕城中財物，因此回頭觀看而變成一根「鹽柱」。亞伯拉罕清早起來立於先前和上

主對話之處，目睹所多瑪與蛾摩拉兩城濃煙密佈，火焰沖天，完全被毀滅之慘狀！

　　就所多瑪與蛾摩拉兩個城滅亡的故事，再次教人認識人性的邪惡面。這兩個罪惡的城市所犯的罪是「性」（sex）之誤用，尤其是此兩城市的「同性戀」非常普遍！然而「摩西律法」（Moses' Law）規定：男人跟男人的性關係要處以死刑（見：利末記二十：13）。所以「同性戀」對於「摩西律法」言是一種重罪。所多瑪與蛾摩拉遭受天譴而被烈火毀滅，就是對這類罪惡的審判與刑罰。

六、結語

　　「罪」與「罰」的教義，是《創世記》所凸顯的重要教訓。目的在於說明：「人性」是軟弱的，人類罪惡行止即「原罪」之投射。而且人類犯罪必須自己負責，那就是受應得之刑罰。查考上列五個「罪」與「罰」的故事，歸納起來可以得到下列的教訓：

1. 亞當與夏娃犯下偷吃禁果之罪，受到「出樂園」的刑罰。

2. 該隱殺害其弟亞伯的大罪，受到孤立無助「浪跡天涯」的刑罰。

3. 人類犯下暴力、殺人的重罪，以致上主只有拯救挪亞一家，其餘均受「洪水」淹沒滅亡之刑罰。

4. 人類自傲挑戰上主建造通天塔的罪，上主用「混亂人

類口音」加以刑罰。

5. 所多瑪與蛾摩拉的性罪惡（同性戀），上主以「天火」
加以刑罰使其毀滅。

然而《創世記》的「罪」與「罰」故事，並沒有解決
「原罪」（人性軟弱）的問題。真正人性「原罪」問題之解
決，係來自耶穌基督的救贖，此即「基督教」（Christianity）
所宣示的福音。也就是說，人只要悔改歸信耶穌基督，上主
是愛惜罪人的，其「原罪」由耶穌基督加以擔當，罪人因此
而有得救之希望！

2012年6月20日

八｜巴別塔的啓示

　　那時，天下人類的口音、言語都是一樣。他們往東邊遷移的時候，在示拿地遇見一片平原，就住在那裏。他們彼此商量說：「來吧！我們要做磚頭，把磚頭燒透了。」他們就拿磚頭當石頭，又拿石漆（柏油）當灰泥砌磚。他們說：「來吧！我們要建造一座城和一座塔，塔頂通天，為要傳揚我們的名，免得我們分散在全地上。」耶和華上主降臨，要看看世人所建造的城和塔。耶和華上主說：「看哪，他們聯合成為一個民族，都說一樣的言語。如今既做起這事來，以後他們就可以為所欲為了。我們下去，在那裏變亂他們的口音，使他們的言語彼此不通。」於是耶和華上主使他們從那裏分散到全地上。他們就停工，不造那城了。因為耶和華上主在那裏變亂天下人的言語，使眾人分散在全地上，所以那城名叫巴別（就是變亂的意思）。

（創世記十一：1-9）

　　就現代人的歷史觀點來看，《舊約聖經》創世記一章至十一章的記述，可以說是「神話」（mythology）的「史前史」（pre-history）。也就是用「信仰語言」（languages of faith）所記載的「史前史」，所以不是正史。其中內容言及：亞當

（Adam）與夏娃（Eve）被造、犯罪及失樂園，該隱（Cain）暗殺兄弟亞伯（Abel），挪亞（Noah）的洪水，以及巴別塔（Babel）之建造等故事。只是這些故事均有一個共通的主題：那就是有關人類如何自大反抗上主，以致最後遭受「罪」與「罰」的結果。《舊約聖經》的「五經」作者，將這些「罪」與「罰」故事，一連串的安排在「族長史」（Patriarchal history）（創世記十二章至五十章）之前，顯然有意將其當做上主之於人類的整個「拯救史」（Heilsgeschichte）之「序論」來處理。目的是要見證人類儘管犯罪墮落，然而在上主審判與刑罰的背後，實在有祂救拔人類的偉大攝理。明白這個要點，人要瞭解「巴別塔故事」所啓示的意義就不會困難。

《創世記》（十一：1-9）記述太古時代人類的「言語」口音都是「統一的」，因此人類各族之間均能夠互相溝通得很好。後來人類移向東方平原名叫「示拿」（Shinar）的地方，也即古代之巴比倫（今日之伊拉克），便定居在那處，開始發展他們的文明。有一天，該地各族之領袖聚集商議，十分自信地認爲能夠運用他們已經發展出來的「燒磚」科技，來建造一座堅固的城壘，以及一座舉世無匹、塔頂可以「通天」，可以使天神大吃一驚的宇宙塔——「巴別塔」（tower of Babel）。據說人類的用意是要向「上主」與「天神」示威！同時也要爲自己在歷史上立下一個「人定勝天」的芳名，藉以避免他們的後裔分散於全地。人類萬萬也想不到，這件事終於引起「上主」與「天神」的震怒。於是上主親自降臨視察人類所建造的「城」和「塔」。經過「上主」與

「諸神」的商議，就以「擾亂人類語言口音」及「破壞人類統一」爲懲罰，教人類從此無法團結起來對抗天神。從此以後人類各族言語紛亂，無法彼此溝通。他們也因此不得不各奔前程，分散於世界各地。並且依照自己的地域、語言、文字、種族及文化立國，繼續生存於大地。

雖然這個故事的情節十分單純，其中卻清楚指出「罪」與「罰」的教訓。也就是說：人類一旦目中無「神」，自以爲「人定勝天」，那就是一種離間自己與逃避上主的「罪」。犯罪的結果就是：人與人之間以及人與神之間彼此無法溝通的「混亂」、「孤立」、「流浪」和「無力感」！

一、人定勝天的問題

現代人的一個通病，就是相信「科學萬能」，強調「人定勝天」。有了這樣的生活態度，「宗教」這種形而上的信仰經驗及教訓自然就信不進去，並視它做阻礙社會進步的一種迷信。人對自己的「智慧」與「能力」過於自信的必然結果，就是沒有健全的精神生活。從此人類的地位，也僅僅止於高等動物的角色而已。到底「人類」能夠勝天嗎？若依據「巴別塔故事」的說法，「人類」畢竟無法與「神」爲敵，當然是難以「勝天」（超越神明）的。其實《創世記》作者一再強調：「人類」只是「上主」的同工。上主賦予人類管理自然萬物之秉賦與能力，目的在於使人類經營的世界更加進步繁榮。爲此，科技的進步只可視爲人類忠於與神同工的具

體表現，不能以科技的成就來反抗上主。遺憾人類常因科技的進展而遠離上主，甚至犯了「自以為神」的罪，此即人間社會混亂與苦難的來源。因為人類若「自以為神」，當他們擁有政治權力時，必然奴役同胞，蹂躪人權。

中國古典小說《西遊記》所描寫的那隻妖猴「孫悟空」，在他尚未皈依佛法之前曾經「大鬧天庭」一番，弄得天庭眾神叫苦連天，到處雞犬不寧！人可以從「如來佛」如何將這隻潑猴壓制在「五指山」的故事，來與「巴別塔故事」做一個比較，實在有異曲同工之妙。《西遊記》開頭說到猴齊天跑到天庭「玉皇上帝」（天公）那裡要祂讓位，使自己也有機會「做上帝」，並且差點得手。在天庭上的猴齊天誰都不怕，道教的「太上老君」（老子）與女仙首領的「西王母」（王母娘娘）都沒有他的辦法，最後眾神只得向佛教的「如來佛」求援。結果「如來佛」找上了猴齊天，責怪牠不該大鬧天庭。這隻妖猴更是「目中無佛」，誇口說牠的手段有「七十二變」，又可「與天同壽」，翻一次跟斗有「十萬八千里遠」，怎麼沒有資格在天庭做神呢？「皇帝輪流做，今年到我家」，這是這隻妖猴自高自大想當上帝的心態。於是猴齊天開始向「如來佛」挑戰，用牠的本領一路翻跟斗（車糞斗）前進，打算奔向天邊海角之地極。但當這隻潑猴看見了五根肉色天柱時，竟充滿自信地以為已經到了天地的盡頭，就在第二根柱子之下撒野──放了一泡「猴尿」為記號。又在中央的天柱寫上：「齊天大聖到此一遊」的一行字做為證據。然後大搖大擺來到「如來佛」面前，展示勝利姿

態。想不到「如來佛」直接指著牠罵道：「你這隻潑猴根本就跑不出我的手掌中！不信可以聞聞你那泡『猴尿』的味道以及所寫的那一行字，你還敢撒野無禮呢？」猴齊天一見不妙就拔腿想跑，結果經「如來佛」的手掌一翻，就被壓在「五指山」下方，天天喫「鐵丸子」過苦日子。

這個故事儘管在影射「佛法無邊」的道理，其實也在證言「人類」無法逃出「神明」的手掌中！也就是說，「人類」的本領再大，甚至有七十二種變化的精密科技，實在也無法達到「人定勝天」的目標。反抗神明是一種犯罪行為，人類一旦犯罪就有刑罰。所以《西遊記》描述的故事，實在與這個「聖經故事」（巴別塔故事）有平行之處，只是它們的宗教背景不同而已。

二、現代人所建造的「巴別塔」

雖然《創世記》（十一：1-9）的「巴別塔故事」係用「信仰語言」寫成，也就是用單純的「宗教用語」來闡明人類具有反抗上主的本能，以及證言其結果將如何造成社會混亂的問題（神、人、世界從此互相隔絕）。其實這個故事所啓示的意義，仍然強而有力地提醒著現代人有關「罪」與「罰」的嚴重性。這個故事強調巴別塔時代的古人，犯下兩項遭受天神刑罰的罪：

第一，巴別塔時代的古人將人類的「才能」絕對化，視「物質文明」爲偶像來反抗天神（上主），妄想當造物主角

色。

第二，巴別塔時代的古人忘記了人類的角色是「與神同工」，以致將「人類」取代天神（上主）的地位（人想當「上帝」）。

反觀二十一世紀的人類，是不是也有同樣的傾向呢？其答案應該是肯定的。因為現代人實在比起巴別塔時代的古人更加高段，他們不但用「燒磚」的科技造「塔」與「城市」，而是用盡種種的物質文明的好處造出「人定勝天的塔」。為此，現代世界的「巴別塔」種類很多，簡單舉例也有下列幾項：

(一)科技萬能的「巴別塔」

現代人類因為懂得發揮天賦本能，因此實現了太空探險的夢想，創造了試管嬰兒及人體器官移植之技術。武器競賽也相當驚人，核能航空母艦與潛水艇、隱藏式戰機、精靈飛彈等等均令人對戰爭膽寒。只是當人類忘了這些成就具有「與神同工」的意義，而將科技成就歸於自己的功勞，又將其「絕對化」做為戰爭的工具之時，就已經陷入於建造「科技巴別塔」的危險。此一傾向之必然結果，就是抹殺上主的存在，忽視祂對世界的攝理。人類從而走上物質主義及科技萬能的路，「無神主義」（atheism）便由此而生。問題是：「科技」本身不是「上主」，它們僅是人類與造物主同工的成就而已。這點正是基督教儆告世人：勿以「科技」來取代「上主」地位的理由。

(二)主義式信仰的「巴別塔」

現代人所處的時代，的確出現不少的「主義式」
（-'isms）信仰。它們往往成為一種牢不可破的「意識形態」
（ideologies），又將其絕對化。就如哲學有：「實存主義」
（existentialism）、「理想主義」（idealism）、「合理主義」
（rationalism）及「人文主義」（humanism）等。基督教神學有：
「巴特主義」（Barthianism）、「加爾文主義」（Calvinism）、
「路得主義」（Lutheranism）、「大公主義」（Catholicism）及
「基要主義」（Fundamentalism）等。國際政治有：「軍國主
義」（Militarism）、「納粹主義」（Naziism）、「法西斯主
義」（Fascism）、「共產主義」（Communism）及「三民主義」
（Tripeoplism）等。這類「主義式」的思想產物於現代世界不
只是一種「信條」或「意識形態」而已，卻是一種具有「宗
教性」（religionity）的「信仰」（beliefs），從而被絕對化而變
成一種「類似宗教」（quasi-religions）。事實上基督徒並不反對
這些「主義式」意識形態積極性之一面，它們的確於某一時
代中對人類社會有所貢獻。然而基督徒卻反對人將這類「主
義式」的信念絕對化，而因此建造「思想上的巴別塔」，叫
人將真正絕對的「上主」撇在一邊這點。為的是人一旦將這
些「主義式信念」變成政治「類似宗教」，以一黨專政（黨
國不分）奴役人民的話，人類社會將會引起對立的混亂與苦
難。這一事實，現代人的你與我都已經體驗過了。

(三)權力獨佔的「巴別塔」

《創世記》（一章至十一章）明示上主賦與人類有管理世界的「權力」，以便人類能夠與造物主同工，不斷經營這個大自然（做大自然的園丁），使上主的創造沒有停止。因此「權力」本身並無「是」與「非」分野，有者則是人類對於「權力」之濫用，或將「權力」絕對化來反抗上主，奴役同胞這點。人類社會制度之背後，均有「權力」之運作，其中「權力」之運作者是「人類」。就像「國家」、「政治」、「政黨」、「軍事」、「經濟」、「教育」、「宗教」及各種「社會機構」等等均有它們的制度，也有其制度的管理人或運作者。問題乃是出於「人類」這種充滿「權力慾」的動物，一旦當了領袖或擁有政治權力，往往成爲壟斷「權力」的獨裁者，建造他「權力獨佔」的「巴別塔」。也就是說，凡是國家、社會、以至教會機構的領袖或負責人，一旦抓住政治、經濟、人事之「權力」不放，不怕上主又想奴役同胞，就會造成國民、社會人群、以及基督徒的不滿，爲的是人間從此陷入混亂與苦難。遺憾那些權力獨佔獨裁者所建造的「巴別塔」，時常在人類歷史上出現，因而使世界永遠無法和平，阻擋公義的上主國度在人間實現。

(四)拜金主義的「巴別塔」

誰都肯定「財富」是繁榮社會的重要因素，凡經濟力量雄厚的國家及個人，其國際地位與社會地位都舉足輕重！就

是因爲如此，現代世界不乏拜金主義者，俗語說：「有錢可使鬼推磨。」基督徒相信「財富」不過是上主託付人類的一種恩賜，因此要加以適當的管理與運用，才能夠有益於社會人群。倘若人將「財富」絕對化，視「金錢」爲偶像，就相等於在建造「拜金主義」的「巴別塔」。人與人之間，以至人與上主之間的關係，便從此失調。凡是自以爲是的富人守財奴，其心態均十分孤單。因其心目中既沒有上主之存在，也沒有親友之存在（見：路加十二：13-21，十六：19-31）。所以說，「財富」與「金錢」所建造的「巴別塔」，都將混亂人性，腐化人類的生活品質。人間也將因此引起貧富不均的社會問題。

(五)宗教本位主義之「巴別塔」

儘管基督教強調宣教事工，熱心呼召人改宗來皈依耶穌基督。然而今日世界卻是一個「多元宗教」的世界，此一事實基督徒是不能忽視的。如果基督徒只有陶醉在自己所屬的教團，又只叫人歸信自己的宗派而非「耶穌基督」本身的話，那麼等於是在建造一種「宗教本位主義」的「巴別塔」。爲何這麼說？因爲持此見解的人，已經將「耶穌基督之救恩」局限於自己的教團裡。因而忘了耶穌基督的救恩是普世性的，也達到異教徒中間，以至於無神論者中間。難怪今日許多極端的基督教宗派，往往十分自負地以爲自己的宗派以外其他基督教宗派均不能「得救」，進而對於別的宗教，更是大加排斥。其實這種巴別塔式的宗教本位主義態

度，唯有增強外人對「基督教」的誤解而已，耶穌基督的形像也從此被扭曲。原來「道」成肉身與罪人「和解」的基督（見：約翰一：1-18），也因此變成了「排他者」的基督。耶穌說：「使人和睦的人有福了，因為他們必稱為上主的兒子。」（馬太五：9）基督徒若有寬大的胸懷接納異教徒做鄰居與朋友，這便是宣揚上主「和解福音」之第一步。可是事與願違，今日許多基督教宗派都在建造本位主義的「巴別塔」，遠離福音的和解本質。

三、有「巴別塔」的地方上主審判

當人類建造一個自我中心高達天庭的「巴別塔」，擬使上主嚇一跳之際，正是上主審判人類，混亂人類的「口音」（語言），使「神、人、世界」三者之間關係失調，無法互相溝通的開始。

(一)反抗上主引起混亂

「混亂」是因為反抗上主的「罪」應得的「刑罰」，這是古代希伯來人的信仰告白。如果「混亂」是一種上主之審判及刑罰的話，也可以在現代世界找到許多例子：

1. 現代科技巴別塔的後遺症

現代科技文明雖然有它的好處，可是「科技巴別塔」的後遺症也十分明顯，那就是大自然生態環境之污染。諸如農

藥濫用之污染、工廠亂排烏煙污水之污染、核子廢料處理及原子能發電廠放射線外洩的問題。何況尚有「試管嬰兒」所引發的人格尊嚴的社會倫理問題等等。這些事實也許可視為一種「科技巴別塔」所引發的「混亂」現象，所以需要節制。

2. 主義式巴別塔奴役人性

主義式教條雖然是一種思想導向，也有它所以存在的理由。可是「主義式政治巴別塔」那種自以為是一黨專政的教條，終將成為一種奴役人性之「鴉片」來麻醉人心，帶給人思想盲目上的「混亂」。因此引起許多不公不義的社會苦難，人權因而被踐踏。各種「主義式的政治信仰」均不應被絕對化，才不致於踐踏人權，奴役同胞。

3. 政治權力巴別塔引發社會苦難

政治權力固然可以使制度及組織正常運作，可是自私的人性一旦建造了「權力獨佔的巴別塔」，人間便有摧殘人權與引起社會不公義之苦難。擁有政治權力之集團，也將有勾心鬥角及明爭暗鬥之「混亂」。中國國民黨這個外來政權控制台灣國會運作超過六十六年，反對黨提出有關政治改革之法案均被否決，因而成為台灣社會的苦難。這一事實基督徒宗教人也不可忽視。

4. 拜金主義巴別塔腐化人性

基督教一向不反對人賺錢，因為沒有「金錢」便無法經營生活。然而基督教反對人建造「拜金主義」的「巴別塔」，為的是這樣將會造成許多社會性罪惡與混亂。就如：詐欺、搶劫、偷盜、賣淫等社會問題。這些因「金錢」而引起的罪惡背後，上主對於人性腐化之審判將不可避免。

5. 宗教的巴別塔是麻醉人心的鴉片

歷史上宗教家的出現都在救世與濟世，而他們所創立的宗教的確能夠協助人經營人生。不幸的是，各種宗教都在建立本位主義的「巴別塔」，以致失去了宗教之基本精神，也使人誤解「宗教」是一種麻醉人心靈的「鴉片」之錯覺（能說不能行）。此一宗教精神失落之「混亂」情形，委實是一種墮落。

(二)混亂導致審判

為什麼說「混亂」導致審判呢？因為「混亂」的結果是人與上帝的關係「斷絕」，人與人的關係「離間」。同時也「疏遠」了人與自然生態的關係，不懂愛惜自然，又任意破壞自然！

1. 人與神關係之混亂

「人類」如果自以為「神」，就與上主的關係隔斷：既

無法與神溝通，又容易在歷史上製造戰爭。而戰爭的苦難就是一種人類目中無神之審判，二十世紀的第一次世界大戰（1914～1918）及第二次世界大戰（1939～1945），就是最佳的例子。

2. 人與人關係之混亂

「人類」極端自我中心的結果，也必然與他的親友隔絕。又想支配別人，利用別人。這類人與人之間的離間關係，就是社會病態之混亂。病態所引發的苦難，也是一種審判。

3. 人與大自然關係之混亂

「人類」的自私及本位主義心態，將使社會「公德心」蕩然無存，任意破壞自然生態環境。人與大自然的關係一旦失常，就污染大自然所引起的生存危機，這也是一種審判。

以上種種事實，都在證言人類因目中無神或自以為神所引起的苦難與危機。用「聖經」的話來說，有「巴別塔」的所在，就有「混亂」，也有「審判」，神、人、大自然之間的關係，也因之變得不正常，社會苦難也從此出現。

四、結論

這個「巴別塔故事」對現代基督徒的重要啟示，即是「罪」與「罰」。也就是說，當人類忘了自己是「上主的同

工」、「自然的園丁」角色，而自以爲上主，又將上主給他的天賦與文明去反抗上主之時，人間社會就有「混亂」與「苦難」。犯罪的結果就是人與神的關係、人與人的關係，以至人與大自然的關係均無法正常。其所引起的苦難，就是一種現實的審判！

因此現代基督徒之使命，就是防止人類建造自己的「巴別塔」，使人避免因反抗上主而引發社會苦難。現代人需要謙卑運用科技成就，不斷地與上主同工，這樣才能夠創造人類更美好的遠景。因爲當人類知道謙卑自己，願意接受上主救贖的時候，人類才會有眞正的希望。畢竟「人類」不是「神」，他不過是上主的同工而已。當人類願意與神同行和祂同工之時，人間社會就不會混亂，世界才會有眞正的永久和平。

九｜挪亞洪水故事

　　當人在世上多起來、又生女兒的時候，上主的兒子們看見人的女子美貌，就隨意挑選，娶來為妻。耶和華說：「人既屬乎血氣，我的靈就不永遠住在他裏面；然而他的日子還可到一百二十年。」那時候有偉人在地上，後來上主的兒子們和人的女子們交合生子；那就是上古英武有名的人。耶和華見人在地上罪惡很大，終日所思想的盡都是惡，耶和華就後悔造人在地上，心中憂傷。耶和華說：「我要將所造的人和走獸，並昆蟲，以及空中的飛鳥，都從地上除滅，因為我造他們後悔了。」惟有挪亞在耶和華眼前蒙恩。

　　挪亞的後代記在下面。挪亞是個義人，在當時的世代是個完全人。挪亞與上主同行。挪亞生了三個兒子，就是閃、含、雅弗。世界在上主面前敗壞，地上滿了強暴。上主觀看世界，見是敗壞了；凡有血氣的人在地上都敗壞了行為。上主就對挪亞說：「凡有血氣的人，他的盡頭已經來到我面前；因為地上滿了他們的強暴，我要把他們和地一併毀滅。你要用歌斐木造一隻方舟，分一間一間地造，裏外抹上松香。方舟的造法乃是這樣：要長三百肘，寬五十肘，高三十肘。方舟上邊要留透光處，高一肘。方舟的門要開在旁邊。方舟要分上、中、下三層。看哪，我要使洪水氾濫在地上，毀滅天下；凡地上有血肉、有氣息的活物，無一不死。我卻

要與你立約；你同你的妻，與兒子兒婦，都要進入方舟。凡有血肉的活物，每樣兩個，一公一母，你要帶進方舟，好在你那裏保全生命。飛鳥各從其類，牲畜各從其類，地上的昆蟲各從其類，每樣兩個，要到你那裏，好保全生命。你要拿各樣食物積蓄起來，好作你和牠們的食物。」挪亞就這樣行。凡上主所吩咐的，他都照樣行了。

（創世記六：1-22）

挪亞（Noah）的洪水故事，嚴格來說，不是真正的人類古代史，而是一個民族（希伯來人）的「信仰語言」（language of faith）之史前史。希伯來民族用這個故事來說明上主的揀選與拯救，以及人類的犯罪墮落與刑罰。

過去許多人將這一則故事當做一段真正的人類古代史來看，此係對《創世記》（六章至九章）這一則「洪水故事」的誤解。為此，有許多基督徒考古學家企圖去尋找「挪亞的方舟」（Noah's Ark），並且想要前往世界各地發掘這一艘方舟。更有些人作書大膽言及「挪亞方舟」發現的經過。那麼，這些人是否真正發現了「挪亞方舟」？嚴格來說還是一個問題。那些人可能僅是找到「一艘古舟」而已。聖經學者以及宗教學家已經從近東所出土的文獻發現：挪亞洪水與造方舟的故事，係與「近東神話」有關的一種信仰語言。其中希伯來民族對挪亞方舟故事的信仰告白之意義，大於「信史」。因此現代基督徒應該著重故事本身的意義與教訓，而不能用

歷史立場（因為是神話內容之史前史）來處理或解釋這個故事。

一、挪亞洪水故事之記述

根據《創世記》（六：1-22）的描述，挪亞時代的大洪水，乃是開始於「諸神的罪惡」與「人類的罪惡」。

(一)神人聯姻出現巨人（六：1-4）

《創世記》（六：1-4）的記事，聖經學者斷言屬於「耶和華典」（J典）文獻。其中內容言及「諸神之子」娶了「人類的女兒」為妻，因而觸犯天條大罪（擾亂了天庭諸神社會的婚姻秩序之罪）。雖然世上的「巨人」（Giant）從此誕生了，因而成為英雄與偉人的祖先。可是從此「暴力」進入了人間，這點是上主所厭惡不高興的事情。因為除了「神格」被貶之外，人類也因此比諸神強盛起來。你我不難發現：希臘神話也有類似神人聯姻的故事。就如天神宙斯（Zeus）娶人間美女賽梅麗（Semele），生了酒神戴奧尼索斯（Dionysus）的故事可以為例。

(二)人間罪惡貫盈僅有義人挪亞（六：5-12）

根據《創世記》（六：5-12）這段經文的記載（六：5-8為「耶和華典」（J典），六：9-12為「祭司典」（P典）），明言人類的罪惡就是「腐敗」與「強暴」。因為上主看人類罪大惡極，「心思盡是惡念」。因此上主才「內心憂悶，後悔造人」，決定

去「毀滅人類」。當時的世界充滿了「暴力」，行爲盡是戰爭、殺人、搶劫之罪惡，惟獨挪亞一家與神同行，爲世上難得一見的義人。

(三)上主命令挪亞造方舟 （六：13-22）

《創世記》（六：13-22）則提及：上主獨向挪亞啓示要毀滅祂所造的世界，人類與全地一切生物都包括在內。原因爲「諸神」與「人類」皆犯了「強暴」與「腐敗」之罪。所以上主要義人挪亞造一艘長300肘（100公尺），寬50肘（17公尺），高僅30肘（10公尺），上下分成三層甲板的「方舟」（大約五、六百噸）。上主更吩咐要集合世上各類動物一公一母進入方舟，更要爲牠們積聚食物以保全牠們的生命。挪亞均依照上主的指示而行。

(四)洪水氾濫挪亞一家得救 （七：1～八：22）

《創世記》（七：1～八：22）談及洪水前後經過：挪亞六百歲時洪水氾濫，天雨一連不停地下了四十晝夜，其時挪亞一家以及各類動物被迫進入方舟。結果洪水高漲，越過高山頂上十五肘（5公尺）。洪水前後有150天，天下一切生物全數被滅絕。過了150天之後，洪水才退去。挪亞放出烏鴉，又放出鴿子。後者啣回橄欖枝才知道洪水已退。因此迄今「鴿子」與「橄欖樹枝」均用來象徵「和平」（天下太平）的記號。挪亞六百零一歲洪水才全退，各類動物也出了方舟。挪亞在山崗上獻祭謝神，答謝上主救拔全家生命之恩。

(五)上主和挪亞立約 (九：1-17)

《創世記》（九：1-17）說及洪水退後，挪亞全家八人出方舟，各類動物也是。上主禁止暴力出現人間，祝福挪亞兒子們生育子孫散佈全地。上主便不再用洪水毀滅人類。於是上主以天邊的「彩虹」，做為上主與挪亞立約的記號。

再就近東文化史的觀點言，挪亞洪水故事顯然受到巴比倫洪水神話的影響。如此論調是有根據的，因為這個故事正是巴比倫洪水神話「吉爾加密斯敘事詩」（Gilgamesh epic）的翻版。這一巴比倫神話，言及一位住在幼發拉底河（Euphrates）沿岸修魯巴克城（Shuruppak）的公民，曾經被智慧之神伊亞（Ea）警告說：該城將遭洪水毀滅，務要趕快逃避。這位名叫尉拿筆司丁（Utnapishtim）的公民是個義人，終於受諸神的指示而造了「方舟」。結果，拯救了全家的人以及牛羊財物。洪水過後，那一艘方舟在高山的山尖停住。其時尉氏領著全家向諸神獻祭謝恩。結果諸神降臨圍繞著祭物，如同「蒼蠅」蜂擁吮肉一般。後來尉氏與其妻蒙諸神祝福，從而成為不死的神仙。這樣看來，挪亞實在是和尉拿筆司丁平行的角色。只是《創世記》作者採用此一近東的神話資料，來改寫為挪亞洪水故事。而且已經予以非神話化，不再具有原來的神話意義。

當然太初人類的洪水故事，不僅是閃族（Semites）的希伯來人（Hebrews），以至更古的蘇默人（Sumerians）才有，希臘人（Greeks）、印度人（Hindus），太平洋諸島民族，南、北美洲

的印地安人（Indians），以至中國人（Chinese）都有。中國有兩個有名的太初洪水故事：一個是「共工怒觸不周山」引起女媧用爐灰止住洪水的故事，另一個是「夏禹治水」成功的故事。不過中國的洪水故事不具人類的罪與罰之意義。它只言及洪水之災，係諸神之間的戰爭所引起者。

事實上，「挪亞的洪水故事」之於現代基督徒言，有它重要的信仰意義，那就是上主對人類「罪惡」的一種「懲罰」。

二、挪亞洪水故事是一幕神劇

挪亞洪水故事活像一幕神劇：這個世界是「神」的作品，為「神」所支配，永遠在「神」的主權下生存。這個世界活像一個舞台，神靈與人類都在其中活動。但是神靈是主動者，人類則是被動的生靈。從另一方面見之，人類是這個大千世界歷史舞台上的演員角色，神靈正是其中的觀眾。有時候神靈也會走入這個歷史舞台為角色。然而對基督教信仰言，上主則是永遠的歷史主宰者。

(一)神人之間的分野

1. 神（上主）

從基督教觀點言，真神是一位造物之上主，也是歷史的審判主。祂揀選義人挪亞一家人，同時祂又毀滅了地上一切

生靈。這麼做旨在淨化這個罪惡的世界。顯然地，神（上主）永遠無法與罪惡之靈（也即墮落之靈）的撒旦（Satan）妥協。所以洪水是一種神（上主）毀滅惡靈（撒旦）的方式，一種淨化世界的手段，其中寓意遠比事實來得重要。

2. 人類

人類為神（上主）之造物，為萬物之靈。他們具順服上主的天性，以及善用生命與神同工經營這個世界的本份。神（上主）對人類的要求不外與祂同行，人類則要誠心敬奉祂。因此人心必須端正，不懷邪念。也要排除暴力，以和平與愛心利人利己。並且尊重人權，努力維護社會公義。人類一旦違背這些生存原則與本份，用信仰語言來說，就是「墮落」。

(二)罪與罰

1. 罪（人性之墮落）

這個故事裡所強調的「罪」，是指人性之墮落。人類犯罪之具體表現，就是腐敗的心思，暴力的行為，以及自我中心反抗上主。此一「人性墮落」之「罪」，上主是要清算的。惟有人類罪性之排除，「新造之人性」才能出現。

2. 罰（淨化之手段）

「罪」（人性之墮落）引發的邪惡，沾污世界的結果就是

「毀滅」。這個故事強調：做爲審判之主的「神」（上主），用洪水來刑罰人類的罪惡，淨化這個世界。目的在於指出：上主與人類的罪惡勢不兩立。惟有毀滅「舊的世界」，「新天新地」才會來臨。（參照《啓示錄》一書的教訓）

(三)揀選與拯救

1. 揀選

神（上主）因記念地上的義人，不甘毀滅義人，因而揀選了挪亞一家八口。這一幕神劇在此闡明：上主是「揀選」的主動者，人的本份是順服上主的揀選，應答上主的揀選。《創世記》的「族長史」（十二章至五十章），對於上主如何「揀選」亞伯拉罕（Abraham）、以撒（Isaac）、雅各（Jacob）的故事，充分凸顯揀選的意義。

2. 拯救

神（上主）揀選挪亞一家，旨在拯救他們免於洪水的毀滅。這一幕神劇在此又指出：上主審判的背後，一定有拯救之事實。「洪水」的毀滅性刑罰儘管嚴酷，但義人必因信得生，有蒙神救拔之福（見：哈巴谷書二：4）。足見審判之背後，也有上主的公義與憐憫。此一「拯救觀」，的確深深影響保羅（Paul）所陳述的基督教神學（見：羅馬書九：19-33）。

三、做為拯救預表的「方舟」

這個故事言及，挪亞一家人的得救是靠著一艘「方舟」。而「方舟」同時也救拔了地上的一切動物，不只是挪亞一家而已。那麼「方舟」所預表的意義為何？

(一)「方舟」預表教會

《創世記》的教訓指出：「罪的洪流」一進入了人間，罪人便有沉淪之虞。因此必要有上主救拔的行動，才免得使人類陷入罪惡洪流的刑罰中。有史以來，人間確實出現了不少的「宗教」（religions），藉以救濟軟弱之人性免於沉淪，諸如基督教（Christianity）、猶太教（Judaism）、伊斯蘭教（Islam）、印度教（Hinduism）、波斯教（Zoroastrianism）、耆那教（Jainism）、錫克教（Sikhism）、儒教（Religious Confucianism）、道教（Religious Taoism）、神道教（Shintoism）與佛教（Buddhism）。它們都擔負著「方舟」的角色，藉以濟世救人。

然而從基督徒的信仰立場言，真正的「方舟」就是「耶穌基督的聖會」。這裡所謂的「聖會」（Ecclesia），並非教堂似的建築物或聚會所，而是「奉耶穌基督聖名」結合的「神聖共同體」（Holy community）。罪人因信耶穌基督而進入「聖會」，如同置身於救命的「方舟」之中。這樣便有「得救」的希望，此即「教會」（聖會）被認同為「方舟」之意義所在。

(二)「方舟」以外沒有拯救之意義

天主教有一則重要教義，即強調：「教會以外無拯救。」此一教義就是用「方舟」來預表「教會」之結果。從基督教信仰立場言，「方舟」不只認同於「教會」，也同時認同於「基督」。因爲教會元首爲「基督」，「教會」也就是「基督的身體」。基督徒告白：「基督以外沒有拯救。」因此呼籲人歸信「基督」，進入「方舟」（聖會）之中。

「基督」爲罪人的朋友，他爲了罪人而建設「教會」（聖會），這便是福音。所以在解釋挪亞洪水故事之時，必須洞察「洪水」象徵「罪惡的洪流」這一點。而「方舟」又爲拯救的記號，因此預表「教會」，同時預表「基督」。如此的意義若不明白，即忽略了這個故事的根本教訓，挪亞洪水故事也因此成爲一個普通的神話故事而已。

四、結語

歸根究柢，挪亞洪水故事所見證的眞理，即人類的「罪」與「罰」，上主的「審判」與「拯救」。基督徒不難發現，《創世記》一章至十一章的「史前史」記述，均屬於「罪」與「罰」的教訓：

1. 亞當與夏娃失樂園，便是人性墮落之第一個罪與罰的故事。

2. 該隱殺死亞伯，又是另一個罪與罰的故事。其罪爲殺

人，其罰爲流浪天下。

3. 巴別塔的建造，又是一個罪與罰的故事。其罪爲反抗
   上主，其罰爲天下混亂。

4. 挪亞洪水的故事，爲人類的暴力、亂倫、殺人、搶
   劫之罪，其刑罰爲「洪水」，但其拯救記號則爲「方
   舟」。

的確，人類需要宗教，需要心靈的平安，需要人性之解
脫，但義人必因與上主同行而得生，這是基督教的信仰。有
「罪」必有「罰」，但刑罰的背後，上主預備了拯救之道。
今日「教會」這一艘「時代方舟」的職責，就是要成爲人間
罪惡洪流的眞正避難所。然而它不只是避難所的角色，同時
也是人間希望之象徵。因此基督徒的時代使命，就是呼籲人
進入耶穌「聖會」，藉以分享上主之救恩。

第三部

《創世記》的
族長史故事

十｜亞伯拉罕的信心

　　他們到了上主所指示的地方，亞伯拉罕在那裏築壇，把柴擺好，捆綁他的兒子以撒，放在壇的柴上。亞伯拉罕就伸手拿刀，要殺他的兒子。耶和華的使者從天上呼叫他說：「亞伯拉罕！亞伯拉罕！」他說：「我在這裏。」天使說：「你不可在這童子身上下手。一點不可害他！現在我知道你是敬畏上主的了；因為你沒有將你的兒子，就是你獨生的兒子，留下不給我。」亞伯拉罕舉目觀看，不料，有一隻公羊，兩角扣在稠密的小樹中。亞伯拉罕就取了那隻公羊來，獻為燔祭，代替他的兒子。亞伯拉罕給那地方起名叫「耶和華以勒」（就是耶和華必預備的意思），直到今日人還說：「在耶和華的山上必有預備。」耶和華的使者第二次從天上呼叫亞伯拉罕說：「耶和華說：『你既行了這事，不留下你的兒子，就是你獨生的兒子，我便指著自己起誓說：論福，我必賜大福給你；論子孫，我必叫你的子孫多起來，如同天上的星，海邊的沙。你子孫必得著仇敵的城門，並且地上萬國都必因你的後裔得福，因為你聽從了我的話。』」於是亞伯拉罕回到他僕人那裏，他們一同起身往別是巴去，亞伯拉罕就住在別是巴。

（創世記廿二：9-19）

《希伯來書》作者曾經給「信心」下了一個定義：「信心就是所盼望之事的實底，是未見之事的確據。」（一：1）作者又說：「古人在這信心上得了美好的證據。」（十一：2）然後又在（十一：8-12）提出了亞伯拉罕（Abraham）的信仰見證，言及他如何因著「信心」在所應許之地作客，等待那座上主為他所建造有根基的城。並且因著信心與撒拉（Sarah）在年老時生下以撒（Isaac），獲得了如天星與海沙那樣眾多的子孫。無論如何，「信心」的力量實在太大了，至少亞伯拉罕的故事就是「信心」的偉大榜樣。

一、亞伯拉罕一生四次的奮鬥

亞伯拉罕一生，至少有經歷四次的信仰考驗，也即「信心」的四次奮鬥。

(一)上主呼召離開故鄉 （創世記十二：1-5）

《舊約聖經》言及亞伯拉罕的故鄉是在加勒底（Chaldea）的珥城（Ur）。最先是與父親家族自珥城移居哈蘭（Haran）。上主命令他自哈蘭走向應許之地迦南（Canaan）時候，亞伯拉罕已達75歲高齡。然而他順服上主的指點，經過十數年在沙漠的漂泊，以及面對敵人與盜賊之風險，終於在迦南地（今日的巴勒斯坦）寄居。此一移民行動正需要無比的信心，否則絕對無法在異邦生存。

(二)被迫與侄兒羅得分離（創世記十三：8-13）

　　羅得（Lot）是亞伯拉罕的侄兒，兩人各有財物，即大群的牛、羊、駱駝。因為他們均以游牧為生。然因兩方所雇用奴僕為牧場而爭執，以致影響叔侄情誼。因此被迫與羅得分開。他身為長者，先讓羅得選擇理想的牧場，充分顯示亞伯拉罕的肚量很大，重視親情。於是羅得選擇約旦河沿岸肥沃之地，亞伯拉罕則把較次的牧場留給自己。這一事件同樣是「信心」與「愛心」的一大考驗。但是亞伯拉罕依然得勝考驗，留下榜樣。

(三)年老得後嗣的啓示（創世記十七：15-21）

　　舊約《創世記》用故事體裁，描寫了亞伯拉罕在年老時（99歲時）得上主啓示將得「後嗣」，其時撒拉已經老邁無法生育。撒拉因此將其埃及人女婢夏甲（Hagar）給亞伯拉罕為妻，生了以實瑪利（Ishmael，阿拉伯人的祖先）。後來夏甲和以實瑪利被迫與亞伯拉罕分離了，這是一個因多妻引起之家庭悲劇。然而亞伯拉罕因著信心，終於在他一百歲時從元配撒拉得了以撒為真正後嗣。其時的撒拉已經90歲，真正是老蚌生珠。但這也是他另外一次信心的考驗，使不可能之事因信心成為可能。

(四)接受上主獻獨子以撒的命令 （創世記廿二：9-19）

　　《創世記》（廿二：1-19）詳細記述了亞伯拉罕奉獻其獨子以撒的故事。我們知道，亞伯拉罕年老時才獲得這位合法獨子（以實瑪利不算）。但是在以撒十二歲左右的少年時代，上主又命令他將獨子獻給祂（因為近東世界有用人獻祭的風俗）。這件事對亞伯拉罕而言，實在是「信心」的一大考驗。經上記載：亞伯拉罕順服上主命令，在不給其妻及其子知道的秘密情況下，於上主所指示的地點摩利亞（Moriah）的一座山上，捆綁以撒獻祭。正要下刀之時，上主使者阻止他。上主悅納他的信心，並且另備一隻公羊來取代以撒獻祭給上主。此後，亞伯拉罕因為他這樣無比的信心而更獲得上主祝福，應許他將得到如天星海沙那麼眾多的子孫。這件上主的應許也包括亞伯拉罕與夏甲所生的以實瑪利後裔，而且可在二十一世紀的今天看到。現代以色列人與阿拉伯人，都是亞伯拉罕的後裔。以撒長子以掃是約旦人之祖，以實瑪利是阿拉伯人之祖，次子雅各的子孫即以色列人。

二、亞伯拉罕的信心考驗及教訓

　　下面將探討亞伯拉罕的信心考驗，及其教訓，即：(一)上主的考驗、(二)堅定的信心，及(三)故事的預表。

(一)上主的考驗

顯然的，《創世記》（二十二：1-19）的故事，誠然是對亞伯拉罕一個「信心」考驗的記錄。也許亞伯拉罕有了以撒這個正式後裔的兒子之後，他的信仰生活已被這個小孩子所取代，愛以撒的心勝過愛上主的心了。因此上主要給亞伯拉罕一次「信心」的考驗，那就是將他最心愛的寵兒——獨子以撒奉獻給祂的命令。以撒原本是亞伯拉罕家庭希望之根源，上主要藉著他成為大國大族。現在上主又要將以撒取去，如此對於亞伯拉罕的考驗委實太大了。

這段亞伯拉罕的經歷，也在啓示著今日的基督徒：當他們的宗教心開始淡薄之時，上主的考驗可能就要開始。當基督徒懷疑上主大愛以致冷心時候，上主也要考驗他們的信心。上主的考驗有好多種。除了要求人獻上最心愛的東西外，上主的考驗可能是：家庭的逆境，親人的死失，各種病痛，以及事業上的失敗等等。當這些際遇臨到基督徒身上時，他們的信心最容易動搖，但也是他們最需要上主幫助的時刻。相反的，有時候上主突然要求人去面對一件最困難的事，如同亞伯拉罕面對獻獨生子以撒的事件一樣。不論順境中的考驗也好，逆境中的考驗也好，基督徒最需要者，就是要像亞伯拉罕一般的信心。

(二)堅定的信心

當亞伯拉罕接受上主的命令與考驗時，他必須做肯定的抉擇：順服上主，或是拒絕上主命令按照自己的意思行事。然而亞伯拉罕順服上主，堅持對上主的信心，決定將獨子以撒獻上。他的哲學是：上主賞賜，上主收回。這樣的「信心」可說是無比的。為什麼？因為上主的命令在人情上說可能是：無理、不近人情、食言又殘忍。可是亞伯拉罕卻完全順服。他的順服表現於下列幾點：

1. 不與上主計較——因他的獨子是上主的應許，上主要他，他豈會計較？
2. 不與撒拉商量——獻子之事其妻如果知情，一定阻擋，那就無法行事。
3. 不使僕役知情——兩個同行的僕役背著薪柴，亞伯拉罕也向他們守密。
4. 不與以撒商議——如果此事以撒知情，他很可能會跑掉，因誰都怕死。

總之，亞伯拉罕對上主始終順從，其「信心」永不改變，所以才不被私心所勝。同時他的「信心」也付諸行動：三天遠行之後又親自奉獻，同時婉言回答以撒之質問。他不為養兒待老著想，表現出無比的勇敢。

現代基督徒也得學習亞伯拉罕有這些無比的勇敢、順服、信心與愛上主的行動。「信心」能夠使人有足夠的勇氣面對考驗，又得勝考驗。因此基督徒於日常生活中需要這一

信仰上主的堅定心志，才能夠使人生圓滿，突破面臨之困境。因為亞伯拉罕是一位信仰家（這是冒險家的條件），因此被稱為「信仰之父」，所以足可成為今日基督徒的榜樣。

(三)故事的預表

亞伯拉罕獻以撒的故事，不只是一種順服上主的信心之教訓而已，其背後也有一種更偉大的預表，那就是：上主也如同亞伯拉罕一樣，為著愛世人而將祂的獨生愛子賜給人間這件事。

1. 亞伯拉罕是信仰之父

亞伯拉罕獻獨子以撒的故事，乃指出一位父親在「信心」與「親情」之間的抉擇。最後是他選擇信仰上士的無條件順服這一條路。因為一位父親愛上主之心勝過親情，的確表現出一種超越倫理關係的宗教信仰品格。聖經作者係根據這點來肯定亞伯拉罕之信心，後代基督徒也據此稱他為「信仰之父」。

2. 天父上主獻上獨生愛子耶穌給世人

新約《約翰福音書》的作者顯然也受到這一段故事的啟迪，所以指出上主也如同亞伯拉罕一樣是一位父親。只是上主為「天父」，亞伯拉罕為「人父」。後者獻他的獨子給上主，但天父上主卻將祂的獨生愛子賜給這個有罪的世界。天父之愛子耶穌基督，卻要為人類的罪惡捨命犧牲在十字架

上。天父上主這樣的作爲不是要審判世界，向世界的罪惡報復，反而是叫世界因祂的愛子耶穌基督之降世而得救（見：約翰三：16-17）。

3. 預表耶穌基督的順服與犧牲

所以說，亞伯拉罕獻其獨生愛子以撒的故事，不能以現代人的眼光視其爲一種殘忍的宗教行爲，應該要視它爲一個「預表」耶穌基督之順服與自我犧牲，藉以救贖世界。因爲「新時代」已經降臨，那就是上主將祂的獨生愛子獻給了這個世界，成爲「贖罪祭」（贖罪羔羊，見：約翰一：29、35）。因此亞伯拉罕獻獨子的故事，就成爲「新約」（New Covenant）的預表。這一重要意義，基督徒斷不可忽略。

三、結語

信仰之父亞伯拉罕奉獻年老所生的獨生愛子，又是契約之子與應許之子的以撒，來表達他的信心與順服。那麼今日天父上主可能也要考驗基督徒的信心，要他們獻上最心愛的東西給祂，那可能是：時間、愛心、服務、才能、以至金錢。基督徒對上主最高的敬禮，就是他們的品格與信心，也就是建立他們與上主健全的關係這點。《希伯來書》作者對於亞伯拉罕奉獻其獨子以撒的大事件，也做了值得基督徒學習之證言：

由於「信心」，亞伯拉罕在上主考驗他的時候，把兒子以撒獻上當做祭物。亞伯拉罕乃是領受上主應許的人，可是他情願將獨子做爲祭物獻上。上主曾經對他説：「你要從以撒得到我所應許的子孫。」他認爲上主能夠使以撒從死裡復活。（希伯來書十一：17-19）

上主已經將祂的愛子耶穌基督賜給這個有問題的人間，來彰顯天父上主的大愛。爲此，基督徒愛上主的心及順服上主的心，應該是他們的重要品格，如同亞伯拉罕在昔日的表現一樣。

十一｜羅得的後代

　　羅得因為怕住在瑣珥，就同他兩個女兒從瑣珥上去，住在山上；他和兩個女兒住在一個洞裏。大女兒對小女兒說：「我們的父親老了，地上又無人按著世上的常規進到我們這裏（娶我們為妻）。來吧，我們拿酒給爸爸喝，好跟他睡覺，從他得孩子。來！我們可以叫父親喝酒，與他同寢。這樣，我們好從他（和父親的性關係）存留後裔。」於是，那夜她們叫父親喝酒，大女兒就進去和她父親同寢；她幾時躺下，幾時起來，父親都不知道。第二天，大女兒對小女兒說：「我昨夜與父親同寢。今夜我們再叫他喝酒，你可以進去與他同寢。這樣，我們好從父親存留後裔。」於是，那夜她們又叫父親喝酒，小女兒起來與她父親同寢；她幾時躺下，幾時起來，父親都不知道。這樣，羅得這兩個女兒都從自己的父親懷孕。大女兒生了兒子，給他起名叫摩押，就是現今摩押人的始祖。小女兒也生了兒子，給他起名叫便‧亞米，就是現今亞捫人的始祖。

（創世記十九：30-38）

　　羅得（Lot）的故事在《創世記》一書的「族長史」（十二章至五十章）開頭之出現，可以說是猶太教信仰的「史

前史故事」之重要部份。因為這部份的故事，言及摩押族（Moabites）和亞捫族（Ammonites）出自羅得的後代，所以與以色列人有親族關係。問題是：許多人閱讀這段經文故事之時，都認為它是不值得一提的「亂倫」記述。這點在台灣人傳統觀念中，的確如此！就歷史觀點言，「近親通婚」在古代近東世界是十分普遍的一件事。舉凡古亞述、古巴比倫、古波斯時代的社會，這類現象司空見慣。甚至古埃及法老王朝時代，法老（古埃及王尊稱）的王后都是自己的親姊妹，甚至娶親生女兒為配偶者都有。此即古代社會為保護王家貴族血統純正的一種傳統，從現代觀點來看當然是「極端亂倫」。

其實《創世記》（三十八：1-30）所記述的猶大（Judah）與她瑪（Tamar）發生性關係的故事，若以台灣人的觀點言，也是一個「亂倫」醜事。因為猶大是她瑪丈夫珥（Er）的父親，是她的尊翁。她瑪嫁珥之後並無子嗣，珥又不幸去世。按照當時風俗，猶大長子死後無子嗣，其次子俄南（Onan）要和嫂嫂她瑪同房，為其兄珥留下後嗣繼承產業。如果俄南不願履行義務，猶大的第三個兒子示拉（Shelah）就要履行同樣的義務，和其嫂她瑪同房為兄珥留後。然而猶大見次子俄南因不願履行義務被咒詛死於非命，怕三子示拉也會遭受同樣命運，就打發她瑪回到娘家。過了一段很長時日，她瑪得悉公公猶大和亞杜蘭人（Adullamite）希拉（Hirah）前往亭拿（Timnah），就脫掉寡婦衣裳，坐在伊拿印（Enaim）城門口如同妓女裝扮。風流的猶大就召妓和她同房，沒有想到她竟然是自己的媳婦她瑪所打扮。其時她瑪對猶大要求的代價不是

金錢，而是猶大的印、帶子及手杖。稍後猶大托友人送一隻小山羊，要找尋那位妓女（她瑪）要回那三項信物，結果找不到。三個月後有人通知猶大，謂其媳婦她瑪因淫亂而懷孕。猶大聞訊動怒，說要拉她出來燒死（這是當時對待淫婦之法律）。正要拉她出來行刑時，她瑪取出猶大所給的三項信物：印、帶子及手杖，證明她肚子裡懷的是公公猶大所留的種。公公猶大終於認錯，也承認阻擋三子示拉和她瑪同房為其兄珥留種之不是。後來她瑪生下雙胞胎兄弟，兄叫法勒斯（Perez），弟名叫謝拉（Zerah）。用台灣人的稱呼言，這兩個孩子對於其父猶大應該稱呼他：「阿公爸」，因為猶大既是他們的「祖父」，也是「父親」。值得留意的是：她瑪因為先夫的名份和公公同房留後，從當代的觀點言，她並不是一位「蕩婦」。所以她瑪的公公猶大才說（見：三十八：26）：

> 她比我更有理，因為我沒有將她給我的兒子（三子）示拉。

如果詳細閱讀《路得記》全卷的故事，摩押媳婦路得（Ruth）也有像她瑪一樣的為夫家留後之經歷。原來路得是猶大（Judah）伯利恆（Bethlehem）人氏，以利米勒（Elimelech）與拿娥米（Naomi）的摩押籍媳婦，也就是他們的次子瑪倫（Mahlon）之妻室。因家門不幸，主人以利米勒、長子基連（Chilion）及次子瑪倫均相繼死於僑居地摩押（Moab）。傷心的婆婆拿娥米只好帶著摩押媳婦路得回鄉。路得後來被伯利恆

富有的至親波阿斯（Boaz）娶爲妻室，爲以利米勒家族之產業留下名份，從而流傳爲動人故事。下面波阿斯的一段公開的告白，可以瞭解當時風俗爲何：

> 我娶瑪倫的妻子摩押女子路得，好讓死者可以在產業上留名，免得他的名字在本族本鄉的城門中消失。看哪！你們今日都是證人！（路得記四：10）

稍後波阿斯和路得兩人得到城中長老的祝福，使他們在以法他（Ephrathah）生活亨通，在伯利恆有好名聲。長老又祝福他們：

> 願耶和華從這年輕女子賜你後裔，使你的家族像她瑪從猶大所生的法勒斯家族一樣。（路得記四：12）

由此可見，羅得和她的兩個女兒發生關係所生出的兩族後代，不能單單以現代人的眼光視其爲「亂倫」做論斷，而應該以古代「近親通婚」的風俗來看待這件事。因這個故事之目的，在於說明「族群」之由來。所以現代基督徒要如同看待猶大與她瑪的故事及波阿斯與路得的故事一樣，均在指出他們都是大衛王（King of David）之祖先，而不可用「亂倫」的道德觀來加以論斷。

一、亞伯拉罕與羅得

亞伯拉罕（Abraham, or Abram）與羅得的親族關係，於《創世記》（十一：27-32）有詳細交代。亞伯拉罕是他拉（Terah）之長子。他拉另外兩個兒子是拿鶴（Nahor）及哈蘭（Haran），羅得就是哈蘭的兒子（他拉的孫子）。他們的故鄉，是迦勒底（Chaldea，即古巴比倫）的珥城（Ur）。而羅得之父哈蘭係死在出生地的珥城。為此，他拉就帶著兒子亞伯拉罕及其媳婦撒拉（Sarah），以及孫子羅得離開迦勒底的珥城。他們一行人於前往遙遠迦南途中，先在哈蘭居住。他拉一生以205歲高齡死在哈蘭（見：創世記十一：31-32）。他拉死後，羅得成為既無父親，又無祖父照顧的孤兒。從此，羅得伯父亞伯拉罕就成為監護他的唯一長輩。

(一)亞伯拉罕帶著羅得到迦南地

根據《創世記》（十二：1-9）這段經文之記述，當上主吩咐亞伯拉罕離開故鄉本族的父家前往所指示的地（即迦南地）那時，羅得也和他一同前往。亞伯拉罕帶著羅得和家眷離開哈蘭時，他已經七十五歲。他們一路游牧，經過漫長的時日，好不容易才來到迦南地。之後到達示劍（Shechem），在摩利橡樹（Oak of Moreh）那裡，上主向亞伯拉罕顯現，應許將迦南地賜給他的後裔。亞伯拉罕就在那裡建一座壇，敬拜向他顯現的上主。稍後又遷往伯特利（Bethel）東邊的山區。東邊是艾城（Ai），在那裡搭帳棚牧養牲畜。亞伯拉罕也在該

地築壇獻祭，敬拜上主。可是游牧的生活依水草而居，亞伯拉罕又帶著羅得和家眷遷往尼革夫（Negeb），也即迦南的南境。後來迦南地發生嚴重飢荒，亞伯拉罕不得不移居盛產五穀的埃及避難。亞伯拉罕到了埃及時，因怕他頗具姿色的妻子撒拉被埃及人佔有，就騙人說是他的妹妹。撒拉偏偏又被法老王看上而被帶進宮中。法老王因此厚待亞伯拉罕親族，給予眾多的奴僕、女婢及牲畜。上主也因此降災於法老王室。當法老王知道上主降災的原因（佔有撒拉之罪）之後，就吩咐人將亞伯拉罕全家送走（見：創世記十二：10-20）。

(二)亞伯拉罕和羅得分家

迦南地飢荒過後，亞伯拉罕又帶著家眷自埃及返回尼革夫（迦南南境）。之後，又移往伯特利和艾的中間地帶，就是他當初搭帳棚紮營放牧及築壇敬拜上主之處。那時亞伯拉罕和侄兒羅得已各有產業，該地已容不了伯侄兩人同住一地。尤其是亞伯拉罕和羅得的牧者之間時有爭執（為牧場與水源），何況又要面對迦南人（Canaanites）及比利洗人（Perizzites）之威脅。於是亞伯拉罕建議羅得以各自分家為上策，藉此避免爭執（見：創世記十三：1-8）。

身為長輩的亞伯拉罕有肚量又有親情，於是主動向羅得建議分家：

> 遍地不都在你眼前嗎？請你離開我吧！你向左，我就向右。你向右，我就向左。（十三：9）

其時，羅得選擇約旦河谷平原，因為這裡水源充足，牧場草地豐富，如同埃及尼羅河三角洲一樣的肥沃。在所多瑪（Sodom）與蛾摩拉（Gomorrah）兩城未毀之前，該地如同「上主的園子」（見：創世記十三：10-11）。於是羅得往東遷移，住在平原的城鎮，就是繁榮的所多瑪城。而所多瑪城在上主眼中罪大惡極，目中無上主，男男同性戀盛行（見：創世記十三：12-13）。至於亞伯拉罕仍然住在沙漠邊緣的迦南地，從此和羅得分家。然而上主卻祝福亞伯拉罕，將他所看得見的東、西、南、北迦南全地都要歸給他及他的後代。並且祝福亞伯拉罕的後裔，將會如同地上的塵沙那麼多（見：創世記十三：14-17）。後來亞伯拉罕游牧到希伯崙（Hebron），搭帳棚在幔利（Mamre）的橡樹林區居住，在那裡建一座祭壇敬拜上主（見：創世記十三：18）。

(三)亞伯拉罕搶救羅得

古代近東平原城邦戰爭頻頻。羅得住在繁榮的罪惡之城所多瑪，也難免有戰爭所帶來的災難。《創世記》（十四：1-16）是亞伯拉罕搶救戰火中被擄的羅得及其家財的故事，從中可以領會亞伯拉罕的勢力及親情。

原來所多瑪王比拉（Bera）、蛾摩拉王比沙（Birsha）、押瑪王（King of Admah）示納（Shinab）、洗扁王（King of Zeboiim）善以別（Shemeber）及瑣珥王（King of Zoar）別拉（Bela）等五個王，聯合背叛統治他們十三年之久的以攔（Elam，即古波斯）。於是以攔王基大老瑪（Chedorlaomer）聯合示拿王（King of Shinar）暗

拉非（Amraphel）、以拉撒王（King of Ellasar）亞略（Arioch）及戈印王（King of Goiim）提達（Tidal）等四個王，攻打上列五王。四王和五王的大軍會戰於西訂谷（Valley of Siddim），也就是鹽海（死海）一地。結果五王戰敗，利乏音（Rephaim）、蘇西（Zuzim）、以米（Emim）族群被征服，甚至何利人（Horites）、亞瑪力人（Amalekites）、以至亞摩利人（Amorites）也被打敗。其時所多瑪王、蛾摩拉王因逃走而掉在柏油坑死亡。羅得因居住在所多瑪城，一切財物也被戰勝者掠奪。有一個逃脫的人將羅得的遭遇轉告住在幔利的亞伯拉罕。希伯來族長亞伯拉罕立即聚集族群中318個壯丁，將他們組織起來前往搶救侄兒羅得。亞伯拉罕領導他們採取游擊戰術，於夜間出動，終於在大馬士革（Damascus）的何把（Hobah）擊敗敵人，把羅得及被搶奪的財物悉數取回（見：創世記十五：13-16）。

當迦南地的撒冷王（King of Salem）麥基洗德（Melchzedek）獲悉亞伯拉罕擊敗以攔王基大老瑪及其結盟的諸王之時，這位「至高上主」的祭司就帶著餅與酒出來迎接，並給他祝福。於是亞伯拉罕拿出十分之一的戰利品獻給撒冷王做為報答（見：創世記十四：17-24）。

(四)羅得逃出所多瑪城

如前所指，羅得居住於既繁華又罪惡貫盈的所多瑪城區已有一段時間。當亞伯拉罕得悉上主將毀滅該城及蛾摩拉城之時，曾經誠心為兩城向上主祈求免於被滅。可是上主使者直言，這兩座城「連十個義人都沒有」，故將被滅亡之時，

亞伯拉罕無言以對，不敢再向上主強求（見：創世記十八：16-33）。

不久兩個天使來到所多瑪城，羅得起身加以迎接。他邀請貴客過夜，並以宴席款待。入夜，所多瑪城的老少男子得悉有俊男貴賓來訪，就擁向羅得家屋，要求交出兩位英俊的天使，要和他們做性關係之親熱（同性戀）。羅得向眾人苦苦哀求勿做這樣的罪惡，條件是：願意將兩個未曾親近男人的女兒交出，以莫大之犧牲任憑他們處置。可是那一群同性戀的變態男子始終不肯，不停地嗆聲要求羅得將他們交出來。最後還是由兩位天使施行障眼神跡，使他們的眼睛迷糊找不到人才得以解圍（見：創世記十九：1-11）。天亮了，天使立即催逼羅得全家帶著妻子及兩個女兒逃命（創世記十九：14，言及羅得尚有出嫁的女兒及女婿們，不相信所多瑪城將被毀滅而沒有逃出）。羅得因為捨不得離城而被天使強拉著走，也拉著其妻及兩個女兒的手逃出城外。之後，羅得全家順利逃到瑣珥（Zoar）。當太陽剛升出地表面時，上主從天上降下硫磺與火焰，將所多瑪與蛾摩拉兩城加以毀滅，城中居民及牲畜無一倖存。其時，羅得妻子走在後面，很捨不得離開而回頭一望，立即變成了「鹽柱」（見：創世記十九：16-26）。亞伯拉罕清早起來，目睹所多瑪與蛾摩拉這兩座城已經成為廢墟。但知道羅得已經受天使之助順利逃出，因為上主記念亞伯拉罕，聽其所求（見：創世記十九：27-29）。

二、羅得的後代

《創世記》（十九：30-38）這段本文主要之經典依據，旨在指出：羅得逃出被毀的所多瑪城之後，其家族僅剩下他自己及兩個未出嫁的女兒而已（其妻因回頭觀看被毀的所多瑪城一眼而變成「鹽柱」）。因為羅得懼怕住在瑣珥會被火災波及，就會同他兩個女兒離開瑣珥，居住在鄰近山上的一個山洞裡。兩個女兒為族群之長遠計，決定自己犧牲，為父親羅得留下後代。此事果然成真，從而形成兩個重要的族群：摩押人（Moabites）和亞捫人（Ammonites）。

經文對於羅得兩位女兒的決定，做了這樣的記述：

> 大女兒對小女兒說：「我們的父親老了，這地方又沒有男人可以按照世間的禮俗來和我們結合（結婚）。來！我們叫父親喝酒，然後和他同寢。這樣，我們就可以從和父親的性關係中存留後裔。」（創世記十九：31）

於是，那晚兩個女兒將父親灌醉。大女兒首先和父親同寢發生性關係。而糊塗的父親始終都不知道自己在做什麼。第二天入夜，大女兒就教小女兒同樣灌醉其父羅得，也一樣和父親同寢發生性關係。其父酒醒時，也不知昨夜做了什麼事。

後來羅得兩個女兒都各自懷孕。大女兒為父親羅得生下了兒子，給他取名「摩押」（Moab），也就是現今摩押人之

始祖。小女兒也爲羅得生下兒子，就給他起名「便‧亞米」（Ben-ammi），他就是今日亞捫人的始祖。關於「摩押人」及「亞捫人」兩個族群，於古代近東世界扮演什麼角色，下面就來探討。

(一)摩押人

如上述經文所指，「摩押人」就是羅得與其大女兒所生兒子「摩押」的後代（創世記十九：37）。因此和「亞捫人」是有血統關係的（這族也是羅得和小女兒所生兒子「便‧亞米」的後裔）。就《出埃及記》（十五：15）有「摩押的英雄……」一語見之，以色列人未出埃及以前，摩押人已經形成一個大的族群。他們居住於希實本（Heshbon）平原，至死海南方以東人（Edomites）之邊境，爲今日約旦王國的一部份。摩押人原和以色列人有親戚關係，所以上主指示摩西勿和摩押人發生戰爭（見：申命記二：9-19）。不過當以色列人在約旦河東的摩押平原紮營居住時，摩押王巴勒（Balak）大懼。因此派遣使者前往毗奪（Pethor）一地，找上比珥（Beor）的兒子巴蘭（Balaam）去詛咒以色列人（見：民數記二十二：1-6）。後來巴蘭受上主阻擋而沒有結果（見：民數記二十二：7-14）。以後住在摩押平原什亭（Shittim）的以色列人，禁不起異教之誘惑而墮落，又和摩押女子行淫（因為異教祭典有男女性交的嘉年華會，一種與宗教有關的繁殖儀式），因而發生瘟疫（見：民數記二十五：1-9）。

1. 摩押人及其國家

　　到了「士師時代」，摩押人已經十分強盛。摩押王伊磯倫（King Eglon）入侵迦南，建都於耶利哥（Jericho）。以色列人受其壓迫十八年之久。之後，上主興起士師以笏（Fhud）釋放以色列人，用計刺殺摩押王伊磯倫，使以色列人生活於八十年的太平日子（見：士師記三：12-30）。及至「聯合王國時代」，摩押人和掃羅王（King Saul）為敵（見：撒母耳記上十四：47）。可是大衛尚未取得王權被掃羅王追殺時，大衛曾經於摩押地米斯巴（Mizpeh）和他的父母受到摩押王保護（見：撒母耳記上二十二：3-4）。及至大衛為王時代，摩押人又臣服於大衛的聯合王國（見：撒母耳記下八：2-12）。後來摩押王國再度興起，又分別入侵北王國以色列（列王紀下十三：20）及南王國猶大（列王紀下二十四：2）。此後摩押王國十分強盛，亞珥（Ar）以北諸城都成為摩押版圖（見：以賽亞書十五：1-9）。後來以色列諸先知均視摩押為上主之仇敵（見：以賽亞書十六章、耶利米書九：26，四十八章，以西結書二十五：8-11，阿摩司書二：1-3，西番雅書二：8-11）。然而當巴比倫王尼布甲尼撒（King Nebuchadrezza of Babylon）入侵南王國猶大時，居住於耶路撒冷（Jerusalem）的猶太人都避居摩押地受庇護。一直到波斯帝國時代亞希甘（Ahikam）之子基大利（Gedaliah）為總督時，猶太人才得以回到故居（見：耶利米書四十：11-12）。後來巴比倫王尼布甲尼撒征服摩押王國，該王國從此滅亡。

2. 《路得記》的故事

聖經《路得記》這卷田園小說之經書，記載一則以色列人家庭移居摩押地區，兒子又娶了一位賢慧的摩押女子路得（Ruth）為媳婦的動人故事。故事言及：「士師時代」有一位猶大族（Judah）的伯利恆人以利米勒（Elimelech），因為遇上飢荒，就帶著妻子拿娥米（Naomi）及兩個兒子：瑪倫（Mahlon）與基連（Chilion）移居摩押地。不幸拿娥米的丈夫以利米勒死亡，剩下她和兩個兒子相依為命。後來兩個兒子都和摩押女子成親，大兒子瑪倫娶俄珥巴（Orpah）為妻，次子基連娶路得為伴侶。他們大約住在摩押地十年，卻天有不測風雲，瑪倫和基連相繼死去，只剩下拿娥米、俄珥巴及路得三個女人。傷心的拿娥米眼見兩位媳婦年輕又無生育，就打發她們回娘家再做改嫁打算。長媳俄珥巴答應就離開回到娘家，惟獨二媳路得捨不得離開婆婆拿娥米。無論婆婆到那裡，路得都要陪著她，並且誠懇告白（見：路得記一：16-17）：

> 不要勸我離開你，阻擋我不跟隨你。你往那裡，我也往那裡。你住那裡，我也住在那裡。你的民族就是我的民族。你的上主，就是我的神。你死在那裡，我也死在那裡，葬在那裡。只有死亡，才能夠使你與我分離。要是我違背誓言，願上主重重的懲罰我！

於是路得跟著婆婆拿娥米跋涉長途回到猶大伯利恆故

居，過著拾麥穗維生的窮苦生活。後來路得受婆婆鼓勵，又得至親波阿斯（Boaz）的同意，使波阿斯迎娶路得來回復以利米勒家族之名份。不久路得生下兒子俄備得（Obed），他就是大衛王（King David）的祖父，耶西（Jesse）之父親。就家譜而言，他們都是耶穌基督（Jesus Christ）的祖先（見：馬太一：5-6）。由此見之，耶穌也有一位摩押人的祖媽：路得。

(二)亞捫人

這個亞捫人族群，就是羅得和他的小女兒所生的兒子便・亞米的後代。原來「便・亞米」名字的原義是：「我的人民之子」。因此以色列人移居迦南地之時，上主禁止他們和亞捫人爭戰，不可侵犯他們。畢竟亞捫人和以色列人也有遠親關係（見：申命記二：19-21）。就地理位置言，亞捫人的轄地在約旦河東，死海北方地區（也即今日約旦王國的一部份），其南方鄰接摩押人的轄地。不過主前十四、五世紀（1400-1300 B.C.），亞摩利人（Amorites）及赫人（Hittites）已佔據這個地區。以色列人建立「士師時代」之時，亞摩利人和赫人被逐出，其時的亞捫人已經早他們進住於此（見：士師記十一：1-28）。這就是為什麼以色列人入侵其地時，亞捫人攻擊他們的理由（其時亞捫人已經在此建國）。稍後士師耶弗他（Jephthah）領導以色列人將亞捫人打敗，並且佔領他們的二十座城鎮（見：士師記十一：29-33）。因為這件事，使亞捫人與以色列人種下深仇大恨！到了「士師時代」末期掃羅（Saul）崛起，再次將亞捫人打敗（見：撒母耳記上十一：1-15）。

「聯合王國時代」，大衛王也打敗過亞捫人（見：撒母耳記下十：1-19）。「南、北王國分裂時代」，亞捫歸屬於以色列王國。主前721年北王國以色列為亞述帝國（Assyrian Empire）所亡，亞捫人又歸其統治。當南王國約沙法王（King Jehoshaphat）統治時代，亞捫人會同摩押人及一些米烏尼人（Meunites）攻擊南王國猶大。然而上主出手，將他們一一擊敗（見：歷代志下二十：1-23）。又南王國猶大第十七代君王約雅敬（Jehoiakim）治下時代國力已弱，又背叛巴比倫帝國。上主派遣亞捫、摩押、亞蘭（Arameans）之聯軍協助巴比倫王尼布甲尼撒（Nebuchadnezzar）教訓昏君約雅敬（見：列王紀下二十四：1-5）。

主前586年南王國猶大被巴比倫帝國滅亡，許多以色列人精英被擄往巴比倫。巴比倫帝國任命亞希甘之子基大利為總督，治理猶大國留下的百姓。其時有亞捫人尼探雅（Nethaniah）的兒子以實瑪利（Ishmael）公然背叛巴比倫帝國殖民政權，領導十個人殺死總督基大利，以及同他在米斯巴（Mizpah）的以色列人和巴比倫人。後因害怕巴比倫帝國報復，許多人只好流亡埃及（見：列王紀下二十五：22-26，耶利米書四十：7-9，四十一：1-3）。一百年以後，以色列人得以在波斯帝國（Persian Empire）統治下回到故國重建家園。當波斯王亞達薛西（King Artazerxes）派遣官員尼希米（Nehemiah）回國重建耶路撒冷城垣時，亞捫人領袖參巴拉（Sanballat）和多比雅（Tobiah），會同阿拉伯人（Arabs）及亞實突人（Ashdodites）憤怒反對，又阻擋以色列人回到故鄉重建家園（見：尼希米記四：1-23）。

値得留意的是：擁有一千妃嬪的風流君王所羅門（King Solomon，見：列王紀上十一：3），他的兒子羅波安（Rehoboam，南王國首任昏君）之母拿瑪（Naamah）就是亞捫人（見：列王紀上十四：21）。由此可見，耶穌基督也有亞捫人的血統，拿瑪就是他的太祖媽（見：馬太一：1-17的家譜，尤其是一：7「所羅門生羅波安」之記述）。

三、結語

就「羅得的後代」這個論題之探討，大約可以明白：古代近東世界為要說明「種族」的起源，坦然將父女性關係才產生的「摩押族」和「亞捫族」兩大族譜成歷史介紹給後人。據此而論，台灣基督徒不能將這一段記述視為「亂倫」看待，畢竟「近親通婚」在古代世界是一種習俗，尤其是皇室更是如此。這個故事明顯指出：兩位女兒甘心為父親留後而所做的犧牲，應該給予正面的看待（參見：C. T. Fritsch, *Genesis, The Layman's Bible Commentaries*, SCM Press, 1962, p. 69）。不過也有西方作者將它視為「亂倫」，認為是以色列人故意用這個故事來輕視「摩押人」與「亞捫人」（參見：John C. L. Gibson, *Genesis, The Daily Study Bible,* Vol. II, Edinburgh: The Saint Andrew Press, 1982）。的確，以色列人是痛恨「亂倫」的，就如大衛王的兒子暗嫩（Amnon）強姦其同父異母之妹她瑪（Tamar）就被視為「亂倫」，因此被她瑪之兄（大衛王另一個兒子）押沙龍（Absalom，與她瑪同父同母）所刺殺（見：撒母耳記下十三：1-33）。

事實上，以色列人向來輕視和自己有血緣關係的摩押人和亞捫人，這點與他們不同的宗教信仰有關。摩押人崇拜血腥之「基抹」（Chemosh）為主神，因而使以色列人十分厭惡。風流的所羅門王曾經為妃嬪建壇祭拜「基抹」於耶路撒冷東邊的山上，以色列人視其為可憎之神（見：列王紀上十一：7）。南王國君王約西亞（King Joshah）進行宗教改革時，就將耶路撒冷的「基抹祭壇」毀掉（見：列王紀下二十三：1-20）。先知耶利米（Jeremia）也斥責摩押人敬拜「基抹」之罪惡，因此他們將受上主懲罰（見：耶利米書四十八：1-47）。至於亞捫人則崇拜以人類為祭牲之「摩洛」（Moloch, or Molech），有時稱此神為「米勒公」（Milcom）。摩西十分憎惡「摩洛」之殘忍儀式。因此規定：凡以自己兒女獻給「摩洛」者，必被處死（見：利未記二十：1-5）。所羅門王曾經為其亞捫人妃嬪建造「摩洛祭壇」，因此被視為背叛上主（見：列王紀上十一：1-8）。而南王國猶大王約西亞進行宗教改革時，不准人在耶路撒冷郊外的欣嫩子谷（valley of Ben-hinnom）使子女經火獻給「摩洛」（見：列王紀下二十三：10-14）。先知耶利米特別指出亞捫人崇拜「摩洛」（米勒公）之罪惡（見：耶利米書四十九：1-5）。儘管有如此嚴酷指責，先知耶利米卻相信上主也會記念「摩押人」與「亞捫人」，使他們從被擄之地歸回故土（見：耶利米書四十八：47，四十九：6）。畢竟上主是一位慈愛與憐憫之神，更是公義與審判之主。

2013年4月4日

十二｜以撒的婚姻與家庭

　　那時，以撒住在尼革夫，剛從庇耳拉海萊回來。天將晚，以撒出來在田間默想，舉目一看，見來了一隊駱駝。利百加舉目看見以撒，就急忙下了駱駝，問那僕人說：「這田間走來迎接我們的是誰？」僕人說：「他是我的主人。」利百加就拿帕子蒙上臉。僕人就將所辦的一切事都告訴以撒。以撒便領利百加進了他母親撒拉的帳棚，娶了她為妻，並且愛她。以撒自從他母親離世以後，這才得了安慰。

　　　　　　　　　　　　　　　　　　（創世記二十四：62-67）

以撒（Isaac）為以色列人（Israelites）列祖之一，也是希伯來人（Hebrews）祖先亞伯拉罕（Abraham）的合法獨子。其實亞伯拉罕尚有和一個埃及女婢夏甲（Hagar）所生的兒子以實瑪利（Ishmael），也即阿拉伯人（Arabians）之祖先。另外也和基土拉（Keturah）生了心蘭（Zimran）、約珊（Joksham）、米但（Medan）、米甸（Midian）、伊施巴（Ishbak）和書亞（Shuah）六個兒子（見：創世記十六：15-16、二十五：1-2）。由此足見，亞伯拉罕和撒拉（Sarah）所生的合法獨子以撒地位之重要性。畢竟一夫多妻的游牧民族，是強調其合法後嗣為宗族繼承人的。既然以撒之於以色列民族如此重要，接著就來探討「以撒的

婚姻與家庭」（二十四：62-67），係延續「以撒娶妻故事」的一段（見：二十四：1-61之描述）。那時以撒住在尼革夫（Negeh，即南境）牧羊，剛從庇耳拉海萊（Beer-Lahai-roi）回來。該地即夏甲和以實瑪利在曠野流浪時與上主使者相遇的「水泉」所在地。地名庇耳拉海萊的意思是：「永生上主眷顧我之井泉」（見：創世記十六：7-14）。這段經文言及傍晚以撒到田間默想時，看到一個駱駝隊伍向他走來。利百加（Rebekah）舉目看到以撒在那裡，就急忙下了駱駝。利百加問僕人：「那個男人是誰？」僕人立刻回應：「他就是我的主人。」（二十四：65）利百加即時按古例用面紗蓋住自己，不敢面對以撒。僕人就將他所看到和經歷的事情，一五一十向以撒報告。以撒十分滿意，知道他已經遵從父親亞伯拉罕之意願，能夠在原鄉本族當中娶到終生伴侶。於是以撒帶領利百加進入母親撒拉的帳棚，正式娶她為妻。以撒甚愛利百加，自從以撒母親撒拉去世以後，直到娶了利百加為妻的往後日子，才得到真正的安慰（二十四：67）。

一、以撒的婚姻

　　以撒的婚姻，係由年紀老邁的父親亞伯拉罕做主進行的（見：創世記二十四：1-9）。他委託一位忠心老僕前往故鄉米所波大米亞（Mesopotamia）為以撒物色對象，為的是他執意不要兒子以撒娶迦南（Canaan）地方的女子為妻。按照當代風俗，亞伯拉罕為此事和他的忠心老僕起誓，並且言明：該地女子

如果不肯跟他回來和以撒成親，此一誓約就和他無關。其時，以撒留在迦南沒有和老僕一同前往，因為這是亞伯拉罕的決定。

(一)老僕受命前往目的地（二十四：10-14）

這段經文指出：亞伯拉罕老僕奉主人命令，選了隨員和十匹駱駝組成娶親的隊伍，同時帶著主人所托的貴重禮物，動身出發前往目的地米所波大米亞。駱駝隊伍跋涉長途，終於來到拿鶴（Nahor）居住的城市，也即亞蘭拿哈連（Aram-naharaim）的一個市鎮。傍晚時，老僕使駱駝隊伍在城外的水井邊休息。城內的眾女子都習慣於那個時間出來水井邊取水。於是老僕向亞伯拉罕的上主祈禱，祈求上主給他今日有個好運，能夠遇見所要物色的對象。老僕的要求就是：向一位所物色的女子求井水喝，以便給人員及駱駝可以飲水止渴。她如果即時答應，期望這位女子就是未來以撒之妻。這就是上主恩待主人亞伯拉罕的記號。上主按照老僕意願，好的際遇果然出現！

(二)上主成全老僕所求（二十四：15-27）

老僕祈禱的話尚未講完，看哪！利百加的肩頭上已扛著陶製水瓶出現（二十四：15）。原來利百加是亞伯拉罕的兄弟拿鶴和其妻密迦（Milcah）所生的兒子：彼土利（Bethuel）的女兒。論族親關係言，她正是以撒堂兄之女，是姪女輩。少女利百加容貌美麗清秀，是個尚未和男人親近過的處女。她來

到井邊打水完畢正要離開，老僕就上前向她討水喝。她答應了，就將水給老僕喝足，並且主動打水給駱駝隊的人員及駱駝喝得飽足。此時老僕定睛看利百加，一句話也不說，要知道上主是否允許其所求（二十四：16-21）。接著，老僕取出一個半舍克勒（shekel，古代近東之重量單位）的女性金鼻環，及將一對十舍克勒的金手鐲爲禮物，經同意而戴在她的雙臂上以爲婚聘之禮。老僕問她的父親是誰。她回答說，她的父親叫彼土利，祖父是拿鶴，祖母是密迦。家裡有住宿的空間，更有充足的牲畜乾草和飼料。老僕於是跪下向上主敬拜，讚美主人亞伯拉罕之上主神奇的引導，能夠順利直接帶領他到主人兄弟的家中（二十四：22-27）。

(三)拉班接待提親老僕（二十四：28-49）

少女利百加回到家裡，將其際遇告知母親及家人，其兄拉班（Laban）聞訊，就出去前往井邊和亞伯拉罕的老僕見面。因爲拉班看見其妹利百加戴著金鼻環和金手鐲，知道這些厚禮一定和婚約有關。拉班又聽了利百加際遇之經過，就走近井邊正式邀請亞伯拉罕的老僕和一行人來到家中，端水給他們洗腳（這是當時游牧民族善待客旅的習俗），爲駱駝預備飼料。接著也爲老僕一行人設宴相待。於是老僕開口向主人要求先將此行來意交代清楚之後再吃飯，拉班也隨意聆聽。下面這段話，是亞伯拉罕老僕的任務告白：

我是亞伯拉罕的僕人。上主大大賜福給我的主人使他非

常富有。上主賜給他牛群、羊群、金銀、奴僕、婢女、駱駝和驢子。我主人的妻子撒拉年老時，爲我主人生了一個兒子，我主人將其一切所有都給他。主人叫我發誓，要我遵照他的吩咐。他説：「你不可在迦南女子中替我找媳婦。你要前往我的故鄉親族那裡，爲我的兒子娶妻。」我就問主人：「如果那個女孩子不肯跟我回來，怎麼辦呢？」他就説：「我所敬拜的上主會差遣使者與你同行，使你完成任務。你會在我的故鄉，我親族家中爲我兒子娶個妻子。只要你到了我親族的家，你就算是履行了誓言。他們若不肯把女孩子交給你，你的誓言就與你無關。」（二十四：34-41）

於是亞伯拉罕的老僕將他如何遇見利百加，又得到她的協助，以及認識她是彼土利女兒和爲她戴上金鼻環、金手鐲爲聘禮一事，一五一十告知彼土利和拉班。又鄭重表示：如果他們首肯就直接告知，不肯也給予指示，以便進一步去做決定（二十四：42-49）。

(四)老僕完成提親使命（二十四：50-61）

彼土利和拉班聽見亞伯拉罕的老僕所陳述，認爲這件婚事係出自上主的安排，就一口答應，請他們帶走利百加做亞伯拉罕的媳婦。老僕一聽，就俯伏在地上向上主感恩，並取出衣服、金銀、首飾給利百加，也贈送貴重禮物給她的哥哥和母親。之後，老僕及隨從團隊才開始吃喝，並且住了一

夜。次日清早起來，老僕即向彼土利和拉班告辭，準備回程。其時，利百加的哥哥和母親要求他們和準新娘多住幾天，以至十天也好，而後才動身回程。可是亞伯拉罕的老僕堅持：既然上主安排一切順利，請別耽誤這件美事，容許他速速回到主人那裡完成提親使命（二十四：55-56）。於是女方家人召來利百加，問她的意見如何？她肯定回應：「我願意。」（二十四：58）女方家人就讓準新娘利百加和她的奶媽跟著亞伯拉罕的老僕和同來的一行人動身回程。拉班代表女家祝福利百加說：

> 我們的妹妹啊！願你成為千萬人的母親！願你的後代征
> 服敵人的城邑！（二十四：60）

稍後利百加和奶媽以及陪伴她的女婢準備就緒，就騎上駱駝，跟著亞伯拉罕的老僕動身，跋涉長途回到迦南地和以撒成親（二十四：61）。

(五)以撒迎娶姪女利百加（二十四：62-67）

近東世界在以撒提親的時代，均習慣於近親通婚。就輩份而言，利百加之父彼土利是以撒的堂兄。據此而論，利百加即以撒的姪女。所以說，堂叔娶姪女在那個時代可說是司空見慣。這段經文言及：老僕娶親隊伍跋涉長途之後，已經平安回到迦南地。

那時，以撒住在迦南的南方（Negeb），剛從庇耳拉海萊

（Beer-lahai-roi，意即：「永生上主眷顧我的井」，夏甲所命名，載於：創世記十六：1-16）回來。傍晚時分以撒出去田間默想，就看到遠方娶親的駱駝隊伍走近。稍後利百加看到準新郎以撒就急忙下了駱駝，問老僕那個迎接他們的人是誰？老僕即時回答：「是我的主人。」（二十四：62-65）利百加隨即依習俗用面紗遮住自己的臉，表示所面對的是即將成為夫君的以撒。於是老僕將提親經過一五一十向以撒敘述，以撒滿心喜悅。經過一番慶祝之後，以撒依游牧民族之風俗娶利百加為妻室，帶著利百加進入母親撒拉的帳棚，並且深愛著利百加。自從母親撒拉去世之後，以撒因為娶了利百加為妻才得到安慰（見：二十四：67）。當亞伯拉罕知道其子以撒完婚的好消息，也心滿意足，嘉許老僕完成任務。亞伯拉罕一生壽數是175歲（死亡對當時的人而言是：「回歸列祖那裡」），其子以撒和以實瑪利將他葬在幔利東方（East of Mamre）赫人（Hittite）瑣轄（Zohar）之子以弗崙（Ephron）園中的「麥比拉洞」（the cave of Machpelah），和妻子撒拉同穴。因為當時均採「洞葬」之風俗（見：二十五：7-10）。

二、以撒的家庭

就《創世記》的「族長史」（12章至50章）來看，以撒是以色列民族三位最重要的族長之一。他雖然不是首位族長亞伯拉罕的唯一兒子，卻是上主特意應許的唯一合法後嗣。在亞伯拉罕時代，一夫多妻是游牧民族的習慣。因為搶奪

沙漠綠洲及水井的戰鬥頻頻，男丁的損失很多，因而養成此一風俗習慣。根據《創世記》記載：亞伯拉罕除了娶埃及人夏甲生了兒子以實瑪利之外（見：十六：1-15），又娶妾基土拉。她為亞伯拉罕生下心蘭、約珊、米但、米甸、伊施巴和書亞。其中約珊生示巴（Sheba）及底但（Dedan）。而底但的子孫有：亞書利族（Asshurim）、利都是族（Letushim）和利烏米族（Leummin）三族。米甸的兒子有五個，就是：以發（Ephah）、以弗（Epher）、哈諾（Hanoch）、亞比大（Abida）及以勒大（Eldaah）。亞伯拉罕趁他活著的時候，將部份財產分給他們，並且打發他們離開以撒的地區前往東方居住，卻將全部財產都留給以撒（見：二十五：1-6）。由此可見，亞伯拉罕的子孫眾多，以撒只是上主所應許的合法子嗣，也是撒拉的獨子（老年所生的「應許之子」）。

(一)應許之子以撒

《創世記》（十八：1-15）描述上主應許亞伯拉罕和撒拉生以撒的故事相當戲劇性。當天熱時，亞伯拉罕在帳棚門口，也即幔利（Mamre）的橡樹那裡涼快，看見三位神人在他面前出現，就俯伏在地迎接他們。並且以禮相待，請他們洗腳、在樹下休息。亞伯拉罕特地吩咐其妻撒拉取三細亞（量麵粉單位）細麵粉製餅，又在牛群中選一頭又嫩又好的牛犢宰殺，配以牛奶和乳酪為佳餚待客，使三位貴客萬分感動，興高采烈的享受一番（十八：1-8）。

1. 預告撒拉生子（十八：9-15）

三位神人被亞伯拉罕盛情款待之後，就詢問其妻撒拉在何處？他說：「看哪，她在帳棚裡。」（十八：9）其中一位神人隨即預告亞伯拉罕的妻子撒拉將於明年生一個兒子。撒拉在那位神人後面的帳棚門口聽到了，心裡不禁竊笑。因為亞伯拉罕年紀老邁，撒拉月經已停，哪有可能生育？神人堅稱上主沒有難成的事，明年他回到這裡的時候，一定兌現。撒拉因為害怕而辯稱她沒有偷笑，神人的回應是：「你的確笑了。」（十八：15）

2. 以撒誕生（二十一：1-7）

上主的應許終於應驗！《創世記》（二十一：1-7）指出：上主眷顧亞伯拉罕的元配撒拉，使她年老生子，並起名叫「以撒」（Isaac）。這個名字具有特別的意義。誠如撒拉的告白：「上主使我歡笑，凡聽見的人必與我一同歡笑！」（見：二十一：6）所以「以撒」這個名字就是「歡笑之子」（阿笑）的意思。亞伯拉罕生以撒之日，他剛好一百歲。按照立約的吩咐，亞伯拉罕於以撒誕生的第八天，為他施行「割禮」（割去男童生殖器的包皮）為記號，正式成為「立約及應許之子」，也就是唯一繼承產業的後嗣。可是在多妻主義盛行的游牧民族社會，子嗣名份之爭也將成為常見的家庭悲劇。

3. 以實瑪利被逐（二十一：8-21）

《創世記》（十六：15-16）言及：埃及女子夏甲爲亞伯蘭（Abram，後起名「亞伯拉罕」）生了一子，並且給他起名「以實瑪利」。其時亞伯蘭年八十六歲，也即以撒這位正式後嗣出生的十四年前。原來撒萊（Sarai，後改名「撒拉」）不能生育，她才自作聰明，將其埃及人女婢夏甲許給亞伯蘭爲妾，夏甲從此懷孕（十六：1-4）。夏甲懷孕之後，元配撒萊自感被她輕視，就加以虐待，夏甲因此逃走（十六：5-6）。稍後夏甲在書珥（Shur）曠野路上的水泉邊遇見上主使者，就鼓勵她回到女主人撒萊那裡。同時表明上主知道其苦情，她將生個兒子，要給他取名「以實瑪利」。並且她的後裔也將極其繁多，只是性格如同野驢一樣，常與兄弟作對（十六：7-13）。爲此夏甲稱這一井泉之處爲「庇耳拉海萊」，它位於「加低斯」（Kadesh）及「巴列」（Bered）的中間地帶（十六：13-14）。夏甲果然回到女主人撒萊那裡，並且順利爲亞伯蘭生下兒子以實瑪利（十六：15-16）。

十四年後，亞伯拉罕的家庭風波出現了！當撒拉眼見夏甲之子以實瑪利（十四歲）和其子以撒（剛斷奶）一起玩耍，斷然心生嫉妒，向亞伯拉罕提出放逐女奴夏甲及其子以實瑪利之建議。亞伯拉罕因爲此事心裡十分憂愁，但得到上主指示：

你不必爲這孩子（以實瑪利）和你的使女（夏甲）憂愁，撒

拉對你說的話都要聽從。因為從以撒生的，才要稱為你的後裔。至於撒拉使女的兒子以實瑪利，我也必使他成為一國，因為他是你的後裔。（二十一：12-13）

亞伯拉罕清早起來就備妥餅及一皮袋水，送走夏甲及以實瑪利，他們就在別是巴（Beer-sheba）的曠野流浪。當餅與水用完之後，夏甲面對孩子放聲大哭。於是上主使者出現安慰夏甲，協助她找到食物和水井。上主與他們同在，使他們勇敢生活下去（二十一：14-19）。以實瑪利長大之後，成為弓箭手而善於打臘，他住在巴蘭（Paran）的曠野。其母夏甲也從埃及地為他物色一位埃及女子做媳婦（二十一：20-21），以實瑪利從此成為阿拉伯人的祖先。

(二)順服之子以撒

以撒可以說是亞伯拉罕家族中唯一的合法後嗣，又是亞伯拉罕和撒拉夫妻年老所生下的愛子。所以他受寵愛的程度是可以想像的。《創世記》（二十二：1-19）記述一則知名的亞伯拉罕獻其子以撒的故事。故事所凸顯者，不僅是亞伯拉罕的信心，同時表明以撒是順服之子。故事內容言及：上主為了考驗亞伯拉罕的信心，因此要求他獻上其所愛的獨子（合法後嗣）以撒。亞伯拉罕一定心中有所掙扎，最後還是按照上主指示，決定獻其愛子為祭牲。他就帶著以撒及兩位僕人，騎著驢子前往摩利亞（Moriah）山上準備獻祭的事。其妻撒拉及以撒兩人，均不知獻祭的內容為何。到了第三天，他們抵

達目的地，將僕人及驢子留在摩利亞地。亞伯拉罕叫以撒背著獻祭用的木柴，自己拿著刀與火種上山。其時以撒問父親：「獻祭的羊羔在那裡？」亞伯拉罕回答：「上主會親自預備。」（二十二：7-8）這樣的情景，若不是一位信心堅定的父親，是絕對辦不到的。由此可見，亞伯拉罕被譽為「信心之父」不是空談。

後來以撒終於明白自己就是「祭品」。當他被綁在柴堆祭壇上時，並沒有掙扎，這點正表示以撒是一位順服之子。經文指出，當亞伯拉罕用刀殺他的兒子以撒瞬間，上主使者即刻出面阻擋：

> 你不可在這孩子身上下手！一點也不可傷害他。現在我（天使）知道你是敬畏上主的人，因為你沒有將你的兒子，就是你的獨子留下不給我（上主）。（創世記二十二：12）

那時亞伯拉罕看見一隻兩支角纏在灌木叢中的公綿羊，就用那隻公綿羊獻做燔祭來取代其子以撒。亞伯拉罕因此為該地取名「耶和華以勒」（Jehovah-Jireh），意即「在上主的山上有預備」（二十二：14）。為了亞伯拉罕的信仰表現，上主也再次祝福他。稍後他又回到別是巴居住（見：二十二：15-19）。

(三)為人之父的以撒

根據《創世記》（二十五：19-26）記載，以撒於四十歲時娶到利百加為妻。婚姻生活美滿，只是其妻久婚不育。於是以撒向上主求討子嗣，上主允許其所求，其妻利百加就懷孕。因為是雙胞胎，胎兒在腹中又彼此相爭，她就求問上主。上主對她說：

> 兩國在你腹中，兩族要在你身上分立。這族必強於那族，將來大的要服侍小的。（二十五：22）

利百加生產之時，先出生的雙胞胎之一身體帶紅又渾身是毛如同皮衣。以撒就將他起名「以掃」（Esau），有「紅毛孩兒」之意。隨後出生的另一個雙胞胎，其手緊抓住以掃的腳跟，就為他起名「雅各」（Jacob），即「抓腳跟」的意思。那時以撒剛好六十歲，也就是他婚後二十年才得到子嗣。

1. 以撒夫妻各偏愛雙胞胎兒子

《創世記》（二十五：27-28）這段經文，記述著以掃和雅各這對雙胞胎兒子，父母各有偏愛。同時也凸顯家庭教育因父母對兒子的偏愛所引發的問題，而且影響深遠，頗值得基督徒家庭為人父母者有所警惕！原來以掃性格豪放善於打獵，因外向而常在田野間走動。喜愛吃野味的父親以撒，因此偏愛以掃這個長子。雅各的性格恰好和其兄以掃相反：為

人安靜不好動，常躲在帳棚裡幫忙母親的家事，而且心懷不軌，時常動著歪腦筋，母親利百加卻又十分偏愛雅各。如此這般的父母，終於使這對雙胞胎兄弟無法坦誠相待，也變相鼓勵狡猾的雅各這個次子動起佔有以掃的長子名份之歪念頭。所以兒子的脫序行止，父母有責。

2. 以掃之長子名份被雅各佔有

《創世記》（二十五：29-34）所記述的故事，充分指出雅各這位內向又狡猾的雙胞胎弟弟，如何用計奪取兄長以掃的「長子名份」。故事言及：有一天雅各在帳棚裡煮紅豆湯，以掃從田野回來又累又餓，目睹其弟雅各正在煮紅豆湯，即開口要湯吃。而且紅豆湯正是以掃的最愛，因此他的綽號就叫做「以東」（Edom）。狡猾的雅各於是開口談條件：「你今日將長子的名份賣給我吧！」（二十五：31）性格豪放的以掃因不重視自己的長子名份，就一口答應。雅各要以掃為此起誓（這是希伯來人的傳統習慣）。以掃就為此起誓，將其長子名份出賣給雅各，代價只有一碗紅豆湯。於是雅各將餅與紅豆湯給以掃。以掃吃喝完畢起來就走了，此即以掃輕看其長子名份的結果！到底父親以撒及母親利百加對於此事有何看法的問題，經文並無交代。明顯地，這是父母各偏愛兩個雙胞胎兒子的後果。又據《創世記》（二十六：34-35）所示，以掃先於雅各成親。他於四十歲時娶了赫人（Hittites）比利（Beeri）女兒猶滴（Jeedith）及以倫（Elon）的女兒巴實抹（Basemath）為妻，因一夫多妻為游牧民族之習慣。可是這兩個媳婦的性格使以撒

與利百加「心裡發煩」（二十六：35），相當困擾。為此，以撒和利百加堅決反對雅各娶當地女子為妻（二十七：46）。

3. 雅各騙取其父的祝福

《創世記》（二十七：1-46）是雅各和其母利百加共謀，騙取以撒祝福次子雅各的故事。這就是利百加偏愛雅各的證明，也因此種下以掃痛恨雅各想要殺他之動機，從而迫使雅各逃亡到東方遙遠的母舅家投靠。話說父親以撒年邁，眼睛昏花，幾乎看不見（可能患了嚴重的白內障失明）。就叫長子以掃前來，吩咐他到田野打獵，使他吃了野味之後，為長子以掃做「正式的祝福」（這是族長時代長者應做之習慣）。不幸的是，這段吩咐的話被溺愛雅各的母親利百加偷偷聽見。她就和次子雅各共謀，在羊群中宰殺兩隻肥美的小山羊當做以掃的獵物煮給老父以撒享用。因為雅各身上沒有像以掃一樣長毛，利百加就用山羊皮包住雅各的身體。又偷取以掃的美衣袍給雅各穿上，帶著餅和偽裝的野味，前往父親以撒那裡騙取祝福。當偽裝以掃的雅各端上假野味給他父親時，以撒有些疑惑。理由是：以掃不太可能這麼順利打獵回來，又很快端上野味給他。但這個疑問，竟然被雅各騙過去。為進一步證明他是不是以掃本人，以撒伸手摸假以掃（其實是雅各）的身體。以撒先是覺得很像以掃，可是尚有個疑問：

> 聲音是雅各的聲音，手腳是以掃的手腳。（二十七：22）

可是這位糊塗父親以撒，竟然被山羊肉的香味所吸引。以撒吃了之後，就為偽裝以掃的「狡猾雅各」祝福。以撒聞到雅各衣服上面的香氣（其實衣服也是偷自其兄以掃的），就做了如下的正式祝福：

看哪！我兒的香氣好像耶和華（上主）賜福之田地的芬香氣味。願上主賜下天上的甘露潤澤地上的肥土，出產豐富的五穀及新酒。願萬民事奉你，萬族向你下拜。願你做你的兄弟之主，你母親的兒子也向你下拜。咒詛你的願他也受咒詛，祝福你的願他也要蒙受祝福。（二十七：27-29）

稍後以掃打獵回來，也做了野味端到其父親以撒面前請他享用。其時，以撒才驚覺被雅各所騙而十分後悔。長者正式的祝福是難以改變的事實，以掃就「大聲痛哭」（二十七：33-35）。怪不得以掃心中非常痛恨雅各，就說出下列心聲：

他名叫雅各（與欺騙的希伯來語發音相同），豈不是這樣嗎？他欺騙了我兩次：先前奪去我長子的名份，看哪！他現在又奪了我的福份。（二十七：36）

於是以掃強求其父以撒非要祝福他不可，並且放聲哭了。其父以撒只得做出回應：

看哪！你所居住的地方必缺乏肥沃的土地，缺乏天上的

甘露。你必須倚靠刀劍度日，又必服侍你的兄弟。直到你強盛的時候，必從你的頸項掙開他的軛。（二十七：39-40）

從此以後，以掃對雅各種下深仇大恨。尤其是以掃有謀殺雅各之計謀，終於迫使其母利百加教雅各逃往哈蘭（Haran），投奔母舅拉班（Laban）那裡避難。又吩咐雅各要等到以掃怒氣消了之後才回迦南老家，以免在一天之內喪失兩個兒子（二十七：41-45）。而以撒夫婦兩人因為以掃娶了赫人女子為妻也活得很不快樂（二十七：46），因此以撒於雅各前往巴旦亞蘭（Paddan-aram）時，特別吩咐他要娶舅父拉班的女兒為妻（二十八：1-2）。後來以掃於兩個赫人妻子以外，又娶以實瑪利的女兒瑪哈拉（Mahalath）為妻。她即尼拜約（Nebaioth）的妹妹，也是以掃的堂妹（二十八：8-9）。

三、結語

探討以撒的家庭故事，使後世基督徒認識古代近東世界游牧民族的血親通婚風俗，以及以撒的家庭因夫妻兩人對雙胞胎兒子以掃與雅各個別之偏愛，而導致弟弟雅各自私自利，用欺騙手段取得其兄長以掃之長子名份以及父親以撒之祝福，也使以掃這位外向的兄長對其弟的懷恨，險險引發家庭悲劇。其實為人之父以撒的糊塗，以及為人之母利百加對雅各之偏愛，也在現代人的家庭中不斷出現。所以這個家庭

故事值得現代為人父母的基督徒之借鏡。到底這個希伯來族長的家庭故事，使後代的基督徒父母學到什麼教訓，正是探討這個故事的真正目的。

如果閱讀《創世記》（二十六：1-33），也可以看到以撒因為撒謊，差點使其妻利百加這位美婦被非利士人（Philistines）所佔有。原來以撒因為居住之地發生飢荒而搬到非利士人的地區基拉耳（Gerar），即非利士王亞比米勒（Abimelech）之轄地。一天非利士王亞比米勒看到以撒愛撫其美麗妻子利百加，就召來以撒斥責他撒謊。因為以撒欺騙王，說利百加是他的妹妹。萬一有人要和她上床，就陷非利士人民於罪惡中受到咒詛。於是下令該地人民不得越軌騷擾利百加，否則加以處死（二十六：9-11）。後來因為非利士人嫉妒以撒的昌盛以及水井與牧場之糾紛，非利士王亞比米勒就會同顧問亞戶撒（Ahuzzath）、軍隊元帥非各（Phicol），來到別示巴（Beer-sheba）面見以撒，進行和平談判。以撒設宴款待他們，並且起誓立約（二十六：26-33）。從此以撒住在別示巴區域，和非利士人和平相處。以撒一生活了180年，在其父亞伯拉罕寄居之地希伯崙（Hebron，也即Kiriath-arba）息勞而終。兩個雙胞胎兒子以掃與雅各為他料理後事，葬在幔利（Mamre，即希伯崙）其父母亞伯拉罕和撒拉洞葬之地（三十五：27-28）。雖然《創世記》沒有交代利百加一生活了幾歲，但她死後均和以撒同葬於幔利（希伯崙）。

2013年2月

十三│雅各的新名字

　　他夜間起來，帶著兩個妻子，兩個使女，並十一個兒子，都過了雅博渡口，先打發他們過河，又打發所有的都過去，只剩下雅各一人。有一個人來和他摔跤，直到黎明。那人見自己勝不過他，就將他的大腿窩摸了一把，雅各的大腿窩正在摔跤的時候就扭了。那人說：「天黎明了，容我去吧！」雅各說：「你不給我祝福，我就不容你去。」那人說：「你名叫甚麼？」他說：「我名叫雅各。」那人說：「你的名不要再叫雅各，要叫以色列；因為你與上主與人較力，都得了勝。」雅各問他說：「請將你的名告訴我。」那人說：「何必問我的名？」於是在那裏給雅各祝福。雅各便給那地方起名叫毘努伊勒（就是上主之面的意思），意思說：「我面對面見了上主，我的性命仍得保全。」日頭剛出來的時候，雅各經過毘努伊勒，他的大腿就瘸了。故此，以色列人不吃大腿窩的筋，直到今日，因為那人摸了雅各大腿窩的筋。

(創世記三十二：22-32)

　　雅各從巴旦・亞蘭回來，上主又向他顯現，賜福與他，且對他說：「你的名原是雅各，從今以後不要再叫雅各，要叫以色列。」這樣，他就改名叫以色列。

(創世記三十五：9-10)

次世界大戰終戰的三年後，世界上出現一個新的國家，那就是於1948年在巴勒斯坦（Palestine）建立的「以色列國」（Israel）。原來「以色列」這個名字，是上主使者給予族長雅各（Jacob，英語世界稱做James）的新名字。根據《創世記》（三十二：22-32，三十五：9-10）記載，雅各獲得「以色列」這一新名字時，正值他要和離別多年的長兄以掃（Esau）相會前夕。故事言及：雅各帶著全家（二妻二妾及十一個兒子）離開米所波大米亞（Mesopotamia）的哈蘭（Haran），即他投奔母舅拉班（Laban）之處，要和曾經計謀追殺他的哥哥以掃相會。在旅程路上，上主使者會見雅各。雅各心喜，相信這是上主要來保護他的軍隊，就稱那地方為「瑪哈念」（Mahanaim），希伯來語為「兩支軍隊」之意（見：創世記三十二：1-2）。為了安全顧慮，雅各先派遣使者前往以東（Edom）地區會見其兄以掃，說明久別回鄉意願，並獻上禮物（創世記三十二：3-5）。使者回來向雅各報告：以掃將帶領四百人前來和他相會。雅各聞訊驚慌焦慮，將隨行的家眷及駱駝、牛、羊都分成兩隊，一前一後，方便於被攻擊時逃脫。雅各也向上主祈禱，期望上主保護全家及家產的安全（創世記三十二：6-12）。足智多謀的雅各，想用大批禮物贏得其兄以掃歡心，藉以化解仇恨。即公山羊與公綿羊各二十隻，母山羊與母綿羊各兩百隻。哺乳的母駱駝三十頭，各帶著小駝。公牛十頭，母牛十頭。公驢十匹，母驢二十匹。雅各期望這些豐富的見面禮，能夠贏得以掃的寬恕。於是打發押送禮物的僕人先走，自己留在營中過夜（創世記三十二：13-21）。

一、雅各的新名字

　　《創世記》（三十二：22-32）記載：雅各要和其兄以掃久別會面當晚，帶著他的兩妻兩妾和十一個兒子渡過雅博河（Jabbok）。他的產業也一起運送過河，自己一個人留在後面。用意非常明顯：萬一其兄以掃趁機追殺他時，可以安全逃命。當晚有一個人在夢中出現來跟雅各摔角，兩人一直搏鬥到將近黎明。那個人看到自己無法勝過雅各，他就打了雅各的大腿窩一下，雅各的大腿因此脫了臼（突輪）。那人就對雅各說：「天快亮了，放我走吧！」雅各回應：「你不祝福我，我就不放你走！」（三十二：26）於是那人又問：「你叫什麼名字？」他回答：「雅各。」於是那人又開口說話了，並且給雅各一個新的名字（三十二：28）：

　　從此以後，你不再叫雅各。因為你跟上主和人搏鬥，你都贏了！因此你的名字要改稱以色列（Israel）。

　　其時雅各也反問那人：「請告訴我，你叫什麼名字？」那人回答：「何必問我的名字？」之後，就給雅各祝福才離開（三十二：29）。雅各那時自我告白：「我面對面看見上主，卻仍然活著！」就叫那個地方做毘努伊勒（Penuel），意思是「得見上主的面」（三十二：30）。雅各離開毘努伊勒的時候，太陽出來了。因為雅各的大腿窩曾經被上主使者打了一下，從此大腿脫臼跛著腳走路。這件事也教以色列人從此

以後不吃牛羊的大腿筋，為的是念念不忘其祖先雅各和上主使者角力扭傷了大腿窩的筋。雅各得了新的名字「以色列」之後，即準備和其兄以掃見面。

(一)雅各和其兄以掃相會

《創世記》（三十三：1-17）詳細記載雅各與其兄以掃相會之經過。狡猾又疑心很重的雅各，為了自己的安全起見，曾經將其妻妾兒子分成三組。就是：兩個妾悉帕（Zilpah）與辟拉（Bilhah）所生的兒子但（Dan）、拿弗他利（Naphtali）、迦得（Gad）、亞設（Asher）為一組，走在最前面。利亞（Leah）這位大妻的六個兒子：流便（Reuben）、西緬（Simeon）、利未（Levi）、猶大（Judah）、以薩迦（Issachar）、西布倫（Zebulun）為第二組，走在隊伍中間。雅各的愛妻拉結（Rachel）所生的兒子約瑟（Joseph）為第三組（其時便雅憫（Benjamin），拉結名他「便俄尼」（Benoni）尚未出生，見三十五：16-18），走在最後。不過雅各則走在他們的前頭，以便親自迎接帶領四百個隨從的兄長以掃。當雅各走近其兄以掃面前時，一連七次俯伏於地上懇求其兄寬恕其前嫌。性情中人的以掃見到雅各前來，就跑來迎接他，擁抱他又親吻他。兄弟兩人都哭了起來，這是親情及不計前嫌的一種自然流露！

1. 以掃面會雅各的家眷（三十三：5-11）

兄弟兩人相會時，以掃看見四周有一群婦孺。他開口問雅各：同行的這群婦孺是誰？雅各回答是上主所賞賜的妻

兒。於是兩妻兩妾分別帶著兒子上前向以掃下拜，表達下輩初次見面時對上輩之敬意。以掃顯然心領，也十分高興。接著問及他先前遇見的那一群牧人及牲畜是做什麼用意？雅各的回答是：與兄以掃久別重逢的見面禮！以掃第一個回應是：「弟弟，我什麼都有了，留下你的東西吧！」（三十三：9）不過雅各堅持：「不，如果你喜歡我，請收下我的禮物。你現在這樣恩待我，我一看見你的面，就好像看見上主的面。請你收下我帶來的禮物。」（見：三十三：10）又說：「上主一向以仁慈待我，賜給我一切所需要的。」（三十三：11）雅各非常誠懇，再三請求以掃收下他的禮物，其時以掃才收下。兩個兄弟久別重逢總是「見面三分情」（台灣俗語），前嫌盡棄、舊恨不再，這是人之常情。

2. 雅各與以掃各自上路 （三十三：12-17）

狡猾成性的雅各，總是不改其猜忌性格。雅各與以掃和平重逢，還是要分開的。於是以掃開口：「我們動身走吧！我走在你前頭。」（三十三：12）因為他們的目的地各不相同，雅各又有戒心，於是找理由回應以掃：「你知道我的孩子還小，而且又要關照那些吃奶的小牛、小羊。如果我們再趕一天的路程，恐怕牛羊都會累死。」（三十三：13）於是雅各請以掃拔營先走，自己在後頭陪著孩子們和牛群羊群慢慢跟隨，能走多快就走多快。並且和以掃相約在以東地（即以掃的領地）相會。其時以掃有意留下一些隨從護送雅各一行人，雅各卻婉轉地加以拒絕（三十三：14-15）。於是以掃當天

即動身回去以東地的西珥（Seir）。後來雅各卻沒有和以掃在以東地的西珥會合，而是前往約旦河東邊的疏割（Succoth），在那裡為自己建造房屋，搭牲畜的布棚。因此那個疏割地名的意思就是：「牲畜的住棚」（三十三：17）。

3. 雅各抵達迦南的示劍（三十三：18-20）

雅各和其兄以掃相會而有和解的結局之後，在疏割的停留是暫時的。因為他真正的目的地是迦南（Canaan）。這段經文就指出：雅各從他母舅（也是岳父）拉班的居住之地米所波大米亞（今日的Iraq）的哈蘭，跋涉長途一路回到迦南地區的示劍（Shechem），並且紮營於示劍城郊外（三十三：18）。示劍為以法蓮（Ephraim）山中的一個村落（約書亞記二十：7）。雅各為要在示劍居住，就向示劍之父哈末（Hamor）後代以一百塊銀子買下那個地皮。除了在此紮營居住外，也建造一座敬拜上主的祭壇，並取名「伊利伊羅伊以色列」（El-Elohe-Israel），意思是：「祂是以色列的上主」。

可是不幸的事情發生了！雅各和利亞所生的女兒底拿（Dinah），被希末族（Hivite）族長哈末（Hamor）的兒子示劍（Shechem）姦污。雖然示劍正式向底拿求婚，雅各礙於異族通婚不妥而婉拒。此事卻引起底拿之兩兄西緬與利未的大開殺戒，將示劍城內的男丁全部屠殺（利用他們遵行雅各要求城內男丁守割禮割包皮疼痛時下手）。甚至搶劫全城財物，擄走婦女和兒童（見：創世記三十四：1-29）。從此雅各族群和迦南人（Cananites）及比利洗人（Perizzites）為敵，不得不離開示劍他遷。

(二)雅各改名以色列

雅各家族引發大屠殺事件之後，爲逃避異族報復，不得不離開示劍山城。《創世記》（三十五：1-14）記載：雅各移居伯特利（Bethel）之後，按照上主的吩咐，在那裡建造祭壇做爲敬拜上主的宗教中心。其時，雅各決定除掉從巴旦亞蘭（Paddan-aram，即Mesopotamia）帶來的外族神像。雅各除去外族的異教偶像前往伯特利建造祭壇的理由，他也有所交代：

> 我遭遇困難的時候，上主幫助了我。我到處流浪的時候，上主與我同在。（創世記三十五：3）

於是雅各家眷與僕人將異教神像及婦女所戴的異族耳環交出，雅各將這些東西埋在示劍附近的橡樹下。

1. 異族不敢追擊雅各（三十五：5-8）

經文言及：雅各和他的眾子動身離開示劍時，上主使周圍城鎮的民族非常驚慌，不敢追擊他們。可見當時雅各也有相當的人丁與武力爲後盾。稍後雅各全家抵達迦南地的路斯（Luz），也就是伯特利目的地。雅各逃亡巴旦亞蘭時，在此地做了一個上主使者上下「天梯」的夢，就名那個地方爲「伯特利」，意思是「上主的家」，也即通往天上的門戶（見：創世記二十八：10-22）。既然雅各舊地重逢，自然在此一「上主的家」建造祭壇敬拜上主，又稱其爲「伊勒伯特利」

（El-Bethel），表示上主曾經在伯特利向他顯現。雅各母親利百加（Rebekah）之奶媽底波拉（Deborah）死了，就埋葬在伯特利南方的橡樹下，而那棵橡樹因此叫做「亞倫巴古」（Allon-bacuth），意思是：「哭泣的橡樹」。

2. 「以色列」成為雅各的名字（三十五：9-14）

前已言及：雅各和久別的大哥以掃會面前夕，在毘努伊勒做了和上主角力的大夢，因而得了此一「以色列」的新名字（見：創世記三十二：22-32）。而在這段經文（三十五：9-14）中又指出，上主再度啟示雅各：

> 「你的名字叫雅各，但今後要叫做以色列。」於是上主給他改名為以色列。（三十五：10）

上主又對雅各說：

> 「我是全能的上主。我要賜給你許許多多的子孫。許多國家要從你的子孫興起，你要做好些君王的祖宗。我要將賜給亞伯拉罕和以撒的土地，賞賜給你和你的後代。」說完這些話之後，上主就離開了他。（三十五：11-13）

從此以後，「以色列」就成為雅各的新名字，藉以表示亞伯拉罕與以撒的上主（也是立約之神）永遠和他的子孫

同在。雅各的12子（十二支派）也因此被稱爲「以色列人」
（Israelites）。

二、以色列名字之象徵

　　希伯來人（Hebrew）非常重視兒女之命名及其名字的意
義。就如：亞伯拉罕（Abraham）這個名字，意思是「眾人
之父」。以撒（Isaac）名字，意即「上主使我喜笑」。雅各
（Jacob）名字的意思是「抓住腳後跟」。而雅各的新名字以
色列（Israel），就是「和上主角力」的意思。此外，雅各的
十二個兒子（或以色列族十二支派）的名字，也都有特別的意思
在內（根據創世記三十五：23-26之排列）：

　　1.流便（Reuben），意即「上主看見我的苦情」。

　　2.西緬（Simeon），意即「上主聽見了」。

　　3.利未（Levi），意即「我的丈夫必和我結合」。

　　4.猶大（Judah），意即「我要讚美上主」。

　　5.以薩迦（Issachar），意即「上主使我有價值」。

　　6.西布倫（Zebulun），意即「我的丈夫必厚賞我」。

　　7.約瑟（Joseph），意即「上主加添我一個兒子」。

　　8.便雅憫（Benjamin），意即「福氣之子」。

　　9.但（Dan），意即「上主爲我伸冤」。

　　10.拿弗他利（Naphtali），意即「我要競爭」。

　　11.迦得（Gad），意即「很幸運」。

　　12.亞設（Asher），意即「我是有福的」。

由此可見，人名之於希伯來人（亞伯拉罕的後代）的重要性。就「基督教」信仰立場言，此一「以色列」名字的確有值得探討之象徵意義。因為它象徵雅各一生之奮鬥經過，象徵以色列民族建國之過程，同時也象徵基督徒（新以色列人）的信仰生活經驗。

(一)象徵雅各一生之奮鬥

十二支派族長雅各的「以色列」（和上主角力）這個新名字，正象徵他一生的奮鬥經過。雅各是以撒和利百加結褵二十年後（以撒六十歲時）所生的雙胞胎之一。經文記載（見：創世記二十五：19-26）：雙胞胎未出生前，就在其母的腹中相爭。首先出母胎，身上如同穿了毛皮衣的嬰孩以掃（Esau），竟然被第二個出母胎的嬰兒雅各（Jacob）緊緊抓住他的腳後跟（Jacob的名字就是「抓住腳後跟」的意思）。由此可見，這個超級嬰兒雅各在母親胎裡已經有「以色列」（與神又與人角力車拚）之性格，畢竟雅各的一生都是如此。

1. 用一碗紅豆湯奪取長子名份（二十五：27-34）

以掃與雅各可以說是異卵雙胞胎兄弟，因此不但體型不同，連性格也不同。以掃長大後好動，尤其喜愛戶外活動，從而成為熟練的獵人。雅各長大後好靜，因常待在家裡而腦筋發達，養成事事和父兄計較的狡猾個性，是典型的「以色列性格」。問題是，為人之父的以撒偏愛長子以掃，因為他愛吃以掃打獵帶回來的野味。母親利百加偏愛雅各，因為他

時常幫忙母親下廚，所以會煮紅豆湯。一天以掃打獵回來肚子很餓，要求正在煮紅豆湯的雅各給他一碗吃。雅各竟然抓住機會，要求以掃用長子名份交換。以掃一時肚子餓急就欣然答應，因為以掃不重視長子名份。於是以掃發誓將長子權利讓給雅各，狡猾的雅各才將紅豆湯和麵包給以掃吃。這件事凸顯雅各與其兄以掃計較名份之貪權性格，因而才會與以掃角力長子名份，所以是名符其實的「以色列！」

2. 騙得父親以撒的祝福（二十七：1-29）

以撒和利百加因各偏愛以掃與雅各兩個雙生子，因此使家庭很不和諧，也凸顯他們是一對糊塗夫妻。年老的以撒喜愛吃獵物野味，要求長子以掃去打獵，以便在他死前為以掃祝福。利百加聽見以撒的話，立即和雅各共謀，並且叫雅各在羊群中找兩隻小山羊製造「山寨版的假野味」，要搶先一步端給以撒吃，以便得到父親的祝福。雅各卻擔心自己身上不長毛，被以撒一摸會招來咒詛。其母利百加則要雅各按計劃去做。之後，將以掃留在家中最好的衣服拿出來給雅各穿上，用山羊毛包裹他的雙手和脖子光滑的地方。雅各就將煮好的肉和烤好的麵包，端去給父親以撒享用，以便騙取他的祝福。雅各果然按照其母的計謀做了（其實雅各的狡猾性格遺傳自母親）。可能是白內障引發眼瞎的以撒，驚覺兒子怎麼會那麼快就端給他野味吃，就摸起他的雙手與脖子來。雖然心中懷疑：「聲音是雅各的聲音，雙手卻是以掃的手。」（二十七：22）以撒也再問一次「你真是以掃嗎？」雅各欺騙

父親以撒說「是」（二十七：24）。結果以撒吃了雅各的「假野味」，就祝福他說：

> 我兒身上發出的香氣，正像蒙上主賜福所發出的香氣。願上主從天上賜下甘霖，使你的土地肥沃。願上主賜給你豐豐富富的五穀、美酒。願萬國服事你，願萬民向你下拜。願你統治所有的兄弟，願你母親的兒子都向你跪拜。咒詛你的人要被咒詛，祝福你的人要蒙祝福。
> （二十七：27-29）

以掃打獵回來趕煮野味端到父親以撒面前請他享用，也準備接受祝福。那時以撒才驚覺上當而全身發抖，充分領悟到雅各的奸詐作為（很「以色列」，充分顯露與父兄角力性格）。以掃痛心之外，也要求父親以撒給他祝福。對古代希伯來人而言，長者的祝福是不能更改的。因為他們相信長者的語言是具有「生命力」（vital force），也即巫術性效力的。這點正是傳統的台灣社會婚姻禮俗中，主家一定會請來「福壽雙全」的長者（婦女居多）為新人「說好話」（祝福）之理由所在。以撒因為祝福過雅各，所以也應以掃的要求表達下列的言論（不能說是祝福，見二十七：39-40）：

> 天上的甘霖不降給你，肥沃的土地你沒有份。你要依靠刀劍生活，要服事你的弟弟。但當你反抗他的時候，你將擺脫他的枷鎖。

長子名份被弟弟雅各用一碗紅豆湯剝奪，而父親以撒最後的祝福又被母親利百加和雅各共謀騙取，從此以掃對雅各種下深仇大恨，計謀於父親以撒的喪事過後殺死雅各。此事被其母利百加知道，即時勸雅各趕快投奔拉班（利百加之兄，雅各母舅），逃避以掃之追殺（二十七：41-45）。於是雅各從別是巴（Beer-sheba）動身前往米所波大米亞的哈蘭，途中在夜間做了一個「天梯通天門」的夢，就立石爲記，將原來路斯（Luz）的地名改爲伯特利（Bethel）。

3. 用計奪取岳家的羊群（三十：25-43）

從《創世記》（二十八：1～三十：24）之記述，就知道雅各投奔母舅拉班之後，用前後十四年時間分別娶得姪女利亞（Leah）與拉結（Rachel）。兩妻各有悉帕（Zilpah）與辟拉（Bilhah）爲女婢，她們又成爲雅各的兩妾。四位女人爲雅各生了十一個兒子，其時拉結尙未生下便雅憫（Benjamin）。雅各在拉班的家庭住了二十年以上，才有這麼多兒子。拉結生下約瑟（Joseph）之後，雅各就決定返回迦南家鄉。於是和岳父（也是母舅）拉班計較這麼多年來應得的工價，同時要求帶走妻兒。拉班先要瞭解雅各要求的動機，雅各的回應是：不要工錢，只要將羊群分一些給他就可以。拉班接受雅各之建議，就是將黑色綿羊，及有紋、有斑、有點的山羊全數交給雅各爲報酬。純白色的綿羊及無紋、無斑、無點的山羊歸給岳家。結果詭計多端的雅各運用計策使綿羊由白色變成黑色，山羊都有條紋及斑點。因此屬於雅各的羊群一時急速增

加。雅各越來越富有，奴僕、羊群、驢與駱駝隨之勝過岳家，使拉班眾子抱怨雅各明顯用計搶奪岳家的財產。雅各發覺岳父拉班不如從前友善，於是聽命上主指示，決定返回迦南故鄉。此事也得到二妻二妾及十一個兒子的贊同，就趁著拉班到外地剪羊毛之時，偷偷地離開走了（三十一：1-21）。雅各之作為，真正符合他的新名字「以色列」。因為他和岳父角力，又贏得妻妾及財物。稍後拉班率領眾子及族人追尋雅各，七天後在基列（Gilead）山區追上了，並且進行談判。後來拉班和雅各用石堆立約，拉班稱這一立約之石堆做「伊迦爾撒哈杜他」（Jegar-sahadutha），雅各稱它做「迦累得」（Galeed）。拉班和雅各於兩人立約決定分離之後，祈求上主在他們中間監察作證。因此又稱該地為「米斯巴」（Mizpah），而且兩家也以和解收場（三十一：22-55）。

(二)象徵以色列民族建國之過程

「以色列」這一與神與人角力（車拚）都不會輸的名字（也可做「輸輸仔贏」解），也象徵著以色列民族建國之歷史過程。雅各是以色列民族之直接祖先。雖然他們尚有亞伯拉罕及以撒兩位希伯來人列祖，「以色列」的名字則直接來自雅各。所以凡屬於雅各及其十二個兒子的支派，都叫做「以色列人」。可是以色列民族之建國路途非常漫長！先是雅各在迦南地定居時遇上飢荒，出賣弟弟約瑟（Joseph）的十個兄長前往埃及（Egypt）購糧時，遇見他們所出賣的首相弟弟約瑟。約瑟相信兄長惡毒之作為，正是上主拯救迦南地「雅各

家」此一以色列民族之偉大攝理。所以約瑟非但沒有埋怨與報復，反而赦免兄長，接納父親及其弟便雅憫前來埃及地定居，避免因中東地區長期的飢荒而餓死。可是埃及首相約瑟死後經歷改朝換代，以色列民族即淪為埃及人的奴隸，前後達430年之久（又有450年之說）。其間，這個不幸的民族開始與上主角力，因為他們長期當埃及人奴工又敬拜古埃及的多神信仰，信奉壓迫他們的君王法老（Pharaoh）為太陽神的化身（皇帝崇拜），而將列祖之神完全忘了！直到摩西重新介紹列祖的唯一神信仰給以色列民族，才促使他們脫出埃及為奴之地。

1. 摩西領導以色列民族出埃及

以色列民族在埃及做了450年奴隸之後，上主預備一位民族救星來協助他們掙脫埃及為奴之地，獲得真正的自由。這個人就是摩西（Moses）。根據《出埃及記》一章及二章之記述，摩西生於埃及王法老企圖消滅希伯來奴工所生之男嬰的時代。他幸運成為埃及公主的養子，因而進入王宮，接受奴隸所無的王子教育，過了四十年的王子生活。摩西知道自己為奴工之子，身上流著被壓迫者的血統。一日因義憤失手打死欺凌希伯來奴工的埃及工頭，因而不得不逃亡米甸（Midian）一地為牧者。過了四十年之後，當摩西於何烈山（Mount Horeb）牧羊時，看見一個「荊棘被火焚而不燬」的異像。那時列祖之神呼召他，務必勇敢回去埃及，拯救同胞脫出為奴之地。摩西回到埃及就和其兄亞倫（Aaron）會合，擬

訂拯救同胞之策略。他們認爲拯救同胞的第一步，就是「心靈改造」。特別是介紹「唯一神論」（monotheism）的列祖亞伯拉罕、以撒、雅各之神給他們，才足以對抗埃及人用以奴役希伯來同胞的「多神信仰」（polytheism）。對摩西來說，喚醒他們的民族意識無他，就是用列祖信奉的「唯一神論」將他們團結起來。畢竟多神信仰的古埃及宗教是敬奉「法老王是神」的皇帝崇拜，法老王正是奴役以色列民族之主角。列祖「一神信仰」的上主，卻是要拯救他們脫出埃及爲奴之地的歷史主權者。於是摩西成爲「以色列宗教」（猶太教）的創始人，也採取列祖之神的「一神論」進行以色列民族的心靈改造。摩西成功了，結果以「輸輸仔贏」的以色列精神，將烏合之眾的同胞團結起來，掙脫神格化法老王的奴役與壓迫，領導他們脫出埃及爲奴之地。不過「自由」的代價是另一次的折磨與受苦！那就是：在西乃曠野到處流浪，以及缺水缺糧的苦難。以致有以可拉（Korah）、大坍（Dathan）與亞比蘭（Abiram）爲首的一群人公然反抗摩西，煽動同胞重新回到埃及繼續做埃及人的奴隸。理由無他：在埃及做奴隸的生活很安定，有工頭可做，有機會擺攤，也可做線民（抓耙仔），很可能退休以後也有十八趴退休金的利息可領！可是他們的計謀失敗，上主站在被壓迫者這一邊（見：民數記十六：1-35）。結果是摩西的「以色列精神」成功了，以色列民族的獨立自主之路從此開始。摩西去世時120歲，而且耳聰目明（申命記三十四：7）。

2. 約書亞建立士師時代

雖然摩西生前沒有領導以色列民族進入迦南應許之地。但是後繼有人，這個人就是約書亞（Joshua）。約書亞進入迦南地（今日的Palestine）的方法，是採取以寡勝眾的游擊戰術以及滲透戰術（見：《約書亞記》一書），時間也甚長。以色列民族在約書亞領導之下，佔領迦南無數土地，並且分配給十二支派各自治理。之後，約書亞以110歲年紀去世（見：約書亞記二十四：29）。族人將其葬在他自己的土地上，就是以法蓮山區的亭拿西拉（Timnath-serah）。約書亞死後，以色列民族**繼續奮鬥**，使他們的領地得以堅固，足以抵禦外敵。士師（Judges）為領袖的時代，終於開始。所謂「士師」者，就是這個時代（1250-1020, B.C.）以色列十二支派各領地之領袖。他們的角色集宗教與政治權力於一身，是宗教領袖也是軍事領袖。《士師記》的好士師有十三位，而其中較有名者為：女士師底波拉（Deborah）、士師基甸（Gideon），以及英雄難過美人關的參孫（Samson）。就是有這些士師的「以色列精神」（「時贏時輸」及「輸輸仔贏」），以色列民族才能夠邁向建國之路。

3. 撒母耳建立聯合王國

撒母耳（Samuel）可以說是使「士師時代」結束，建立以色列民族「聯合王國時代」（1020-922, B.C.）的最後一位士師，所以堪稱為英明領袖。他的功績記載於《撒母耳記上、

下》兩卷史書。其中內容從他如何促進政教分立，建立聯合王國開始，這兩卷書均有所交代。他膏立以色列民族史上第一位君王掃羅（Saul），藉以對抗非利士人（Philistine）之入侵。他在位16年（1020-1004, B.C.），可惜和撒母耳相處不睦。後來撒母耳另膏立大衛（David）為王，引發掃羅王追殺大衛之事（雖然大衛是掃羅的女婿）。後來掃羅及其三子約拿單（Jonathan）、亞比拿達（Abinadab）及麥基舒亞（Malchishua）被非利士人擊殺陣亡，掃羅也重傷自殺（見：撒母耳記上三十一：1-7），從而結束掃羅王朝代。事後大衛被擁戴為王。他打敗非利士人及四周強敵，締造一個史無前例的以色列王國。大衛做王前後43年（1004-961, B.C.），雖然敬畏上主，卻強佔赫人（Hittites）將軍烏利亞（Uriah）之妻拔示巴（Bathsheba），又謀害烏利亞而被先知拿單（Nathan）舉發，從而留下歷史污點。所幸大衛王有認罪悔改之勇氣，又與上主同行（其懺悔詩為《詩篇》第五十一篇）。這又是一種「以色列精神」之角力。因為大衛王打敗四邊對敵，長期的和平使國庫豐盛。所以他和拔示巴所生的兒子所羅門（Solomon）登基為王之後，即大力興建耶路撒冷（Jerusalem）城牆及聖殿（見：列王紀上五章至九章）。所羅門王因受其父大衛庇蔭，因而富甲天下。奈何生性風流，娶七百個公主，又擁有妃嬪三百，開支浩大，耗盡國庫而向人民課重稅。因此逐漸失去民心，背棄上主（見：列王紀上十一：1-13）。他在位39年（961-922, B.C.），根本沒有什麼武功可言。死後由其子羅波安（Rehoboam）繼位。因他昏庸無能，狂妄自大。因而引發王國分裂，終止了「聯合王國」。

4. 從王國分裂到亡國

由於羅波安王這位昏君不當政策之緣故（他宣稱：「我的小手指比我父親的腰還粗，我父親給你們重擔，我要給你們更重的擔」（列王紀上十二：10-11）），以致「聯合王國」因此分裂爲南北兩個王國。北王國以色列由十個支派族群組成，前後有19位君王。首任君王耶羅波安（Jeroboam）在位22年，建都於撒馬利亞（Samaria）。這個王朝自主前922年延續到主前721年，終於被亞述帝國（Assyrian Empire）所滅。南王國猶大由兩個支派組成，建都於耶路撒冷（Jerusalem）。自昏君羅波安統治開始，歷經19個王（922-586, B.C.）。主前586年終於被巴比倫帝國（Babylonian Empire）所滅。其後，巴比倫帝國於主前538年又被波斯王古列（Cyrus the Great）滅亡。波斯王並且下令被擄在巴比倫的以色列族人回國建立自治區，其時所羅巴伯（Zerubbabel）成爲首任巴勒斯坦自治區的總督。主前四世紀，波斯帝國又被希臘的亞力山大大帝（Alexander the Great）征服，以色列民族被希臘帝國統治，並且開始希臘化。主前167年至主前63年之間，以色列民族曾經有個馬加比（Maccabee）王朝的獨立建國時代。可惜於主前63年以後，因內亂又淪爲羅馬帝國的殖民統治。耶穌（Jesus）就是在羅馬帝國殖民統治之下，於主前四年（4, B.C.）誕生於猶太省的伯利恆（Bethlehem）。由此可見，以色列民族長期與世上強權的角力，於往後的年日似乎永無盡止！

5. 從流亡於世界各地到建立以色列國

　　主後70年，猶太游擊隊因不斷反抗羅馬帝國的壓迫，從而導致羅馬將軍提多（Titus）帶領大軍將耶路撒冷澈底毀滅。以色列民族從此流亡於世界各地，並且各自尋求生存空間。此後，他們回到故鄉能夠做爲精神慰藉的地標者，就是那一面耶路撒冷聖殿廢墟的「哭牆」（Wailing Wall）。在往後的一千多年間，他們開始被各國的政府壓迫，基督徒與伊斯蘭教的穆斯林也不放過他們。以色列民族不斷和命運角力，生活沒有自尊，到處被異族欺負。在許多歐洲社會，他們爲求生存被迫做苦工，也被迫住在「牢城」（Ghetto），即城市中最落後黑暗的地區。然而他們苦得起，相信列祖之神不會放棄他們！由於長久以來歐洲各國始終出現「反閃族主義」（Anti-Semitism）這類迫害猶太人的事件，因而刺激了一位年輕的猶太人記者赫佐爾（Theodor Herzl, 1860-1904，後來被奉為「以色列國父」），毅然寫了《猶太人的國家》（The Jewish State, 1896）一書，從而形成「錫安主義」（Zionism）運動，爲以色列民族的復國而努力。此一運動，贊成者（均流亡於歐洲各國的猶太人）與反對者（均為居住於美國的富有猶太人）都有，眼見此一運動將要成爲一個夢想而已。可是德國納粹主義（Naziism）獨裁者希特勒（Adolf Hitler, 1889-1945）於二次世界大戰期間屠殺600萬以上的猶太人。此事不但引發世人的震驚與同情，也終於使戰後的「聯合國」（United Nations）於1947年11月29日投票同意猶太人在巴勒斯坦建國。1948年5月14日「以色列國」（Israel）

終於出現於中東。然而「以色列精神」之車拚角力正要開始。因爲換成無家可歸的巴勒斯坦人（Palestanians）要和猶太人（Jews）勢不兩立，因而形成今日伊斯蘭教集團的「恐怖主義」（terrorism）不斷對抗同情猶太人的西方世界。可是未來中東的眞正和平，還是需要此一「以色列精神」去繼續奮鬥！

三、結語

雅各的新名字：「以色列」（Israel），到底對於基督徒有何意義？答案是肯定的。因爲基督徒自稱爲「新以色列人」，他們從「基督教」信仰經歷過人性枷鎖「原罪」被釋放的「新出埃及」經驗。爲此，基督徒的信仰生活，也是一種「以色列精神」（與神人角力）的奮鬥人生。畢竟基督徒對於人生之苦樂都要面對，信仰上的懷疑也要解決。甚至失敗與成功，試煉與誘惑，苦難與逆境都必須予以征服！

做爲「新以色列人」的基督徒，雖然不必學習雅各的狡猾劣習，但必須在這個問題多多的社會上惡劣環境中，要有「像蛇一樣有機警與智慧，像鴿子一樣有溫柔與善良」（馬太十：16）。在信仰生活上，也要用「祈禱」與天父上主計較，因爲：「你們祈求就得到，尋找就找到，敲門就會給你們開門！」（馬太七：7）因爲「你們雖然邪惡，還知道拿好東西給你們的兒女。何況你們在天上的父親，豈不更要把好東西賜給向祂祈求的人嗎？」（馬太七：11）當然耶穌要求跟隨

他的人，務要學習天父上主一樣的完全（馬太五：48）。這點正是「新以色列人」和「舊以色列人」之不同處。

2012年8月

十四｜約瑟的命運觀

　　約瑟在左右站著的人面前情不自禁，吩咐一聲說：「人都要離開我出去！」約瑟和弟兄們相認的時候並沒有一人站在他面前。他就放聲大哭。埃及人和法老家中的人都聽見了。約瑟對他的弟兄們說：「我是約瑟。我的父親還在嗎？」他的弟兄不能回答，因為在他面前都驚惶。約瑟又對他弟兄們說：「請你們近前來。」他們就近前來。他說：「我是你們的兄弟約瑟，就是你們所賣到埃及的。現在，不要因為把我賣到這裏自憂自恨。這是上主差我在你們以先來的，為要保全生命。現在這地的饑荒已經二年了，還有五年不能耕種，不能收成。神差我在你們以先來，為要給你們存留餘種在世上，又要大施拯救，保全你們的生命。這樣看來，差我到這裏來的不是你們，乃是神。他又使我如法老的父，作他全家的主，並埃及全地的宰相。

（創世記四十五：1-8）

　　「摩西五經」的第一部經典：《創世記》的「族長史」這部份（12章至50章），單單記載約瑟（Joseph）的故事，就佔去十二章之多（《創世記》共有五十章，而其中的37章、39章至48章、及50章，足12章均為約瑟的故事），足見這位以色列

族長的重要性。約瑟的故事之所以如此具啓發性，在於他的「人生哲學」，尤其是他對於「命運」之見解。當然約瑟的「人生哲學」所凸顯的「命運觀」，絕對不同於台灣社會那種「命運天定宿命論」（為「儒教」、「道教」及「民間信仰」所奉行）以及「命運自造宿命論」（即「佛教」所強調的業感因果之行為宿命）。如果有所定位的話，約瑟的「命運觀」是類屬於「命運自決」之非宿命論。因為約瑟視人生之成敗、苦樂（除了人為因素外）均有上主的攝理。台灣社會人人所信奉的「天定宿命論」及「行為宿命論」，均極端排除苦難又懼怕失敗，一味追求個人的福祉（諸如：富、貴、財、子、壽等現世之「五福」及往生西天極樂的來世樂土）。從而使人人養成一種「獨善主義」及「功利主義」，根本難以培養一個民族的「命運共同體」。可是約瑟的命運觀卻是與一個民族（以色列民族）的命運息息相關分不開的。所以不是個人被宿命（命運天定）或個人自我宿命（命運自造）的命運觀。因其啓示人一個重要眞理：上主為要拯救一個民族，祂將會先使一個好人（義人）受盡各種苦難。就如約瑟先是受兄弟出賣、繼而淪為埃及官員的奴隸、又被主母誣陷下獄受折磨。而後他為法老王（Pharaoh）圓夢十分成功，因此有機會受埃及王（King of Egypt）提拔，擔任管理全國糧倉之首相。因為約瑟已經悟出上主始終攝理的人生哲學，所以不但以赦免來接納出賣他的眾兄長，又拯救以族長雅各（Jacob）為主人的本族本家，使他們移居埃及免受飢荒之災。據此而論，「約瑟的命運觀」頗值得探討。

一、關於經文內容

《創世記》（四十五：1-8）這段經文，係身爲古埃及首相的約瑟向他的眾兄弟表明身份之記述。就內容見之，這是一段相當感人的敘述，有親情之流露、有獨特之人生哲學、有超然之命運觀，更有對上主堅強之信念，其中尤其是指出上主奇妙的攝理這點。

(一)約瑟向兄弟表明身份（四十五：1-3）

埃及首相約瑟向他的眾兄弟表明身份之事件，可以說是「約瑟故事」之最高峰。曾經被眾兄長出賣的約瑟，是性情中人。當他決定向眾兄弟表白自己身份之時，在侍從部屬面前「再也無法抑制自己的情感」（四十五：1）。於是命令部屬離開到外面去，只留下眾兄弟和他自己。那時的情景是：

> 約瑟向他的眾兄弟說：「我就是約瑟！父親還健在嗎？」眾兄弟一聽見這種宣告頓時都被嚇呆了，答不出話來。（四十五：3）

那時約瑟情不自禁號啕大哭，可是大驚失色的眾兄弟卻不知所措。約瑟的哭聲埃及人聽到了，消息即時傳到王宮。其實以前約瑟看到同父同母的兄弟便雅憫（Benjamin）之時，也曾經進入房裡哭了一陣（見：創世記四十三：30）。由此可見，約瑟雖然身居埃及首相要職，卻依舊不忘親情，這點可說十

分難得。不但如此，約瑟始終思念父親雅各，這點正凸顯約瑟之孝心。這句：「父親還健在嗎？」的詢問，委實流露出約瑟的「親人情」及「不忘本」之孝思，頗值得基督徒學習。

(二)約瑟接納眾兄弟 (四十五：4-5)

當約瑟眾兄弟聞訊約瑟的告白，正在大驚失色心神不定，又害怕被約瑟報復腦袋搬家之時，約瑟開口請眾兄弟上前。其時眾兄弟依命走近，聽命於約瑟的宣告。那時約瑟對眾兄弟說：

> 我就是你們的弟弟，是你們出賣到埃及的約瑟。但是，你們不要為這件事焦急自責。上主為了要保存大家的生命，親自差派我先到這裡來。(四十五：4-5)

這些告白凸顯約瑟是一位有情有義的人。同時也指出：約瑟雖然身居埃及首相高位，仍然謙卑對待曾經出賣他的牧者兄弟 (牧者在埃及人看來是「賤民」)。做為埃及首相的約瑟，盡可以六親不認，保住他的地位。可是他卻不追究前嫌，告白自己就是這群來自異鄉的牧者之兄弟，並且是他們曾經出賣到埃及的約瑟。當眾兄弟在驚恐萬分時，約瑟展現他無比寬恕的胸懷。所以他說：「你們不要為這件事焦急自責。」(四十五：5) 接著說出他悟出的人生哲學，那是來自列祖信仰之告白：「上主為了保全大家的生命，親自差我事先到這裡

來。」（四十五：5）在此，使咱看到約瑟的信仰不同於古埃及的多神宗教。因為他仍然深信列祖之神上主之攝理，不迷信古埃及多神信仰（polytheism）的神類。

(三)約瑟的人生哲學 (四十五：6-8)

就宗教史立場來說，約瑟之所以能靠著占卜（尤其是圓夢之「夢占」）的天賦，為古埃及帝王法老圓夢而贏得埃及首相（負責糧食生產）之要職，係因為古埃及的巫師（懂得施行巫術的人）地位很高，又很受法老王器重之緣故。在古埃及，擅長占卜、圓夢、施行法術的巫師及祭司，其地位很受尊重，甚至高級巫師之位階僅次於法老王。約瑟之所以能夠擔任古埃及帝國之首相，顯然和他精於「圓夢」及「預言」之天賦有關。所以約瑟向眾兄弟預告：

> 這地方的飢荒到現在不過兩年，還有五年不能耕種，也不會有收成。（四十五：6）

然而約瑟堅信列祖之神上主，所以他相信能和出賣他的兄弟離散這麼久，又能夠在埃及因飢荒購糧相遇，若非上主為要拯救以色列民族之奇妙攝理安排，根本不可能有這樣的相遇。下面約瑟之告白，就是他具有這種信仰背景之人生哲學：

> 為要保存你們和你們的後代，上主差我先到這裡來，用

這奇異的方法解救你們。這樣看來，差我來的是上主，不是你們。祂使我成爲王的最高官員，作埃及的首相治理全國。（四十五：7-8）

　　偉大啊，約瑟這位埃及最高官員的「雅各家」成員！從他這段告白，可以洞察他的命運觀和列祖的一神信仰（monotheism）有密切的關係。因爲約瑟具有列祖的信仰，所以他沒有懷恨眾兄弟的所作所爲。約瑟知道他以往的受苦及犧牲十分值得，因爲這是上主的安排及對他的磨練。在此，約瑟悟出上主奇妙之作爲，從而譜成他感人的「人生哲學」。

　　從《創世記》（四十五：9～五十：26）這段約瑟如何提拔「雅各家」，及協助雅各家眷來到埃及定居而閃避飢荒的故事，充分凸顯約瑟的信心、孝心，以及不追究兄弟前嫌的寬恕和愛心。爲此，雅各這位以色列家族長，特別祝福約瑟和埃及妻子所生的兩個兒子：以法蓮（Ephraim）與瑪拿西（Manassed），又於雅各的遺囑中特別祝福約瑟（見：創世記四十八：1-20，四十九：22-26）。後來雅各移居埃及之後去世，其子約瑟按照埃及貴族的隆重喪禮，將其屍身用四十天時間防腐製成「木乃伊」（mummy）。埃及人也爲他舉哀七十天，而後運回巴勒斯坦（Palestine）的迦南（Canaan），埋葬於列祖墓園麥比拉洞（the cave in the field at Machpelah）。至於約瑟，則以德報怨安撫曾經出賣過他的眾兄弟，在其執政期間善待他們。雅各死後，約瑟的眾兄長害怕被他報復。當約瑟知道此事之後，說了下面的這段話，這是約瑟的肺腑之言：

用不著害怕，我不能替代上主。你們本來想害我，但是上主卻化惡為善，為的是要保存許多人的生命。由於有從前所發生的事，今天才有這麼多人活著。你們用不著害怕，我一定照顧你們和你們的兒女。（見：五十：19-21）

約瑟用這些仁慈又具哲理的話安撫眾兄弟，使他們放心在埃及定居。約瑟的一生年日110歲，死後其屍體也按照古埃及貴族死後的風俗，被製成「木乃伊」存放於埃及。但他預告：上主將會帶領他們離開埃及，返回迦南應許之地，並且叮嚀：到那個時日，也要將他的遺骸帶走，與列祖同葬於故鄉（見：五十：22-26）。

二、約瑟的命運觀

在《創世記》五十章的記述中，約瑟的故事是從第三十七章開始。然而特別在三十章記載約瑟的母親拉結（Rachel，又譯做蕾潔）不能生育，就嫉妒其姊利亞（Leah，又譯做麗亞），並對丈夫雅各抱怨。雅各直指這是上主的意思，人無法改變（見：創世記三十：1-2）。後來上主垂聽拉結的祈禱，使她生了兒子約瑟（見：創世記三十：22-24）。其時雅各還在巴旦亞蘭（Paddan-aram，即米所波大米亞）為其岳父（也是母舅）拉班（Laban）牧羊。拉結是雅各四位妻妾當中的最愛，所以她所

生的兒子約瑟，當然成為眾兄弟中的寵兒。既然約瑟自小即被寵愛，自然引起眾兄長的嫉妒，這是人之常情。

(一)「好命子」約瑟的坎坷命運

《創世記》（三十七：1-11）記載：約瑟十七歲時經常和眾兄長出外牧羊。這位得寵的「好命子」因受父親雅各偏愛，特別有彩色的外袍可穿，結果備受兄長嫉妒。他性情率直，眼見辟拉（Bilhah）與悉帕（Zilpah）這兩位父親之妾所生的兄長所做的壞事，常向父親雅各報告，因而引起兄長懷恨在心。一次約瑟做了一個兄長所捆紮的麥捆向他的麥捆下拜的「夢」，並且據實告訴兄長。兄長的反應是：「你想做王統治我們嗎？」接著，約瑟又做了一個太陽、月亮、跟十一顆星星都向他下拜的「夢」，並且將其轉告父親雅各及兄長。父親的回應是：「這算什麼夢呢？你想你的母親、哥哥們、和我，都要向你下拜嗎？」儘管如此，其父雅各始終記得這件事。可是他的兄長卻比以前更加恨他、嫉妒他，從而種下出賣他的念頭。

1. 約瑟被出賣（創世記三十七：12-26）

一位兄弟所嫉妒的父母寵兒，管他是什麼骨肉至親，難免會被兄弟所出賣。可是這是上主的攝理，為欲教育約瑟「苦得起」的必經過程。經文提及約瑟奉父親之命，從希伯崙（Hebron）出發探訪在示劍（Shechem）牧羊的眾兄長，看看他們有否平安。於是約瑟一路追蹤牧羊的眾兄長到多

坦（Dothan）。不料眾兄長一見這位「做夢的弟弟」到來，即計謀要殺害他。幸而大兄流便（Reuben）搭救，僅將約瑟丟進一口乾井。後來眾兄長同意猶大（Judah）之建言，將約瑟以二十塊銀子的價錢賣給以實瑪利人（Ishmaelites）的駱駝商隊，他們將約瑟帶到埃及。大兄流便回來不見約瑟在乾井裡，知道約瑟已被其他的兄長出賣，就傷心撕裂衣服。因為他身為大兄，卻沒有盡到保護小弟之責任。最後眾兄弟以約瑟的彩色外袍染上羊血，來欺騙父親雅各，製造約瑟已經被野獸吞噬之不幸。可見雅各的詭詐性格也遺傳其眾子。父親雅各果然目睹約瑟那件染血的彩色外袍，以為約瑟已經遭到不測，因而哀傷了一段時日。後來這群米甸人（Midianites）的商隊到了埃及之後，就將約瑟轉賣給埃及王的侍衛長波提乏（Potiphar）為奴隸。

2. 約瑟的冤獄（創世記三十九：1-23）

　　約瑟雖然淪為波提乏家僕，因做事能力強而受主人器重，躍升為管家領班。他體格健壯又英俊瀟灑，因而被主母看上，要求和她同床。約瑟以做不道德的事將得罪上主為由，因此堅決拒絕。可是波提乏之妻仍然天天勾引他。一天主母見家人不在，即抓住約瑟外袍要求上床。約瑟為要躲開，只好留下他的外袍跑到外面去。主母惱羞成怒，喊叫家僕前來，惡意誣賴約瑟這位希伯來管家僕人對她不軌，強要侮辱她，並且指出：約瑟的外袍就是證據。主人波提乏一回家聞訊其妻被辱不實之陳述，不但非常生氣，並將約瑟關在

埃及王室的監獄坐牢受苦。然而上主跟約瑟同在，賜給他苦得起的勇氣。因為約瑟是獄中的模範囚犯，因此典獄長提拔他負責辦理獄中事務。約瑟相信自己的冤情將有昭雪的一天，公義之上主會為他伸冤。

3. 約瑟有解夢恩賜（創世記四十：1～四十一：36）

　　古埃及人相信「夢兆」，因此懂得解夢的人（圓夢者為巫師）埃及王室都十分器重。這段經文指出：約瑟被冤枉成為囚犯坐牢之後，和冒犯埃及王的兩位官員同囚於侍衛長監獄中。一位是酒政長（司酒長），另一位是廚房長（膳務長）。有一天晚上，酒政長與廚房長在獄中各做了一個怪夢。次日兩人為此十分不安。約瑟知道以後，就問及兩人做夢的內容。酒政長向約瑟告白：他在夢中看見一棵長了三根枝子的葡萄樹，枝子發芽開花又結成葡萄。之後手上拿著埃及王的酒杯，將摘下的成熟葡萄擠汁於杯中端給王享用。約瑟聽了，立即指明這個吉夢的意義：三根葡萄枝象徵三天之後，王將恢復酒政長職務，繼續端上葡萄酒侍候王。於是約瑟拜託酒政長一件事：當他復職之後，記得在埃及王面前能為其洗雪冤情助他出獄，而請他務必協助。另外廚房長也說出他的夢，內容如下：他在夢中看見自己頭上頂著三個盛滿麵包的籃子，有飛鳥下來吃了最上筐給王享用的各種麵包。約瑟聞訊，立即說出這個凶夢的意義給廚房長聽：三天後王將以絞刑處死他，飛鳥要來吃其掛在木柱上的屍體。果然三天後在法老王生日這一天，約瑟解夢之預告完全實現：酒政長獲得

釋放，廚房長卻被王處絞刑吊死。只是酒政長竟然忘記在王面前為約瑟進言替他伸冤之事。

兩年後埃及王做了一個夢。內容是：王站立在尼羅河（Nile River）畔，目睹七頭肥壯母牛從河裡上來吃草，繼而有七頭瘦弱母牛同樣從尼羅河裡上來，卻將那七頭肥壯母牛吃掉。之後王即醒來。埃及王稍後睡著又做了一個夢：王夢見一棵長了七穗成熟飽滿的麥子，竟然被後來長出的一棵有七穗枯黃無麥粒的麥穗吞沒。王醒來對這兩個夢百思不解，為此坐立不安。於是下令召集國內所有懂得解夢的巫師與占星師前來。然而他們無法解開王所做兩個夢的真正意思，令王懊惱不已。其時酒政長才想到獄中的約瑟，隨即向王進言有一位希伯來青年解夢者被關在王家獄中，他的名字叫約瑟。王果然下令召約瑟前來。約瑟先是被釋放出獄，修面換下囚衣之後才進見埃及王。王對約瑟表明：因為全國術士無法為其解夢才召他上來。約瑟謙卑回答：

> 陛下，我自己不會解夢（因為不是術士），但是上主會給你吉祥的解釋。（四十一：16）

於是王將其所夢見兩個夢的內容敘述一遍給約瑟聽，約瑟胸有成竹的明白其中的意思，立即向王解釋。約瑟對王說：王所夢見的兩個「夢」，具有相同的意思，它們是上主預先對陛下的重要啟示。那七頭肥壯母牛及七穗飽滿的麥子，代表埃及全地有七年的豐收。而那些從尼羅河上來的七

頭瘦弱母牛以及那七穗枯焦麥子，正代表著埃及全地的七個飢荒嚴重的荒年。因此建議陛下起用賢能官員管理國政，充分利用那七個豐年囤糧，使人民不至於挨餓。

(二)約瑟悟出上主攝理

《創世記》（四十一：37-57）言及約瑟因解夢之異能，因而成為埃及王國首相的故事。古代埃及對於有能力解夢之術士非常倚重，約瑟因其能力而成為埃及王國之首相是可以理解的。約瑟也因此有了一個埃及的名字，叫做：撒發那特巴內亞（Zaphenath-paneah）。埃及王又將安域（On）祭司波提非拉（Potiphera）女兒亞西納（Asenath）匹配給約瑟為妻，並生長子瑪拿西（Manasseh）、次子以法蓮（Ephraim），從此成為埃及貴族之成員。

從奴隸到被高升為埃及王國首相之地位，這種經歷連約瑟自己也意想不到。然而這是上主奇妙的攝理。於往後的日子，約瑟終於悟出其命運即上主刻意的安排，否則不能突破自己的坎坷命運，在三十歲時就做了首相治理埃及全地，又救拔雅各全家免於在大飢荒的日子中挨餓，繼而移居埃及。

1. 約瑟驚見出賣他的兄弟（創世記四十二：1～四十四：33）

當約瑟擔任管理埃及全國糧倉的首相之後，在迦南地面臨飢荒危機的族長雅各，即命令約瑟十個兄弟（便雅憫除外）前往埃及購買糧食。首相約瑟面見這群來自迦南的牧者之時，立即認出是出賣他的哥哥，卻故意假裝不認識他們。約

瑟為欲試探兄長們有否團結合作及愛心，故意懷疑他們是
「間諜」。又從中打聽瞭解在迦南地的家族情形。約瑟故
意提出帶弟弟便雅憫前來埃及的要求，為此西緬（Simeon）被
留下做人質。約瑟畢竟是性情中人，因百感交集退下去大
哭一陣（見：四十二：1-24）。於是約瑟命令僕人將其兄長帶來
的糧袋裝滿。表面上按價賣糧，其實是命令僕人將他們購糧
的錢袋放回去袋內。就在回程途中有人打開糧袋餵驢時，發
現購糧錢袋原封不動放在袋裡。他們一時大驚失色，認為是
凶兆。及至回到迦南，在倒出糧食時，又發現購糧錢袋，大
家更是害怕。後來兄長們將埃及首相的要求一一告知父親雅
各。尤其將便雅憫帶往埃及交換做人質的西緬這件事，更使
父親雅各不安。後來經過長子流便（Reuben）之保證，父親雅
各於糧食快吃完時才勉強答應。

2. 奇妙的上主攝理（創世記四十五：1-28）

以「約瑟的命運觀」為題的經文依據，就是《創世記》
（四十五：1-8）。如前所提者：這一段經文描述之內容，有約
瑟親情之流露、有其獨特的人生哲學、也有突破宿命論的命
運觀。因此充分凸顯上主奇妙的攝理，以及約瑟超然的命運
觀（詳見：第一節「關於經文內容」）。

事實上，《創世記》（四十五章）可以說是約瑟故事最精
彩的一章，也是有關他的命運觀之詮釋（另外比較五十：19-21之
述）。從《創世記》（四十五：9以下），言及約瑟交代眾兄弟將
他們在埃及的遭遇轉告父親雅各。特別交代要告知雅各，其

愛子約瑟已經是當今埃及王國之首相這件事。之後約瑟與同父同母的兄弟便雅憫相擁大哭，也與各個兄弟擁抱，表示赦免他們。法老王聞訊，也特別禮遇約瑟的眾兄弟，特別允許他們移居埃及地。

3. 雅各全家移居埃及（創世記四十六：1～五十：26）

從《創世記》（四十六：1～五十：26）這幾章經文之記述，明白指出：「一個人受磨練與受盡苦難，正是上主拯救『雅各家』的偉大攝理及安排。」埃及首相約瑟以往的苦難，使「雅各家」得以移居埃及，免於在巴勒斯坦的大飢荒中餓死！族長雅各終於帶領全家來到埃及尼羅河三角洲的歌珊（Goshen）之地定居，過著畜牧和農耕生活（創世記四十六：1-34）。稍後約瑟帶著父親雅各與兄弟面見埃及王，雅各給王祝福（創世記四十七：1-12）。隨之而來的是：迦南地和埃及全地飢荒嚴重，首相約瑟為保護人民而制訂好的內政法律，從而不但使埃及人免於挨餓，其執政也非常成功（創世記四十七：1-26）。

年老的雅各在埃及的歌珊地區居住17年之後，也已經147歲了。他知道大限將至，就吩咐眾子於他死後將其葬在迦南地的列祖墓穴（創世記四十七：27-31）。並且祝福約瑟和埃及妻子亞西納所生的兩個兒子：以法蓮與瑪拿西，提昇兩人的地位如同十二支派眾子。又將示劍（Shechem）地區許給約瑟為產業，那地區是雅各親自用刀劍與弓箭從亞摩利人（Amorites）手中奪取的（創世記四十八：1-22）。雅各臨終之前用

合適的話祝福十二位兒子（十二支派族長），又留下遺囑之後，即以147歲高齡去世（見：創世記四十九：1-33）。其子約瑟按照埃及古俗，用四十天做屍體防腐，將其製作爲「木乃伊」，埃及人也爲他舉哀七十天（創世記五十：1-3）。然後按照雅各之遺囑，將其木乃伊遺骸運回迦南地，葬在幔利（Mamre）東邊的麥比拉墓洞（the cave of Machpelah），也即列祖之墓洞（創世記五十：4-14）。

三、約瑟命運觀之啓示

號稱「摩西五經」（Moses' Pentateuch）之一的《創世記》（Genesis）這卷舊約經典，用去十二章的篇幅（自37章至50章，扣除38及49章）記載約瑟一生苦樂參半的故事，的確有其中的重要啓示。特別是約瑟對於「命運觀」的自剖，更是值得古今基督徒去省思。台灣人對於「命運」之見地，明顯受制於華人的傳統宗教：「儒教」（Religious Confucianism）及「道教」（Religious Taoism），再加上「佛教」（Buddhism）之影響。前兩者標榜「命運天定論」，因而發明一些「算命」：依照「落土時，八字命」的「農曆年、月、日、時」之時間宿命去演算。「相命」：根據面貌、手紋、骨格、形態之特殊相法。「占卜」：占姓名、占字劃、占印章，卜鳥卦、卜米卦、卜金錢卦。而後者「佛教」卻以「種豆得豆，種瓜得瓜」之「命運自造論」來嚇阻民間之善男信女勿爲非作歹，鼓勵個人多積善功（所謂：「積功德」）、造一些可以上西天極樂淨土

之善業。由此可見，代表「猶太教」（Judaism）的約瑟所表達的「命運觀」，歸根究柢完全與「儒教」、「道教」及「佛教」者不同，而且對於古今基督徒啟示重要的意義。下面將以：(一)儒、道、佛三教的命運觀關心個人，及(二)約瑟的命運觀關連自己民族，來做比較分析、探討兩者之間不同處。

(一)儒、道、佛三教的命運觀關心個人

前已提及：台灣民間的傳統命運觀均受制於「儒教」、「道教」的「命運天定」信仰，以及「佛教」的「命運自造」信仰。而這三個宗教所謂的「命運」是個人的。因此只追求個人的好命，不會去關心整個民族的命運前途。

1. 命運天定信仰

「儒教」、「道教」及「台灣民間信仰」的信徒，都是「命運天定論」的信奉者。儒教徒相信：「死生有命，富貴在天。」天（神明）是個人命運的支配者，因為：「順天者存，逆天者亡。」「道教」及「台灣民間信仰」的信奉者，更相信個人的「生庚八字」，所謂：「落土時，八字命」是也。如前所提及者，「命運天定」信仰所衍生而出的法術有「算命」：根據人出生時農曆六十甲子的年（兩字）、月（兩字）、日（一字）、時（一字）及男（乾）、女（坤）合成的所謂「生庚八字」，去推算其命底之好壞。而專業於「算命」之術士就是「算命先」（算命師），其拿手的算命法術即

「四柱推命法」及「紫微斗數」。其次爲「相命」（有面相、手相、形態相、摸骨相等等），而專業於「相命」之術士叫做「相命先」（相命師），其中以「面相」及「手相」在民間最爲流行。尚有「占命」（有拆字占、印章占、及根據九九八十一字劃公式的名字占），其中的「名字占」又稱「姓名學」，以「占命」爲職業的術士也在民間大行其道。另有「卜卦先」（有龜殼卦、鳥卦、米卦、金錢卦、抽籤卦）。除了「抽籤卦」（抽籤卜卦）是盲人術士謀生的專業外，「龜殼卦」、「鳥卦」（以訓練有素的文鳥或鳥嘴嗶仔咬牌）、「米卦」與「金錢卦」，均爲學有專長的術士在人潮多的市井招攬生意的職業。

這一套由「命運天定」信仰衍生而出「命理術」，可以說是「宿命論」（生辰宿命及面手相貌宿命）的古老宗教公式。它害慘了台灣人一生都在專注於自己「命底」之好壞，而忽視國家政策（政治）對於自己生存問題之影響。畢竟命運問題不是個人的，而是和政治有關的。就如：一個人的「命底」再

命運天定
命理術 {
1. 算命：算命術士根據人的「生庚八字」爲人排八字算命。

2. 相命：相命術士爲人看「面相」、「手相」、「形態相」及「摸骨相」看命。

3. 占命：占命術士爲人「拆字」、「解姓名」及「解印章」之字劃占命。

4. 卜卦：卜卦術士爲人「卜龜卦」、「卜鳥卦」、「卜米卦」、「卜金錢卦」卜命。
}

好，若是活在一個戰亂中的國家，也是難民一個！台灣人向來相信「命運天定」，又相信「命」不能改變，「運」則可以靠術士去改一改，從而養成一種自私自利、投機取巧、缺乏公德心之習性。當然也沒有「生命共同體」之理念。這點正是現代台灣人的致命傷！只要有利可圖，不但可以做外來政權之走狗，也甘心做「中國奴」！

2. 命運自造信仰

「佛教」以「業感因果律」（law of karma）來詮釋生命，並且以此說明「三世因果」（前世因出現今世果，今世因種下來世果）的生命來源。對「佛教」信仰來說，人類的生命模式，係來自六道輪迴的「人道」（其餘者即「天道」、「阿修羅道」、「畜生道」、「餓鬼道」與「地獄道」），而且是依據行為所造的「業」所形成的。所謂：「種瓜得瓜，種豆得豆」的俗語，在在指出人類的生命模式，是按其業感因果自造而成的。所以「佛教」的命運觀來自「命運自造」之信仰。值得留意的是：「命運自造」信仰就是一種行為的「自我宿命」。這類「佛教」的宿命論和「命運天定」的宿命論，都在教化台灣人只關心自我命運之好壞，無法教人去建造一個「命運共同體」的社會。「佛教」就是因為有這種「行為宿命」（業感因果）之信仰，所以強調信徒要戒殺生、吃素、多種善業，多積個人的功德。雖然這類「命運自造」的信仰沒有衍生迷信的算命、相命、占命、卜卦之命理術，可是也深深影響台灣社會的宗教人，使他們認為「積善業」、「積功德」，就可

以將功補罪，可以往生西天極樂世界（淨土宗信仰）。

　　戒殺生、吃素、積功德、種善業，的確沒有人會去反
對，因為那是個人的信仰行為。如果將其當做是個人為改造
命運的一種「善業」（命運自造），那就沒有「命運共同體」
之理念。這點正是東方宗教人只顧個人之「修行」，忽視去
建造「生命共同體」的「地球村」之理由所在。因此值得東
方宗教人去省思。

命運自造信仰
{
1.三皈依（皈依佛、皈依法、皈依僧），追求生命
　之解脫。
2.吃素、戒殺生。
3.種善業。　　　追求投胎輪迴於六道中
4.積功德。　　　之天道或人道。
5.可往生於西方極樂淨土。
}

(二)約瑟的命運觀關連自己民族

　　「猶太教」因為有以色列民族的選民意識，所以其命運
觀係建構於上主與以色列選民的立約關係，以及民族的命運
之上。也就是說，「猶太教」的命運觀是關連整個以色列選
民的，與以色列民族的命運共同體關係相當密切。這點就和
東方宗教的「命運天定論」及「命運自造論」不同。因為這
兩種命運觀影響之下的宗教人，只會關心自己的命運，而不
會去關心自己民族的命運。所以根本沒有「命運共同體」之
理念。

約瑟的命運觀，可以說是「猶太教」命運觀的代表。因為他深深領悟到：自己被兄弟出賣、在埃及做奴隸、被主母誣賴關在牢裡受苦、被法老王提拔升格為首相，這些人生經歷都是上主的攝理，為來日拯救自己的以色列民族免於因飢荒滅絕做準備。所以他受苦受難是值得的，因其背後有上主的美意，為的是和整個以色列族群的存活有關。下列這段約瑟的自白，足以詮釋以色列民族命運共同體的命運觀之可貴。約瑟對出賣他的眾兄弟說 (見：四十五：4-8)：

　　我就是你們的弟弟，是被你們出賣到埃及的約瑟。但是你們不要為這件事焦急自責。上主為了要保存大家的生命，親自差派我先到這裡來。這地方的饑荒到現在不過兩年，還有五年不能耕種，也不會有收成。為要保存你們和你們的後代，上主差我先到這裡來，用這種奇異的方法解救你們。這樣看來，差我來的是上主，不是你們。祂使我成為王的最高官員，作埃及的首相治理全國。

　　從約瑟的這段出於肺腑之信仰告白，可以看出他相信上主奇妙之攝理及安排，相信「命運自決」或「命運神意」，相信「義人受苦」具有為自己族群的得救 (生存) 做準備之意義，相信「一人榮光、族群也榮光」，因為個人命運是與族群生命共同體息息相關的。最可貴者，就是約瑟對於自己的兄弟沒有懷恨，這是他具備寬容涵養和信念。如果可以理出

公式的話，約瑟的「命運共同體觀」有如下列之理念：

命運共同體觀
{
1. 個人的命運與民族有所關連。
2. 個人的際遇有上主之攝理及安排。
3. 義人受苦使自己民族得救。
4. 約瑟立下命運共同體的榜樣。
}

　　總而言之，約瑟的命運觀關連自己民族，是建構於上主攝理及拯救計劃之上。這類命運共同體的民族性命運觀，使命運坎坷的約瑟對於眾兄長出賣他的惡行沒有懷恨在心，反而悟出是上主在磨練他、教育他、事先差派他到埃及，為要拯救以色列選民（自己的民族）所安排。值得注意的是：約瑟的命運觀不但影響「猶太教」，也影響「基督教」。只是前者的「命運共同體」理念建構於「以色列民族」（選民）之上，而後者的「命運共同體」理念則建構於「上主為天父，人類是兄弟姊妹」（也即「上主國度」）的「普世一家」之上（也就是「地球村」之展望）。這就是「猶太教」和「基督教」對於「命運共同體」理念之差別。

四、結語

　　探討《創世記》族長史（12章至50章）所載十二支派族長之一約瑟的故事（計有十二章篇幅），使人敬佩他不愧是一位命運的征服者。約瑟被兄長出賣及其所受的苦難，在在凸顯義人受苦是上主奇妙的攝理，是上主拯救以色列選民免於滅亡

之手段。所以約瑟的命運關連民族之生存，從而凸顯「命運共同體」理念。單單這點，就和東方諸宗教：儒教、道教、佛教的「命運天定」及「命運自造」之個人宿命論不同。一個義人之受苦不是天定的，不是自造與報應的，應該說是上主訓練義人的重要功課。所以說，約瑟的命運觀啓示後人：「命運」的問題不是個人被宿命的，而是關連到民族生存命脈的。也不是靠宗教的古老公式（算命術、相命術、卜卦術等）可以左右的，或是個人的修行、積功德可以改造的。對於基督教而言，「命運」是一個人非被宿命的「自由意志」（free will）決定的，幸與不幸、苦與樂的背後，都有上主之美意與攝理，這是約瑟所悟出的「命運共同體」之民族性命運觀。而且此一命運觀不只是影響「猶太教」，也影響「基督教」。只是前者力主「民族命運」之共同體，後者則強調「人類命運」之共同體（以上主為「天父」，人類是「兄弟姊妹」之地球村）。由此可見，約瑟的命運觀教吾人勿做命運的奴隸，要做命運的主人，勿被傳統那些「命運天定」及「命運自造」的古老宿命論之宗教公式所奴役，應該勇於擺脫摩登原始人心態，做自己命運的自由人。

2012年5月20日 完稿

十五｜以色列十二支派

以色列（雅各）住在那地的時候，流便去與他父親的妾辟拉同寢，以色列也聽見了。雅各共有十二個兒子。利亞所生的是雅各的長子流便，還有西緬、利未、猶大、以薩迦、西布倫。拉結所生的是約瑟、便雅憫。拉結的使女辟拉所生的是但、拿弗他利。利亞的使女悉帕所生的是迦得、亞設。這是雅各在巴旦・亞蘭（米所波大米亞）所生的兒子。

（創世記三十五：22-26）

以色列（Israel）民族族長雅各（Jacob），因古代近東游牧民族習慣一夫多妻，而從四位妻妾分別生了十二個兒子（女兒不算）。這四位妻妾是：大房利亞（Leah）、妻拉結（Rachel）、妾悉帕（Zilpah，利亞女婢）及辟拉（Bilhah，拉結女婢）。她們在巴旦亞蘭（Paddan-aram，即古代巴比倫，又稱米所波大米亞）為雅各生下十二個兒子，從而形成「以色列十二支派」。這十二個兒子的母親是：利亞生下長子流便（Reuben）、西緬（Simeon）、利未（Levi）、猶大（Judah）、以薩迦（Issachar）、西布倫（Zebulun）六子，拉結生下約瑟（Joseph）及便雅憫（Benjamin）兩子，辟拉（拉結女婢）生下但（Dan）及拿弗他利（Naphtali）兩子，悉帕（利亞女婢）生下迦得（Gad）及亞

設（Asher）兩子。而十二個兒子當中，長子流便生性風流，竟然和父親雅各之妾辟拉同寢發生關係。其父雅各因戴「綠頭巾」而動怒，但也無可奈何（見：創世記三十五：22ᵃ）。又因雅各及拉結寵愛其子約瑟，以致約瑟被其餘十個兄長出賣，淪為埃及官員（法老王侍衛長）波提乏（Potiphar）的家奴（見：創世記三十九：1-6），後受冤枉被囚，因有解夢天份而被釋放，又被法老王提升為管理埃及全國糧倉之首相（見：創世記四十：1~四十一：45）。之後悟出他的受苦受難是上主拯救以色列家族的攝理，從此不但赦免眾兄弟之不是，又將父家從迦南地接到埃及，居住於肥沃之地經營農業（見：創世記四十五：1~四十六：34）。為此，約瑟在十二個兄弟當中，其地位最為重要。所以《創世記》的「族長史」（十二章至五十章）就用了十二章篇幅來介紹約瑟的故事。族長雅各也特別祝福在埃及出生的約瑟兩個兒子：瑪拿西（Manasseh）和以法蓮（Ephraim），並且提升以法蓮（弟）在瑪拿西（兄）之上（見：創世記四十八：1-22）。

從《創世記》（四十九：1-28）這段「雅各的遺言」，可以約略認識十二支派族長的性格、職業及其對族群之影響。

一、給流便之遺言（四十九：3-4）

流便為雅各的長子，在古代游牧民族的「父權社會」（Patriarchal society），具有治理「雅各家」之權威。雅各給流便之遺言是：

流便啊！你是我的長子，我的力量。我壯年所生的長子，極有尊榮，又權力超群。你卻放縱如水，必不得居首位。因為你上了你父親的床，你上了我的榻、污辱了它！

流便性格放縱私慾，其一生最大之失敗是敢於玷污父親雅各的床，也即和雅各之妾辟拉（拉結之女婢）私通。為此不得居於家族之首位（見：民數記二：16，淪為猶大支派之後）。不過流便有責任感，其弟約瑟受難之時，他意欲拯救他不成（三十七：21、29）。後來在埃及被約瑟找麻煩時非常自責（四十二：22），更願意將自己兩個兒子的生命換取其弟便雅憫的安全（四十二：37）。後來摩西曾經祝福流便支派，說道：「流便支派人數雖少，但願他們永存不滅。」（見：申命記三十三：6）至於流便支派在迦南分得的地區，就是約旦河東的土地（見：約書亞記十三：8）。又流便支派轄地的比悉（Bezer）為「逃城」（庇護城）之一，足見流便支派具有人道主義惻隱之心（見：約書亞記二十：8）。

二、給西緬及利未之遺言（四十九：5-7）

西緬與利未是雅各的次子和三子，這兩個兄弟性情火爆、善用兵器殺人，是典型的游牧民族性格。為人之父的雅各也不認同他倆兄弟的作為，所以做了如下的告白：

西緬和利未是兄弟，他們的刀劍是殘忍的兵器。願我的心不與他們同謀，願我的靈不與他們合夥。因為他們在烈怒中殺人，任意割斷牛腿的筋。他們火爆的烈怒可咒詛，他們凶殘的憤恨該受懲罰！我把他們分散在以色列全地，使他們散居於雅各境內。

　　這段遺囑事出有因，雅各的感言是有充分依據的（下面的介紹可領略其大概）。原來雅各次子西緬和三子利未，均為其妻利亞所生。根據《創世記》（三十四：1-31）的記述所指：雅各和利亞夫妻生有女兒底拿（Dinah），因為她有迷人姿色，使希未人（Hivite）哈抹（Hamor）之子示劍（Shechem）愛上，並且強姦玷辱她。示劍之父哈抹為此事正式找上雅各提親，並歡迎雅各全家住在該地。然而雅各眾子獲悉妹妹底拿受示劍姦污，就懷恨找機會報復。於是要求哈抹家族男丁都要受「割禮」（割包皮）為條件才能夠成親。哈抹和示劍欣然答應。哈抹家族男子受「割禮」第三天，大家都在疼痛之時，底拿同父同母的兄長西緬和利未各持刀劍進城，將哈抹家族的男丁都殺死。他們除了帶走妹妹底拿外，也洗劫城中財物及牛羊，其強盜殺人作風非常卑鄙！族長雅各為此在迦南人（Canaanites）和比利洗人（Perizzites）中間難以立足，只得防備他們報復。雅各對西緬和利未兩子的遺言，其背景在此。

(一)西緬支派

　　摩西時代，西緬支派已經十分壯大。其時摩西曾經

派遣西緬支派何利（Hori）的兒子沙法（Shaphat）前往迦南地窺探（見：民數記十三：5）。當約書亞（Joshua）領導以色列人進佔迦南之後，西緬支派分別居住於猶大支派中間的十三座城。那就是：別是巴（Beersheba）、摩拉大（Moladah）、哈薩書亞（Hazashual）、巴拉（Balah）、以森（Ezem）、伊勒多臘（Eltolad）、比土力（Bethul）、何珥瑪（Hormah）、洗革拉（Ziklag）、伯瑪加博（Beth-marcaboth）、哈薩蘇撒（Hazar-susah）、伯利巴勿（Beth-lebaoth）與沙魯險（Sharuhen）。又散居於亞因（Ain）、利門（Rimmon）、以帖（Ether）及亞珊（Ashan）四城和其他地區（見：約書亞記十九：1-9）。

(二)利未支派

《出埃及記》（六：20）指出：摩西（Moses）和亞倫（Aaron）是利未人，父叫暗蘭（Amram）、母親是約基別（Jochebed）。由於摩西和亞倫立下領導以色列民族脫出埃及為奴之地的大功勞，利未支派族人就成為世代掌理聖所（宗教）之大任，亞倫的後裔專司「祭司」之職責（見：民數記四：3，八：24，申命記三十三：8-10）。約書亞領導以色列人進佔迦南地時，利未族人同樣散居於各地（見：約書亞記二十一章）。祭司人員總是分散於各城會幕聖所的，因此單單亞倫的後代子孫就分居於十三座城中（見：約書亞記二十一：19）。主前八世紀南北王國分裂之後，利未人及祭司集團就移居南王國猶大及首都耶路撒冷（見：歷代志下十一：13-15）。

三、給猶大之遺言 （四十九：8-12）

以色列民族的代代君王，絕大多數均出於猶大支派。因此當這個民族亡國以後，所期望的彌賽亞（Messiah）救世明王，就是來自這個猶大支派的「大衛王統」（見：馬太二十一：8-9，馬可十一：8-9）。難怪以色列族長雅各的遺言這麼說：

> 猶大啊！你的兄弟必讚美你，你的手必掐住仇敵的頸項。你父親的兒子要向你下拜！猶大是一隻少壯的獅子。我兒啊，你捕獲獵物回到洞穴，牠伸直身子躺臥如公獅，像母獅，誰敢惹牠？權杖必不離猶大，他的後代必長久統治。萬國要向他進貢，萬民都要歸順。猶大將小驢拴在葡萄樹，拴在佳美的葡萄樹上。他用葡萄酒洗衣服，在血紅的葡萄汁中洗長袍。他因飲葡萄酒雙眼紅潤，他因喝奶而牙齒潔白。

猶大是族長雅各第四個兒子，雖然和媳婦他瑪（Tamar）生下法勒斯（Perez）和謝拉（Zerah）雙胞胎，卻是大衛王之祖先（見：創世記三十八：11-30，路得記四：1-22）。摩西領導以色列民族出埃及之時，猶大支派之首領為亞米拿達（Amminadab）之子拿順（Nahshon），而且人數眾多近75,000人（見：民數記一：7，26-27）。約書亞時代這個支派出了一個敗類：亞干（Achan），因此在艾城之戰失敗（見：約書亞記七：1-6）。至於約書亞分給猶大支派的土地，可說是巴勒斯坦南方之大部

份，從死海（Dead Sea）往南伸展到以東（Edom）邊界，直到尋（Zin）曠野之最南端（見：約書亞記十五：1-12）。大衛王城耶路撒冷，就是在其中（見：列王紀下十四：20）。

四、給西布倫之遺言 （四十九：13）

西布倫是雅各元配利亞所生的第六個兒子（見：創世記三十：19-20），在雅各十二個兒子之中，他排名第十。族長雅各預告其子西布倫將與海洋結緣，居住於濱海地區：

西布倫必住在海邊，他將成為船隻停泊的港口。他的領土必延伸到西頓（Sidon）。

其實雅各的預言不全部應驗於西布倫支派身上，因為西布倫的三個兒子：西烈（Sered）、以倫（Elon）及雅利（Jahleel）所衍生的三族，約書亞分給他們的土地（共十二座城，其中包括伯利恆），均為內陸及山地（見：約書亞記十九：10-16）。在「士師時代」，西布倫支派也出英雄，就如士師以倫（Elon）就屬於這個支派。以倫做以色列士師十年，死後葬在亞雅崙（Aijalon），屬於西布倫支派轄地（見：士師記十二：11-12）。先知以賽亞（Isaiah）曾經言及，西布倫地區和拿弗他利地區雖然受到藐視，來日將有榮耀福報（見：以賽亞書九：1-2）。

五、給以薩迦之遺言 （四十九：14-15）

以薩迦是雅各和利亞所生的第五個兒子，在雅各十二個兒子之中，排名第九（見：創世記三十：17-18，三十五：23）。族長雅各預告其子以薩迦的後代將強壯如驢，既能勇敢善戰，又願做忠心僕人：

> 以薩迦是一匹強壯的驢，蹲伏在羊圈之中。他喜歡安定的居所，愛好肥美的土地。他屈肩負重，被奴役又做苦工的僕人。

摩西預言各支派的將來時，指出以薩迦支派在游牧的帳棚裡得享安樂生活（見：申命記三十三：18-19）。「士師時代」，這一支派也出了一位英雄領導以色列人，他就是士師陀拉（Tola，見：士師記十：1-2）。「聯合王國時代」，這一支派也擁護大衛爲王（見：歷代志上十二：32）。南北王國分裂時代，這一支派雖然居住於北王國以色列，但卻持守南王國猶大王希西家（King Hezekiah）所設之逾越節慶典（見：歷代志下三十：18）。根據《約書亞記》（十九：17-23）所載，以薩迦支派在迦南分得的土地有十六座城，就是從耶斯列（Jezreel）到約旦河谷地區。

六、給但之遺言 （四十九：16-18）

　　但是雅各和拉結女婢辟拉所生的第一個兒子，在十二支派當中，排名第五。從雅各的遺言，可以領會但的支派將做判斷人民是非之執法者：

> 但要統治自己的子民，為他們伸冤，像以色列其他支派一樣。但要像路旁的蛇，小徑的毒蛇。牠咬傷馬蹄，使騎馬的人向後墜落。

　　摩西也對但的支派祝福：「但是少壯的獅子，從巴珊山地衝出來。」（見：申命記三十三：22）約書亞征服迦南之後，但支派所分得的土地及城鎮有：瑣拉（Zorah）、以實陶（Eshtaol）、伊珥示麥（Ir-shemesh）、沙拉賓（Shaalabbin）、亞雅崙（Aijalon）、伊提拉（Ithlah）、以倫（Elon）、亭拿他（Timnah）、以革倫（Ekron）、伊利提基（Eltekeh）、基比頓（Gibbethon）、巴拉（Baalath）、伊胡得（Jehud）、比尼比拉（Bene-berak）、迦特臨門（Gath-rimmon）、美耶昆（Me-jarkon）、拉昆（Rakkon），以及約帕（Joppa）周圍的土地（見：約書亞記十九：40-48）。

七、給迦得之遺言 （四十九：19）

　　迦得是雅各和利亞女婢悉帕所生的第一個兒子，在十二

支派當中，排名第七。有關族長雅各給迦得之遺言，僅有下列短短的一句：

迦得將被強盜襲擊，他卻要轉身追趕他們（或做：他卻要襲擊他們的腳跟）。

摩西對於迦得支派的祝福，言及迦得支派得上主之助擴張領土，如同臥著的母獅撕裂獵物前腿，剝去牠的頭皮。他們為自己取得了最好的土地，是領袖應得的那一份。以色列領袖相聚時，迦得遵行上主的法律典章（見：申命記三十三：20-21）。這正指出：迦得支派是勇猛如獅之戰士，有能力擴張領土，更持守上主誡命。「士師時代」，迦得支派住在約旦河東岸（見：士師記五：17）。這個支派也出了一位士師耶弗他（Jephthah）。因為他是基列人（Gileadite），而基列（Gilead）正是迦得支派的領地（見：士師記十一：1，32-33及約書亞記十三：24-28）。聯合王國掃羅王（King Saul）執政時代，非利士人頻頻入侵，其時以色列人均逃往迦得支派境內避難（見：撒母耳記上十三：5-7）。可見當時迦得支派的壯丁相當勇猛，足以守住自己支派之轄地。迦得人也擁護大衛（David）為王（見：歷代志上十二：8-15，37）。南北王國分裂時代，迦得支派歸屬於北王國以色列。以色列王耶羅波安（King Jeroboam）興建的毘努伊勒城（Penuel），就是在此一支派境內（見：列王紀上十二：25）。

八、給亞設之遺言（四十九：20）

亞設是雅各和利亞女婢悉帕所生的第二個兒子，在十二支派族長的排名是雅各第八個兒子。從雅各給亞設之遺言見之，這個支派世代務農：

亞設的土地必出產豐盛之糧食，也有佳肴美食供應君王。

至於摩西對亞設之祝福多過其他支派，就如得寵於兄弟間，土地長滿橄欖樹用以榨油。其所屬的城鎮沒有神明能比得上救援他的上主。上主對其永恆的護衛與支持，使他趕散敵人，滅盡他們。雅各的子孫安享太平，他們安居於遍地五穀與新酒的土地上，因為天上的甘霖潤澤那片土地。所以以色列民族是上主拯救的族類，上主的盾牌及刀劍護衛著他們，使他們勝利（見：申命記三十三：24-29）。「士師時代」，亞設支派族人和迦南人住在一起，而放棄游牧生活，學習他們的農耕技術（見：士師記一：31-32）。根據《約書亞記》（十九：24-31）分地記述，亞設支派族群分得二十二座城鎮，其中有可耕作的平原，一直到地中海的西頓（Sidon）海岸城市。因此和腓尼基人（Phoenicians）有所接觸，也熟悉國際貿易。他們因此生活富裕，具有國際觀。雖然和異教接觸而受以色列人嘲笑，他們並沒有放棄列祖信仰。可是於希西家王（King Hezekiah）統治南王國時代，他們也前往耶路撒冷聖殿朝聖

（歷代志下三十：10-12）。

九、給拿弗他利之遺言 （四十九：21）

拿弗他利是雅各和拉結女婢辟拉所生的第二個兒子，在族長雅各眾子之中，排名第六。族長雅各明顯欣賞拿弗他利活躍之個性，因此他給其六子的遺言是：

拿弗他利是被釋放的母鹿，牠生下可愛的小鹿。

摩西晚年時，對拿弗他利支派的祝福是：拿弗他利享足恩寵，滿有上主歸予他的福份，可擁有西方和南方之地為業（見：申命記三十三：23）。進入迦南以後，約書亞分給這一支派的土地是：南邊達到西布倫（Zebulun）地界，西邊達到亞設（Asher）地界，向日出的方向達到約旦河的猶大（Judah）地界。也有十九座堅固的城在其中（見：約書亞記十九：32-39）。而「逃城」（庇護城）基低斯（Kedesh）也在拿弗他利支派轄地境內（約書亞記十九：37）。這一支派所擁有的土地，既有肥沃的田園及牧場，也有接近加利利湖的山區。因為水源充足，所以盛產桑樹、橄欖樹、松脂樹，以及杏、橘、石榴、無花果、葡萄、檸檬等果實。為此，此一地區時常成為兵家必爭之處，也曾經被大馬士革（Damascus）的君王便哈達（King Ben-hadad）攻取（列王紀上十五：20）。稍後北王國以色列王約阿施（King Jehoash）又將其奪回（列王紀下十三：24-25）。昔日耶穌在

加利利省的宣教地區，就是這一支派的轄地。

十、給約瑟之遺言 （四十九：22-26）

　　約瑟是十二支派族長中雅各最鍾愛的兒子，也是他的愛妻拉結為他所生的第一個兒子，在眾兄弟之中，排行第十一。因此雅各對他所留的遺言很長，其內容如下：

　　約瑟是多結果子的樹枝，是水泉邊多結果子的枝子，他的枝條伸出牆外。弓箭手惡意攻擊他，敵對他，向他射箭。但他的弓仍然堅硬，他的手臂靈活敏捷。這是因為雅各的大能者上主之幫助及上主的賜福。上主這位以色列的保護者是磐石。祂的手臂有力，是你父親的上主幫助你。全能者的上主必賜福你，就是天上的福、深淵下面蘊藏的福，以及生命哺育的福（即甘霖、泉水、子孫、成群的牛馬）。你父親的福勝過我祖先的福，直到永世山嶺的極限。這些福份必降在約瑟的頭上，降在眾兄弟中最卓越的那一位身上。

　　嚴格來說，雅各給約瑟的這段祝福，實則包含他和埃及人妻子亞西納（Asenath）所生兩個兒子：以法蓮（Ephraim）與瑪拿西（Manasseh）在內（見：創世記四十八：1-5，14-22）。約瑟在「族長史」（創世記十二章至五十章）之中所佔的份量，有十二章之多，足見其重要性。關於約瑟一生事跡，在這十二章內

也交代得很清楚（本書第十四章〈約瑟的命運觀〉之論述可供參考）。因為約瑟受法老王提拔成為古埃及王國之首相，也因此才能夠拯救本族本家。在迦南地嚴重的飢荒中，協助雅各家族移居埃及肥沃地區務農。所以約瑟是十二支派族長當中最傑出的一位。以色列民族移居古埃及之後，因為約瑟為首相之故，尚稱自由自在。然而約瑟死後，歷經改朝換代之變遷，以色列民族即淪為奴工，被埃及人奴役達430年（一說為450年）之久。一直到民族救星摩西出現，用「一神主義」（monotheism）的列祖宗教（猶太教）之意識形態將以色列人組織起來，他們才能夠掙脫多神主義（polytheism）埃及人的奴役，脫出埃及為奴之地（見：《出埃及記》一書）。

摩西晚年時，對約瑟支派的祝福非常特別，其內容也很認真（見：申命記三十三：13-17）：

願上主祝福他們（約瑟支派）的土地，從天上降下甘露，地下湧出泉源。願他們的田園陽光充足，年年豐收美果。願他們的土地四季生產佳穀。願他們得到古老山嶽的寶貝，山嶺永遠長滿果樹。願他們所得的土地充滿寶物，又得到使荊棘焚而不熄的上主之喜悅。願這些福份都臨到約瑟支派的頭上，臨到那和兄弟有別的人（約瑟）之頭上。約瑟是牛群中的頭胎，大有威嚴力氣，有野牛的雙角。他的雙角是瑪拿西的千千，以法蓮的萬萬，用以牴觸萬民，將他們趕到地極！

上列對於「約瑟支派」的祝福，其實包括「以法蓮支派」及「瑪拿西支派」兩個族群，這是以色列族長雅各的規定（創世記四十八：8-22）。所以約書亞領導以色列人進佔迦南時，約瑟屬下的這兩個支派也分得較多的土地（見：約書亞記十六：1-4）。因為「以法蓮支派」和「瑪拿西支派」十分強盛，迦南人因此成為這兩個支派的僕人（見：約書亞記十六：5-10，十七：1-13）。

十一、給便雅憫之遺言 (四十九：27)

便雅憫是雅各和他的愛妻拉結所生的幼子，也是拉結第二個兒子。拉結因生他難產而死（見：創世記三十五：17）。他原來的名字由其難產之母所名，曰：「便俄尼」（Ben-oni），意即「艱難之子」。然而其父雅各為他改名做「便雅憫」，就是「右手（福祉）之子」的意思（見：創世記三十五：18-20）。及長，便雅憫成為手腳敏捷之獵人，因此其父雅各給他的遺言是：

便雅憫像一隻撕裂獵物的豺狼。牠清晨吞食獵物，晚間又瓜分掠奪之物。

摩西晚年時，同樣也對便雅憫支派祝福。他這麼說（見：申命記三十三：12）：

上主所喜愛的族群，必受祂庇護安然居住。便雅憫支派
住在上主兩肩之中（在神面前）得享安寧！

約書亞領導以色列民族成功進住迦南之後，便雅憫支
派分得的土地位於猶大支派與約瑟支派的地界之間。也就
是北從約旦河谷（Jordan）起，上到耶利哥（Jerioho）斜坡之
北，往西到達山區直到伯亞文（Beth-aven）曠野。往南經路斯
（Luz）斜坡，可直達伯特利（Bethel）。便雅憫支派按其宗族
分得的城鎮有十二座，村落也有十四個，其中包括耶布斯
（Jebus）。而耶布斯就是古時的耶路撒冷（見：約書亞記十八：11-
28）。由此可見便雅憫支派所佔的地域廣闊，城鎮眾多，土
地肥沃。「聯合王國時代」首任君王掃羅，就是出身便雅憫
支派（見：撒母耳記上十：20-27）。

十二、結語

以色列民族之形成來自族長雅各的十二個兒子，也就是
上面所討論的「十二支派族群」。而「以色列」（Israel）這
個名稱也來自族長雅各（Jacob），因他和神人較力也不輸而
得了這一新名字（見：創世記三十二：28）。從此也成為今日以色
列（世稱：「猶太人」）新國度的名稱。以色列人（猶太人）是世
上最苦得起的民族，因此自公元前六世紀亡國一直至公元
1948年的兩千多年間，還能夠復國於昔日的迦南地（今的巴
勒斯坦）。當然這一以色列民族（猶太人）之建國精神，與上列

討論的「以色列十二支派」故事有關，此即探討它之主要目的。

就雅各（以色列）十二個兒子（如上述由四位母親所生）的大小，依照次序排列如下：

長子：流便（Reuben）——利亞大兒子

次子：西緬（Simeon）——利亞二子

參子：利未（Livi）——利亞三子

肆子：猶大（Judah）——利亞四子

伍子：但（Dan）——拉結女婢辟拉大兒子

陸子：拿弗他利（Naphitali）——拉結女婢辟拉二子

柒子：迦得（Gad）——利亞女婢悉帕大兒子

捌子：亞設（Asher）——利亞女婢悉帕二子

玖子：以薩迦（Issachar）——利亞五子

拾子：西布倫（Zebulun）——利亞六子

拾一子：約瑟（Joseph）——拉結大兒子

拾二子：便雅憫（Benjamin）——拉結二子

基督教（Christianity）強調「一夫一妻制」（monogamy），因此對於探討《創世記》族長史時代的「一夫多妻制」（polygamy）現象時，到底做何解釋？尤其是在探討「以色列十二支派」論題時，看到族長雅各有二妻二妾，又生了十二個兒子，而且是《舊約聖經》（猶太教經典）之記述，應該如何正視？原來以色列人的祖先是游牧民族，而游牧民族是重男輕女的父權社會（patriarchal society），因此都傾向一夫多妻。加上游牧民族的部落社會小規模的戰爭頻繁，男丁大量

損失而引起女多於男現象，從而造成一夫多妻習俗。明白其中歷史背景，就不難瞭解雅各為何那麼容易擁有兩妻兩妾，又衍生「十二支派族群」之多子多孫理由。現代世界除了維持父權社會的「伊斯蘭世界」外，「一夫多妻制」已被文明社會揚棄。基督教世界因強調「一夫一妻制」之家庭倫理，所以視夫妻以外的性關係是一種淫亂行為。為此，所羅門王（King Solomon）娶了三百妃嬪，七百個公主，就被視為是墮落之行止（見：列王紀上十一：1-11）。

2013年4月8日

附　錄

十六 | 論「安息日」

當記念安息日，守為聖日。六日要勞碌做你一切的工，
但第七日是向耶和華——你上主當守的安息日。這一日你和
你的兒女、僕婢、牲畜，並你城裏寄居的客旅，無論何工都
不可做。因為六日之內，耶和華造天、地、海，和其中的萬
物，第七日便安息。所以耶和華賜福與安息日，定為聖日。

（出埃及記廿：8-11）

根據《創世記》（一：1～二：4）的記載，上主創造天地是
在漸進的秩序中，以信仰語言所謂的「六日」完成
的。在「第七日」，上主特別為著人類與萬物設立了「安
息日」，使人類與萬物在祂所創造的「宇宙聖殿」中（大自
然裡）能夠有休息悠閒的機會。並且在這一天與上主交通，
來建立神人之間好的關係。為了這個目的，《出埃及記》
（廿：8-11），即摩西「十誡」中的「第四誡命」，特別規定
「安息日」為一個重要的「聖日」。這個日子除了人要專心
敬拜上主以外，一切工作人員以至牲畜，都要強制休息。因
為「安息」是勞動者最寶貴的享受，也只有一個曾經在埃及
做過450年奴隸的民族，才懂得以人道的立場來制訂「安息
日」為「聖日」的重要誡命。十分顯然地，「安息日」的誡

命在古代希伯來社會很受尊重的原因，除了人道的意義外，它對於工人與勞動的牲畜均有疏解生活壓力的好處。是日，他們（及牠們）的身心都能獲得適當的休息。

按猶太人的「安息日」，係現今所訂日曆上的「禮拜六」（星期六）。因此今日的猶太教徒都在這一天做禮拜，藉以持守傳統上的「安息日」。時下台灣社會也有一些基督教宗派也持守猶太教式的「安息日」，他們因此在禮拜六聚會禮拜，像「眞耶穌教會」、「基督復臨安息日會」都是如此。爲什麼絕大多數的基督教會也用「安息日」的用語而沒有遵守猶太教式的「安息日」，卻在「七日的第一天」（星期日）做禮拜呢？簡而言之，因爲「七日的頭一天」（星期日）是主耶穌「復活」的日子。基督徒藉著基督的「復活」，經驗了「重生」的福份，如同經歷了「新的出埃及」而進入「新的安息」一樣。因爲基督的犧牲、受死與復活的福音，成全了「舊約」（即「猶太教」）的禮儀。所以基督徒眞正的「安息日」，就是「基督復活的日子」這個「新約」（即「基督教」）的記號。這點就是基督徒不持守猶太教式的「安息日」，而主張持守「主日」（主復活的日子）的緣故。

《出埃及記》（廿：8-11）就是「十誡」之中有關「安息日」的誡命（第四誡命）。因爲「安息日」是猶太教徒最重要的禮拜天，並且對後代基督教會的影響甚鉅。卻《新約聖經》的「福音書」也累次言及耶穌與猶太教法師爲「安息日」的問題爭辯之事（見：馬太十二：1-8，馬可二：23-27，路加六：1-5）。所以值得基督徒重新去正視這個問題。

一、舊約中的「安息日」

「安息日」的希伯來文發音為"Sabbath"。這個字是從「停止」的字根而來，它與古巴比倫的節期"shabattu"有密切的關係。早期希伯來人將「安息日」與「月朔」相提並論（歷代志下二：4），不外暗示這個日子和月亮的明暗有關。它不但是停工之日，也是個歡樂的日子（何西阿書二：11）。顯然地，「安息日」是猶太教最重要的日子（列王紀下四：22-23，以賽亞書一：13）。至於從什麼時候猶太人開始遵守「安息日」，實在難以稽考。希伯來人出埃及以後，摩西（Moses）就將「安息日」嚴格列入「十誡」之中，要求他們遵守。

(一)「安息日」係聖日之首

就猶太教徒的立場言，「安息日」是宗教信仰的基本禮節，是所有聖日之首。摩西「十誡」對遵守「安息日」乙事強調得很清楚（出埃及記廿：8-11）。它的意義並且擴大到一個僕人為主人工作六年後的第七年，就是他的「安息年」（出埃及記二十三：10-11），以及奴僕為主人工作七七四十九年後的第五十年，就是可以擁有一筆財產安心退休的「禧年」（利未記二十五：8-17）的設置，所以深具「人道主義」的強調。的確，將「安息日」給予合法化地位，使人類與牲畜停止工作專心休息，既有機會與上主交通，又可歡樂一番，實在是個偉大的創意。這樣看來，這個聖日中的「聖日」的設置，不但反映一個曾經做過奴隸的猶太民族對人道主義的嚮往，同

時也指出上主是一位富有人情味與同情勞動者的神。

(二)「安息日」與「約」的關係

《出埃及記》（廿：10-11）明言：「安息日」是「上主的日子」，因為是上主所規定為「神聖」的日子。《出埃及記》（卅一：13）更言及「安息日」為上主與選民之間關係的代代證據。這等於是說，「安息日」是個「立約記號」的大日子。所以干犯「安息日」等於破壞選民與上主所立的「約」，這在摩西時代被視為一種大罪（出埃及記卅一：14）。為什麼「安息日」成為這麼重要又與「約」有關的「聖日」呢？其意義有下列幾點：

1. 「安息日」是上主創造宇宙完成的「安息紀念日」（創世記二：2以下），所以在往後的日子必須重複紀念它。也就是說，這個日子和上主拯救世界的聖旨有關，是祂與人類以及宇宙萬物立約的「聖日」（出埃及記廿：11）。大地萬物因此得以休養安息（出埃及記廿三：10-12，利未記廿五：1-7）。

2. 根據《申命記》的信仰強調，「安息日」也是希伯來民族被上主拯救「脫出埃及為奴之地」的紀念日：「你也要紀念你在埃及地做過奴僕。耶和華你的上主用大能的手，和伸出來的膀臂，將你從那裡領出來。因此耶和華你的上主吩咐你守安息日。」（申命記五：15）這麼說，「安息日」是個上主拯救希伯來民族，並且與他們立約的大日子。這點也是制訂「十誡」聖

約的基本精神所在（出埃及記廿：1-2，以西結書廿：12）。

3. 舊約先知活躍的時代，猶太人已將遵守「安息日」
這件事視爲「選民」的本份與特色（以賽亞書五十六：
1-2）。後來擴大到連外邦人持守「安息日」也必蒙福
的主張：「那些與耶和華聯合的外邦人，要事奉他。
要愛耶和華的名、要做他的僕人，就是遵守『安息
日』不干犯又持守他『約』的人。我必領他們到我的
聖山，使他們在禱告我的殿中喜樂。他們的燔祭和平
安祭，在我的壇上必蒙悅納。因我的殿必稱爲萬民禱
告的殿。」（以賽亞書五十六：6-7）如此的信仰告白，已
將「安息日」的「聖約」意義擴及上主與外邦人的關
係。上主也將藉著外邦人持守「安息日的約」來拯救
他們。先知的教訓眞正將上主救拔人類的意義表達出
來，因此上主的殿將成爲「萬民禱告的殿」。

二、基督徒的「安息日」

今日基督徒所持守的「安息日」，明顯地和猶太教徒的
「安息日」不同。基督徒遵守「主日」（基督復活之日），視它
爲「新的安息日」，所以自然和猶太教徒的「安息日」（星
期六）是不同的。因爲基督徒相信基督復活的日子，是一個
上主引導世人經驗「新創造」（重生）與「新出埃及」的「新
安息日」。

「安息日」──猶太教徒的禮拜日

「主　日」──基督徒的禮拜日

然而，「新安息日」（主日）乃是「舊安息日」意義的延伸，因此還是要看一看耶穌對於摩西於「十誡」所訂「安息日」律法的態度，而後再來探討基督徒持守「主日」的真正意義。

(一)耶穌對「安息日」的態度

耶穌是一位猶太教徒，他理所當然要遵守「十誡」中的第四誡所規定：「當守安息日為聖日。」（出埃及記二十：8-11）然而耶穌僅持守設立「安息日」的基本精神，就是在這個日子敬拜上主這點。可是他卻反對拉比（Rabbi，猶太教法師）為「安息日」增訂的一些僵化律法精神的禁令，諸如在「安息日」禁止治病這種不人道的規條。

1. 人子是「安息日」的主

有一個「安息日」，耶穌同門徒走過麥田，門徒餓了順手摘了幾根麥穗止飢。此事因被法利賽人看到了，他們立即興師問罪。耶穌引用了一則大衛王在逃難中如何喫了上主聖殿中陳設供物之事來加以反駁。而後又以「安息日是為人設立的，人不是為安息日設立的」的論點，來強調「人子也是安息日的主」（馬可二：22-28）。這等於是說，不要以舊禮教來抹殺宗教人的自由，因為上主的愛大過猶太教的律法規

條。

2. 耶穌在「安息日」醫病

又有一個「安息日」，耶穌進入會堂做禮拜。正巧有個「枯乾一隻手」的殘廢者，被人利用來試探耶穌是否會違反「安息日」醫病禁令的行動。耶穌知道那些猶太教徒有控告他違反「安息日」禁令之預謀，因此先予以機會教育，叫那個病人站在中間，問那些大眾關於在「安息日」行「善」與行「惡」，「救命」與「害命」，那一樣事情可以做的問題。法利賽人（Pharisees）與希律黨人（Herodians）一時無法作答。於是耶穌理直氣壯地將那個病人治好了，但敵人卻因此要加害他（馬可三：1-8，馬太十二：9-15）。由這一作為又可以看出：耶穌認為「愛心」乃大於死板的「律法」規條，因為上主是愛的神。

3. 耶穌在「安息日」驅邪

一次耶穌在會堂裡主持「安息日」的教導，恰好有個被鬼附著病了十八年之久的駝背婦人也在人群當中。耶穌看見了，就主動將綑綁她的邪靈驅出，病婦因而痊癒，就歸榮耀給上主。可是此事卻引起管會堂的人不悅，因為猶太教禁止人在安息日治病。耶穌知道此事，就以猶太農夫也在「安息日」解縛牛驢任牠們飲食乙事來加以反駁。並且認為替這個病婦解除撒旦（Satan，即魔鬼）的綑綁之行為，是合乎人道主義的。因此敵人都慚愧了，眾人也因此十分雀躍而高興（路

加十三：10-17）。如果比較《約翰福音》（五：1-18）耶穌在「安息日」醫治一位病了三十八年的老年人的故事，就更能明白：耶穌將「安息日」的治病行動，當做是上主聖子創造事工的一部份表現（約翰五：17-18）。耶穌更於「安息日」使一位生來就瞎眼的乞兒重見光明，來印證他就是「世上的光」（約翰八：12，九：1-34）。

上述事件都在說明，耶穌才是眞眞實實叫人「安息」之主，他更是「安息日之主」。人類「眞實的安息」不是在「安息日」這種日子中得到，而是在「耶穌的恩惠」中得到的。關於這點，下面將做說明。

(二)「主日」才是基督徒的真正安息日

耶穌基督完成救世大功之日，就是七日的第一日「基督復活之日」。所以說，主日才是基督徒的眞正安息日。

1.「主日」是基督徒經驗「新出埃及」的日子

就信仰的立場上言，「主日」是基督徒經驗到「新出埃及」的大日子。因爲從前基督徒做罪的奴僕，如今由於基督的救贖而重獲自由，進入恩典的「新約」中。所以「主日」是「新約之日」，也是：「自由之日」（加拉太書五：1）。台灣基督長老教會的《聖詩》第131首第一節這麼說：

救主復活的早起，全地報揚歡喜；
是咱快樂「逾越節」，救出奴才的地！

咱主基督有引導，對死進入永活；

今咱得勝來吟詩，對地上通到天。

這一節《聖詩》誠然已經道出了基督徒以「主日」為「新安息日」的真正意義，因為耶穌已經成全了「舊安息日」而引導基督徒進入「新的安息」。（該《聖詩》作者為第八世紀敘利亞大馬色（或做大馬士革）的聖約翰（St. John of Damascus））

2. 真正的安息

《馬太福音》（十一：28-29）清楚言及：「真實的安息」是來自耶穌，不是來自摩西「十誡」的第四誡規定：

> 凡勞苦擔重擔的人，可以到我這裡來，我就使你們得「安息」！我心裡柔和謙卑，你們當負我的軛，學我的樣式，這樣你們心裡就必得享「安息」。因為我的軛是容易的，我的擔子是輕省的。

這段耶穌自己宣告的話語，正可以做為「人子是安息日的主」這句話的詮釋。因此基督徒所追尋的「安息」，不是一般人所理解的「日子」，而是一個賜下平安的「人格」，那就是「在耶穌基督裡」的真正安息！

3. 在基督裡的新創造

使徒保羅見證：一個人若真正投入於耶穌基督的生命中

與他結連，他不但將獲得真正實在的「安息」，人格上「新創造」的事實也將因此在他的信仰生活中發生：

> 若有人在基督裡，他就是新造的人。舊事已過，都變成新的了。（哥林多後書五：17）

這點又道出了基督徒持守「主日」的重要意義：他們藉著持守「主日」與耶穌基督重新結連，而後經驗那「新造」（心靈的真正安息）的喜樂。這樣的意義，絕對不是遵守《舊約聖經》「十誡」所規定的「安息日」所能夠獲得的。

三、結語

就以上的探討，已經可以看出「舊約」中摩西頒佈的「十誡」明訂「安息日」的原來意義。它的確具有神人溝通的功能，以及人道主義的偉大目標。可惜後代的「猶太教」拉比們又制訂許多教條，而將「安息日」的精神僵化。這點正是耶穌重新以行動來詮釋「安息日」意義的理由。

基督徒相信「基督復活之日」是個「新約之日」（主日）。唯有在這個日子裡，使基督徒與主結連，重新使基督徒獲得生存勇氣的「心靈新造」日子。因此「主日」的意義不在於「日子」本身，而是在於追尋「在基督裡」心靈獲得真正的「安息」這點。所以「主日」比「十誡」那種律法主義的「安息日」，更具有重要性意義。基督徒在「主復活的

日子」（主日）撤下俗務，容許他們的心靈親近主，使他們的心靈獲得「真正的安息」，那將是一種蒙福的經驗！為此，倘若有基督徒說，我有皈依基督的決心就夠了，不一定持守「主日」的禮拜。這當然是一種不健全的想法。因為基督徒倘若遠離「基督的身體」——禮拜的共同體（教會），他是靈性上的浪子，因此無法獲得「在基督裡」（in Christ）真實的安息。不過教會牧者如何領導「主日」的「禮拜」（Worship）也十分重要。對於「加爾文主義」（Calvinism）教團的「禮拜精神」而言，「主日禮拜」絕對不是當今教會的「敬拜讚美」所能夠取代的。也就是說，長老教會的「主日禮拜」若以「敬拜讚美」加以取代的話，基督徒不去做禮拜是情有可原的。

2012年7月10日

十七 | 「十誡」
——基督徒倫理規範

（出埃及記廿：1-17之社會倫理詮釋）

在《舊約聖經》中，摩西（Moses）所訂的「十誡」（Ten
Commandments）一向被基督徒視為道德倫理的基礎。它
也是世上最著名「猶太教」（Judaism）道德律的基本典章。[1]
天主教（Roman Catholic Church）學者戴業勞（Daniel Rops）更稱它
為一部最概括、最自然的「倫理學」。[2]猶太人常把這十條
誡命看成摩西律法的綱要，這點若從《舊約聖經》（原猶太教
經典）的觀點來看果真如此。因為猶太人視「摩西律法」是
上主旨意的說明，是為人行事處世的原則。因此全人類均有
遵守它的義務，藉以培養人的道德品格。古代以色列人接受
摩西「十誡」，藉以與耶和華上主建立一種本於道德基礎的
「約法」（Covenant Law）關係，這不能不說是人類宗教史上的
一大進步。[3]今日「十誡」仍然是千萬基督徒的道德生活指

1　John Macquarrie, ed., *A Dictionary of Christian Ethics* (5th impression, London:
　　SCM Press, 1977), p. 85.
2　戴業勞（Daniel Rops）著，周納爵譯，《舊約聖經以色列民族史》（台中：光啓
　　出版社，1957年），頁123。
3　馬特生（A. D. Mattson）著，謝受靈譯，《基督教倫理學》（三版，香港：道生出
　　版社，1964年），頁151。

導，足見它重要之所在。不過基督徒對於視「十誡」爲摩西律法的綱要這點，必須以《新約聖經》的眼光來解說較爲妥當。保羅說過「我們在恩典之下，不在律法之下」（羅馬書六：15）的話。這正標明基督教信仰不是以摩西律法爲得救的先決條件，乃是以耶穌基督的「恩典」與「眞理」（約翰一：17）爲依歸。但這不是說，「十誡」對基督徒的生活已不具什麼價值，寧可說它是在基督恩典的福音中，上主頒佈它來做爲世人的生活準則，來改變無辜或有罪的人成爲義人，以成全上主與人類所立的「新約」。[4]

從歷史的觀點而論，與摩西「十誡」相類似的法典，也可從摩西以前數百年的「漢摩拉比法典」（Hammurabi code）看出來。[5]如果摩西「十誡」與它比較，就不難發現兩者酷似之點很多。就信仰上言，「十誡」與「漢摩拉比法典」仍舊有很大的分別：(一)「十誡」係上主用指頭寫在兩塊法版上的約碑（出埃及記卅一：18）。質言之，就是由上主而來之「約法」。(二)「十誡」具強烈的「一神主義」（monotheism）傳統，此係甚明之事實。(三)「十誡」不僅教人尊重道德秩序，也教人留意內心的動機。如禁止貪慾與愛神愛人的教訓，都是它超然之處。[6]關於《舊約聖經》把誡命分做十條，稱爲「十誡」（Decalogue, or Ten Commandments），那僅是一

4　黎加生（Alan Richardson）著，湯張瓊英、朱信譯，《聖經神學辭彙》（香港：基督教文藝出版社，1966年），頁270。

5　巴比倫王漢摩拉比（Hammurabi）的年代爲公元前2081年至2024年之間，因他頒佈此一法典而名垂青史。

6　參見：馬特生，上引書，頁151-152。

種公認的分法（出埃及記卅四：28，申命記四：13）。其實上主的誡命是一體性的，不能隨便分開（雅各二書：10）。耶穌更以律法的總綱為「愛神」（前四誡）及「愛人」（後六誡），這可見之於馬太福音（廿二：37-40）。的確在愛的裡面，「十誡」之律法具有合一性。因為任何一條誡命，都在發揮愛心。[7] 上主頒佈「十誡」約法，人人在上主面前就應負遵守的義務，[8] 此即儒家所說：「人道本乎天道」之道理所在。因此「十誡」可解釋為上主賜給以色列人的積極律法，使人能夠很自然的覺悟到自己的社會倫理責任。

對以色列人而言，持守「十誡」的責任若說是道德責任的話，毋寧說是一種立約關係的要求。耶和華揀選以色列人為選民，兩者之間的盟約關係需要一種義務性條例來維繫，惟獨根據這些條例所立的「約」，才屬有效。[9] 關係既然訂立，其所附帶的條件乃是以色列人要遵守這「約」。然而惟有上主才能廢棄這個「約」。從立約關係而來的基本典章，就是誡命。而「誡命」一詞在特殊用法上，表示將上主的命令構成一種形式，那種形式便是十條誡命。[10] 同時這誡命是由上主直接傳達給人的，因此具有永久性與普世性。以色列人的宗教與社會生活，可能發生一些改變（申命記十三：1-5，十八：9-22）。但它的改變只能在「約」的範圍內發生。因為

7　同上，頁155。

8　黎加生，上引書，頁99。

9　奧伯來、羅賓遜、繆連柏、賴特，《聖經考釋大全：舊約聖經論叢》（香港：基督教文藝出版社，1970年），頁208。

10　黎加生，上引書，頁100。

這個範圍是那個基本誡命——「十誡」所保護的。

　　基督教會面對《舊約聖經》所做的見證，以及此一見證到底如何對於教會生活發生關聯時，便可看出「十誡」為《新約聖經》所不可缺少的重要部份。[11]保羅曾經指出一些為律法所禁止的罪惡，它們都是按照「十誡」的次序所列舉出來的（提摩太前書一：8-11）。基督教會見證上主正當地藉著耶穌基督與全人類立約，因此世人取得上主國度兒女的地位，就與這一原始的約法不能分離。這等於說，上主的行動已經在以色列人與教會的遺傳中完全顯明出來。這一遺傳具體在「十誡」之中彰顯此一原始的「約法」。所以基督教會很自然的視「十誡」為一種上主頒佈的積極律法，基督徒並且持守不移。

　　本論文將在下面幾節討論「十誡」形式的歷史發展，「十誡」內容的問題與註釋，以及「十誡」在台灣社會與文化場合的適用性，並且指出基督教會強調其倫理意義之所在。台灣人是崇尚倫理道德的民族，用他們的文化場合來探討「十誡」倫理，則其意義非常重大。

第一節　「十誡」形成之過程

　　《舊約聖經》中的「摩西五經」（創世記、出埃及記、利未

---

11 同上，頁101。

記、民數記、申命記）是極爲廣泛與詳細的猶太教律法（Torah）。但它們幾乎都是以色列歷史中被擄時期（主前六世紀），及被擄後期（主前五世紀）才出現的祭司作品。所以要尋找「十誡」原來的形式及其確切的發展過程，是比較困難的事情。[12]近代學者已經發現：現在的《出埃及記》（廿：1-17）與《申命記》（五：6-21）所記載的「十誡」形式，都不是它原來的樣子，而是一個長期演變的結果。[13]因此要尋找「十誡」原形及其演變過程，就成爲舊約聖經學者研究的焦點。

「十誡」包含許多早期的資料，這是相當明顯的事實。然而要確實分別何者爲早期或後期的作品，則很不可能。許多年來「耶和華典」（J典）[14]的「十誡」（出埃及記卅四：10ff），被認爲是最早的形式。但是因它涉及對於農事的興趣，而有學者懷疑它不屬於摩西之作品。近來的一種趨勢即認爲「伊羅欣典」（E典）[15]的「十誡」（出埃及記廿：1-17），乃是最早的原始形式。因爲它是在米甸祭司葉忒羅和摩西的重要會面（出埃及記十八章），以及耶和華向以色列民族顯現之後（出埃及記十九章），又是在「立約」的行動之前（出埃及記廿四章）所出現的。當然「十誡」係以擴張內容的形式出現的。它確實的內容究竟如何，則沒有一致的結論。[16]

---

12 奧伯來等，上引書，頁209。

13 王敬弘，〈十誡研究的新發展〉，輔仁大學神學院編「神學集論」，第10期（民國60年12月），頁581。

14 「J典」即Yahwist code，五經中最早的文獻資料之一。

15 「E典」即Elohim document，五經中年代僅次於Yahweh document（J典）的資料。

16 奧伯來等，上引書，頁209。

一、「十誡」原形之探討

《舊約聖經》中的律法，可分爲兩大類：就是(一)「禁止律」（apodictic law）與(二)「案例律」（casuistic law）。[17]「禁止律」係以簡短的命令方式直接禁止做某種事，現有「十誡」形式都是「禁止律」。[18]「案例律」都是針對具體情況而定者，其形式大半都以「如果」開頭（例如：出埃及記廿一：2）。其形式在中東社會很普通。「漢摩拉比法典」也採此一形式。《舊約聖經》中大多數的律法，也以這種形式出現。[19]「禁止律」的形式除了「十誡」之外，在《舊約聖經》中並不多。《舊約聖經》以外則出現得更少。因此專家們都同意，「十誡」的原始形式極可能是一種「簡單的禁止律」。它慣用第二人稱單數出現，直接禁止某一行爲或事情。[20]現在根據尼耳森（Edward Nielsen）所列的「十誡」原始形式抄錄如下：[21]

    1. 你不可敬拜任何別的神。

    2. 你不可爲自己雕刻各種偶像。

    3. 你不可妄稱耶和華的名。

---

17 王敬弘，上引文，頁581。
18 Edward Nielsen, *The Ten Commandments in New Perspective* (London: SCM Press, 1968), p. 4.
19 Ibid., p. 52.
20 這種假定的根據既專門又複雜，可參照前引乙書。
21 Edward Nielsen, *op. cit.*, pp. 84-85.

4. 你不可在安息日做各種工作。

5. 你不可不顧你的父母。

6. 你不可和鄰居的妻子行淫。

7. 你不可流鄰居的血。

8. 你不可偷竊鄰居的人口。

9. 你不可做偽證陷害鄰居。

10. 你不可貪圖鄰居的房屋。

以上所列「十誡」的形式見之，有兩個條文必須稍加解釋，即第八誡所指的「人口」特別是指自由的鄰居。凡劫持男女自由人使他們淪為奴隸者，在古代是要處死刑的。第十誡所指的「房屋」，實係包括一切財產。因為掠奪鄰居財物者，是一種重罪。[22]就整個「十誡」原文而論，它所強調的禁制有三：[23](一)前四誡是有關人對上主的宗教責任。(二)五至七誡要求人尊重鄰居的生命與利益。(三)八至十誡乃是教人重視社會人群的權利與尊嚴。類似分法只是一種作業上的方便，[24]因為上列「十誡」條文在理解上是整體的。

---

22 王敬弘，上引文，頁583。

23 Edward Nielsen, *op. cit.*, p. 86.

24 有名的研究「十誡」學者Albrecht Alt的門人Karlheinz Rabast，曾經假定「十誡」的原始形式為「十二誡」（dodecalogue），並且早於《申命記》形式。參照：J. J. Stamm, M. E. Andrew, *The Ten Commandments in Recent Research* (London: SCM Press, 1967), p. 20.

二、「十誡」的發展史

　　這部份的討論，只能夠提及學者的幾點結論而已。因此無法詳述「十誡」之來源及其發展上的學術性證據。

　　以色列人定居迦南地（Canaan）以後，司法制度採取「部落法庭制」。士師時代的士師，就是根據「摩西律法」來執法與判斷是非的。到了聯合王國時代，君王是最高立法及裁判者（如大衛與所羅門），執法人員是君王所派遣的官吏。南北王國分裂以後，民間領袖因恐君王權力過大，便用一種簡潔的「十條誡律」，來限制君王的司法專制。這個「十條誡律」係來自上主聖旨，所以君王和百姓都必須共同遵守。[25]此一假定如果屬實，「十誡」便是當時法律系統的綜合。因之力求簡單明瞭，以便成為以色列人民一個完整的社會倫理規範。

　　關於「十誡」真正的作者，學者意見分歧。[26]就北王國以色列來說，作者可能是當時最熟悉律法的祭司。祭司編訂「十誡」原文之後，就在民間傳播和講解。以後逐漸變化在所難免。到了公元前721年，北王國以色列被亞述帝國所滅，「十誡」也隨著難民來到了南王國猶大。[27]首先它被申命記學派所吸收。然而到了公元前586年，南王國猶大毀於巴比倫帝國，百姓被擄。其時祭司集團重新整理「十誡」，

---

26 J. J. Stamm, M. E. Andrew, *op. cit.*, pp. 22ff.
27 Edward Nielsen, *op .cit.*, p. 140.

也採用歷史回溯方法將它變爲一種盟約形式。並且與出埃及的事件結合，此即現行「十誡」的由來。[28]

　　這樣看來，「十誡」的來源似乎與摩西的關係脫了節。其實不然，從「十誡」原有的形式來看，前四誡具曠野漂泊時代的傳統，因此與摩西有深厚關係。同時前四誡爲整個「十誡」的基礎。因爲如果沒有耶和華上主和以色列民族的關係，律法精神就無從解釋。因此整個「十誡」應該導源於摩西，[29]「祭司典」作者不過把它變爲一種「約法」而已。[30]當然以上說法，僅係根據形式批判與歷史批判的合理推測，可是也不能忽視此一學術努力之說明。

三、現行「十誡」的分析

　　現行漢文譯本《新舊約聖經》記載的摩西十條誡命（十誡），不管是改革教會（Reformed Church，俗稱「新教」）的和合及現代漢文譯本，以至羅馬天主教會（Roman Catholic Church）的思高聖經學會譯本，其排列次序都一樣，只是繙譯用字不同而已。在華人社會的基督徒十分重視「十誡」之倫理意涵，特別從傳統信仰改宗「基督教」爲信徒之後，一旦除去家中的神明偶像及祖先牌位，就用「十誡」中堂掛在大廳來加以取

---

28 王敬弘，上引文，頁590。
29 J. J. Stamm, M. E. Andrew, *op. cit.*, pp. 34-35.
30 關於「約法」的說明，G. E. Wright有清楚的提示，參照：奧伯來等，上引書，頁354-356。

代。由此可見華人基督徒（尤其台灣的基督徒）對於「十誡」之重視，因為其中的社會倫理教導足以糾正多神信仰又十分迷信的宗教脫序。

這段的討論，將採比較方法把上述的「原始十誡」與「現行的十誡」做一對照。藉著這樣的比較，就可以看出原始「十誡」的內容及現行「十誡」之差別。而現行「十誡」的二誡、三誡、四誡、五誡及第十誡的內容因增加一些說明及強調而擴大了許多。

原始的「十誡」	現行的「十誡」（出埃及記二十：3-17）
1. 你不可敬拜任何別的神。 2. 你不可為自己雕刻各種偶像。	1. 除了我以外你不可有別的神。 2. 不可為自己雕刻偶像，也不可作甚麼形像，彷彿上天下地，和地底下水中的百物。不可跪拜那些像，也不可事奉他，因為我耶和華你的上主是忌邪的上主，恨我的我必追討他的罪，自父及子直到三四代。愛我守我誡命的，我必向他們發慈愛，直到千代。
3. 你不可妄稱耶和華的名。	3. 不可妄稱耶和華你上主的名，因為妄稱耶和華名的，耶和華必不以他為無罪。
4. 你不可在安息日做各種工作。	4. 當記念安息日，守為聖日。六日要勞碌做你一切的工。但第七日是向耶和華你上主當守的安息日。這一日你和你的兒女僕婢牲畜，並你城裏寄居的客旅，無論何工都不可做。因為六日之內耶和華造天、地、海、和其中的萬物，第七日便安息。所以耶和華賜福與安息日，定為聖日。
5. 你不可不顧你的父母。	5. 當孝敬父母，使你的日子在耶和華你上主所賜你的地上，得以長久。

6.你不可和鄰居的妻子行淫。	6.不可殺人。
7.你不可流鄰居的血。	7.不可姦淫。
8.你不可偷竊鄰居的人口。	8.不可偷盜。
9.你不可做偽證陷害鄰居。	9.不可做假見證陷害人。
10.你不可貪圖鄰居的房屋。	10.不可貪戀人的房屋,也不可貪戀人的妻子僕婢牛驢,並他一切所有的。

從上列對照見之,現行「十誡」之中一至五誡與第十誡,已由原始誡命的內容擴大不少。第九誡兩者互相平行,六至八誡則又縮減了許多。[31]同時我們也得留意《申命記》(五:7-21)也抄錄了「十誡」,不過在二、三、四、五、十條誡律略有增加勸言,比《出埃及記》(廿:3-17)擴大一些。這是因為古代宗教領袖顧及時代的需要,而以他們的權柄來稍加擴大者。[32]再者,現有《出埃及記》的「十誡」很明顯受到聯合王國時期與申命記學派的影響。所以形成的時間不可能太早,學者推斷可能是公元前622年至560年之間的作品,時間正值被擄的前後。[33]

「十誡」是當今世界兩大宗教:「猶太教」(Judaism)與「基督教」(Christianity)的道德金律,但兩者對於條文安排的次序有些不同。學者拿比耳(B. D. Napier)把它整理出三組

---

31 關於現行「十誡」的擴大與縮小的原委,可參照:王敬弘,上引文,頁583-588。

32 參見:E. P. Blair, *Deuteronomy, Joshua* (London: SCM Press, 1964), pp. 31-32. 又參見:都孟高(M. H. Throop)著,黃葉秋譯,《申命記釋義》(再版,香港:基督教輔僑出版社,1961年),頁11。

33 王敬弘,上引文,頁589。

的排列法，並且以表格來做說明：[34]

猶　太　教		A.初代教會 B.希臘正統教會 C.改革教會	A.聖奧古斯丁 (St. Augustine) B.羅馬天主教 C.路得宗教會	
I	我是耶和華上主 (1節)	沒有別的神 (3節)	沒有別的神，也 不可雕刻偶像 (3-6節)	I
II	沒有別的神，也不 可雕刻偶像 (3-6節)	不可雕刻偶像 (4-6節)	不可妄稱耶和華 上主的名 (7節)	II
III	不可妄稱上主的名 (7節)		安息日爲聖日 (8節)	III
IV	安息日爲聖日 (8節)		孝敬父母 (12節)	IV
V	孝敬父母 (12節)		不可殺人 (13節)	V
VI	不可殺人 (13節)		不可行淫 (14節)	VI
VII	不可行淫 (14節)		不可偷盜 (15節)	VII
VIII	不可偷盜 (15節)		不可僞證 (16節)	VIII
IX	不可僞證 (16節)		不可貪心 (17^A節)	IX
X	不可貪心 (17節)		不可貪心 (17^B節)	X
誡	出埃及記廿章一節至十七節			誡

　　從上表看來，猶太教、東方正教與改革教會所奉行的
「十誡」較爲接近，僅一、二誡的秩序有別。天主教與路得
會則有獨特的排列，次序大不相同。無論如何，這些比較與
粗略的分析，有助於我們對現行「十誡」同異處的瞭解。

---

34 B. D. Napier, *Exodus* (London: SCM Press, 1964), p. 75.

第二節　「十誡」之釋義

以色列人的偉大約法——「十誡」，根據《出埃及記》所載，係收錄於「兩塊石板」（法版）的誡命（出埃及記廿四：12，卅一：18，卅二：15，四十：20）。《舊約聖經》沒有說明它如何寫在這兩塊石板上的過程，但明言係上主的作品（出埃及記廿四：12）。「十誡」的前四誡強調人對上主的倫理本份，後六誡係人與人之間的倫理本份，如此構成了邏輯上的動人分類。[35]只有那些愛神的人，才能夠愛自己的同胞，這是一個最恰當的次序。人愛神的動力係出於神先愛他們的緣故，他們對神的愛是從愛看得見的兄弟來證明出來的（約翰一書四：19-21）。

一、誡命的基礎（廿：1-2）

「十誡」在以色列人的理解上即「十言」（The Ten Words），它最原本的稱謂來自《出埃及記》（卅四：28）、《申命記》（四：13，十：4）等經文。從「聖經」的觀點言，這一基本誡命來自上主的「吩咐」（God spoke）。上主的「吩咐」是一切被造物的基本法則，也是神與人「立約」所以能

---

35 艾里斯（Q. T. Allis），《從摩西開始》（香港：道生出版社，1966年），頁93。

夠成立之原因。[36]

　　誡命的基礎是「約」（covenant）。「約」的來源係以色
列本身的歷史經驗：上主將他們從埃及為奴之地領出來（出
埃及記廿：2）。[37]至此，上主不僅是列祖之神，也是「拯救」
與「立約」之神，這是以色列人的宗教基礎。[38]質言之，上
主記念選民的為奴苦況，因此差遣摩西去領導他們出埃及
（出埃及記三：1-14）。但真正拯救選民出埃及的，是列祖之神
上主的行動。[39]因此上主與他們立約，這「約」的性質是
「我是你們的上主，你們是我的子民」（耶利米書七：23，卅一：
33）。「十誡」便是在此一關係的基礎上所訂立者，這是上
主頒佈「十誡」給以色列人的理由，也是認識「十誡」的主
要關鍵。

二、人與神的關係（廿：3-11）

　　這部份包含了四條誡命。B. D. Napier用四個字，來釋
義它們的意旨。就是對上主的(一)認同（Identity），(二)本性
（Nature），(三)名字（Name），與(四)聖日（Day）。[40]本段也按
照此一分類，來註釋這四條誡命所教訓的真義所在。

---

36 黎加生，上引書，頁99，又參見：G. A. Buttrick and Others, ed., *The Interpreter's Bible*, Vol. I (New York: Abingdon Press, 1952), p. 979.

37 B. D. Napier, *op. cit.*, p. 78.

38 黎加生，上引書，頁110。

39 G. A. Buttrick and Others, ed., *op. cit.*, p. 980.

40 B. D. Napier, *op. cit.*, pp. 38-84.

(一)上主的認信（廿：3）

第一誡：「除了我以外你不可有別的神。」可以說，整個的「約」都基於這個認信。以色列民族在埃及與迦南地的生活，處處都受到偶像崇拜的誘惑及威脅。像金牛（Golden calf）、巴力（Baal）、亞斯他錄（Ashtaroth）、亞舍拉（Asherah）、摩洛（Moloch）、大袞（Dagon）等等迦南地方眾神，時刻都在選民所處的環境中威脅他們的信仰。所以「立約之民」必須要有堅強的信仰告白與究極價值的選擇，[41]才足以得勝誘惑與威脅。因爲上主與虛假的偶像勢不兩立。

這一誡命對台灣基督徒所處的環境特別切題。因爲台灣民間的傳統宗教是多神主義，[42]基督徒置身其間，可謂是一種挑戰。因爲台灣基督徒仍然是少數的一群。上主只有一位，是無所不在、無所不知、全能全智的創造主。基督徒除了認同獨一眞神以外，別無其他選擇。可是台灣是個多神信仰（polytheism）及多元宗教的社會，基督徒處身其中，如同昔日以色列民族處身於古埃及多神信仰的社會一樣，容易受誘惑及威脅。所以對獨一眞神的信仰，就顯得格外重要。

---

41 Ronald S. Wallace, *The Ten Commandments* (Edinburgh and London: Oliver and Boyd, 1965), pp. 17ff.

42 參照：郭和烈，《台灣民間宗教》（台北：郭和烈，1970年）。又參照：董芳苑，《台灣民間宗教信仰》（二版，台北：長青出版社，1977年）。

(二)上主的性質（廿：4-6）

第二誡：「不可爲自己雕刻偶像……」，又說：「我耶和華你的上主是忌邪的神……」等律法誡命，主要在反對迦南宗教的偶像崇拜。從《舊約聖經》之歷史，不難發現偶像崇拜在迦南地方極爲流行，以及以色列人所受的嚴重影響。因此歷代以色列的宗教領袖，不斷爲耶和華宗教的純粹而奮鬥。像先知以利亞（Elijah）的宗教革新運動，[43]先知們的不斷儆告，[44]約西亞王的宗教改革[45]等等，都是反對以色列人雕刻偶像加以膜拜的歷史見證。這正指出一個重要的眞理：被雕塑的眾多偶像絕對不是眞神。眞神僅僅一位，祂只能被虔誠敬拜，而不能被塑造或加以擬人化。

偶像的塑造千篇一律均爲「擬人化」（anthropomorphism）與「擬獸化」（Zoomorphism），[46]古埃及宗教的許多偶像都做動物頭人身之造型，它們即「擬獸化」表現。用這些偶像來取代眞神的地位，可說是絕對的荒謬。它們也因此成爲上主「忌邪」的對象。質言之，「自然崇拜」（nature worship）——「上天、下地、和地底下、及水中的百物」所雕塑的偶像，

---

43 羅育德（編著），《以色列宗教進化史》（香港：信義宗聯合出版部，1960年），頁77以下。

44 同上，頁93、96、130。

45 同上，頁105-107。

46 Geoffrey Parrinder, *Dictionary of Non-Christian Religions* (London: Hulton Educational Publications, 1971), p. 23，又參見：加藤賢智著，鐵錚譯，《世界宗教史》（台北：台灣商務印書館，民國61年），頁3-4。

必然是上主所「忌邪」與拒絕的。[47]愛上主的人也一定拒絕它們，並且因此蒙上主祝福——「愛我守我誡命的，我必向他們發出慈愛，直到千代」。

(三)上主的聖名 (廿：7)

「名字」在希伯來人看來，係一具有生命力（vital force）之實有（reality），[48]上主的聖名也是如此。這一理解容易使人犯了罪以後，認為用上主的名字「起誓」就可以免除刑罰。因此申命記學派特別加上了「不可妄稱耶和華你上主的名……」這一段。它的本意是警告犯罪者不可用「上主聖名」來脫罪免罰，因為虛誓是逃脫不了上主刑罰的。[49]同時，「上主聖名」因係無可比擬，所以不可「妄稱」。反觀古埃及宗教的偶像，什麼名字都有。就如：太陽有阿蒙（Amon）、拉（Ra）、奧賽魯斯（Osiris）、何魯司（Horus），著名女神有伊西斯（Isis）等等。這和台灣民間信仰的神明都是歷史上的英雄、豪傑、巫女的人鬼名稱一樣。其實真神名字不可妄稱，祂是「自有永有」的（見：出埃及記三：14）。凡是認同上主的創造權能與獨一無二的本質者，便自然不敢妄稱上主的名字。[50]

---

47 參照：Ronald S. Wallace, *op. cit.*, pp. 41-43.

48 B. D. Napier, *op. cit.*, p. 80.

49 王敬弘，上引文，頁585。

50 B. D. Napier, *op. cit.*, p. 80.

(四)上主的聖日 （廿：8-11）

　　從「十誡」的原始形式見之，「安息日」可能是一種禁忌的日子。但是《出埃及記》的「安息日」不只是「忌日」，而且是一個以積極行動敬拜上主的「聖日」。[51]這樣說來，此一安息聖日具有「忌日」與「節日」的特色。[52]值得留意者，這裡所論的「安息日」，其內容與功能和《創世記》二章所說的「安息日」是平行的，[53]旨在強調人與上主的關係。尤其是人與萬物在時間上都安息下來，與創造主溝通的那種實存經驗。惟有在古埃及做過430年奴隸之以色列民族，才懂得珍惜「安息日」（人與萬物都休息）的可貴。

　　「創造」的信仰與「安息」的誡命，兩者關係密切。「安息」是因為「創造」的結果，所以「安息日」被視為「聖日」係理所當然的事。[54]「安息日」的功能不僅是休息，也是人交託上主，與祂建立關係的時間。「安息日」更是一個象徵救贖的「神聖時間」。因為上主把祂的子民從埃及為奴之地拯救出來，使他們獲得了自由。因為一個真正得著解脫的奴隸民族，才懂得珍惜「安息日」的可貴。基督徒遵行「主日」（新安息日）也具有同一的意義。因耶穌基督真正把他們從「罪奴」的境況中救拔出來，如同「新出埃及」

---

51 王敬弘，上引文，頁585。
52 同上，頁586。
53 比較《創世記》（二：2-3）的原因，因「創造」與「安息」密不可分。
54 B. D. Napier, *op. cit.*, p. 81.

的經驗一樣。基督徒在「主日」又重新經驗到屬靈的新安息日，與原罪（人性軟弱）獲得釋放之樂。

三、人與人的關係 (廿：12-17)

　　「十誡」在以色列人的認信上，是由神而人的「約法」。所以「人與神的關係」建立之後（第一誡至第四誡），接著即強調「人與人的關係」。而這一關係的基礎，同樣是由神而人。因為自第五誡以下至第十誡，都是以神為主動者之命令而成的。[55]由此推演到人與人關係失常時，與神的關係也不能正常的道理（參照：約翰一書四：19-21）。

(一)孝敬父母 (廿：12)

　　第五誡有關孝敬父母的誡命，可說是人與人關係的倫理根本。人盡了兒女應有的孝敬父母之本份，便在塵世蒙福，得到延年益壽的效果。學者認為這一誡命的文字形式與神學內容，都與申命記學派有關。並且比「十誡」第五誡的原始形式更加積極。[56]顯然的，這一誡命乃針對為人子女者與父母的關係，以及對父母的敬愛與奉養責任而發。從字義上說，「孝敬」（filial piety）在原文的意思是「榮耀」（honor）。用台灣人的理解言，等於是「榮宗耀祖」的意思。所含的意

---

55 G. Campbell Morgan, *The Ten Commandments* (New York: Fleming H. Revell Co., 1901), p. 52.
56 王敬弘，上引文，頁586。

義不僅是「孝敬」與「順服」，而是一種倫理與動態的責任。[57]另者，這一誡命也在說明「家庭」的地位歸屬。家庭的權威者是父母，子女的本份是順服、孝敬與愛護年長的父母。《新約聖經》的作者再三的強調這點（以弗所書六：1-3，歌羅西書三：20）。為此學者認為「猶太教」與「基督教」都是重視子女對父母孝敬的「家庭宗教」，[58]這是很有意義的強調。

(二)不可殺人 (廿：13)

第六誡所禁止的，是不正當的殺人行為。部落時期的以色列人有一種互相報仇的習慣，因為受到「漢摩拉比法典」的「復仇法」之影響。如果家中有人被殺，這家人不但可以公然殺死凶手，也可以向凶手的家族討還血債。這種做法莫非是部落時代的一種生存法則，主要目的是以報仇的方式來阻止整個家族受害。[59]後來以色列人對生命與個人尊嚴的認識逐漸深刻，因此改變了家族性報血仇的做法。進而強調「不可殺人」的道德規範，以此為上主的命令。後來在以色列的社會中，這一誡命又擴展到禁止死刑，及殺害敵俘，甚至戒殺動物。[60]值得注意者：摩西曾經因為義憤殺死欺凌同胞的埃及工頭（見：出埃及記二：11-12），也領導以色列人殺

---

57 G. Campbell Morgan, *op. cit.*, pp. 54-55.
58 G. A. Buttrick and Others, ed., *op. cit.*, p. 986.
59 王敬弘，上引文，頁587。
60 G. A. Buttrick and Others, ed., *op. cit.*, p. 986.

敵（見：出埃及記十七：8-16），也立下極嚴格的死刑條例（見：利未記二十：1-27）。可見「不可殺人」的誡命是要看場合及社會倫理規範去實踐的。耶穌曾經斥責門人彼得（Peter），不可用刀，[61]因為「凡動刀的必死於刀下」（馬太廿六：51-52，馬可十四：47）。此乃是基於「不可殺人」的誡命精神而發言的。生命來自上主，人必須尊重生命。因此這一誡命否定人有取去同類生命的特權。[62]「人命」唯有上主才能定奪，基督教從此立下人道主義之基礎。

(三)不可姦淫 （廿：14）

第七誡「不可姦淫」的含義，不僅禁止男人與他人之妻行淫，也禁止男女之間與同性之間的各種淫行。[63]它真正的關心是正當婚姻的神聖性這點，同時暗示性道德的倫理關係應被尊重。[64]無疑的，「姦淫」對以色列民族言，能敗壞個人人性、毀棄家庭、混亂社會、動搖國本。其實淫亂之不道德，對於小至民族，大至世界的秩序，都是一種靈肉之污病。[65]由此足見，「姦淫」是一種敗壞人性的罪，更是斷絕人與上主之間正常關係的罪。因為男女正當的交媾（婚姻），是上主所設立（創世記二：4^b-25，馬可十：6-9），因此斷不能容忍

---

61 G. Campbell Morgan, *op. cit.*, pp. 70-71.
62 B. D. Napier, *op. cit.*, p. 86.
63 王敬弘，上引文，頁587。
64 G. A. Buttrick and Others, ed., *op. cit.*, p. 986.
65 參見：G. Campbell Morgan, *op. cit.*, pp. 78-81.

婚姻以外的男女性行爲。[66]這點正是「上主所安排的男女結合，人不可分開」的道理所在。至於耶穌對於淫亂問題的倫理要求更爲嚴格，因爲他強調：「看見婦女而生淫念，心裡已經跟她犯姦淫了。」（馬太五：28）足見耶穌關心犯罪的動機，教人人要避免淫念。耶穌時代的猶太社會，婦女穿著保守，蒙頭蓋面，較不會引起男人慾念。看看今日女人穿著暴露，比基尼辣妹到處可見。因此誘惑男人產生淫念，性犯罪因此而生，基督徒男人面對時尚女性之挑戰，必須以信仰加以克服。

(四)不可偷盜（廿：15）

第八誡「不可偷盜」的立法精神，在於保護個人及公眾的財物。「偷盜」是一種不正當手段的他人及公眾財物之佔有。所以如同「殺人」與「姦淫」之罪惡一樣，嚴重敗壞個人的德性，擾亂社會秩序，分明是罪惡的表現。[67]所以政府官員及政黨（中國國民黨）的掠奪與貪污，是一種罪加一等的偷盜行爲。固然人的「偷盜」行爲是不對的，但也從這一條誡命引出了一些社會問題。諸如青年男女的失業、貧富不均與不正當的經濟剝削、再加上人性自甘墮落之吸毒等。這些社會問題都是造成「偷」與「搶」的主要原因。上主的兒女

---

66 約瑟拒絕貴婦之誘惑被視爲一種德行（創世記卅九：7以下），大衛強佔烏利亞之妻是一種大罪（撒母耳記下十二：9-10），可見「聖經」如何重視男女正常性關係的程度。

67 B. D. Napier, *op. cit.*, p. 87.

不過是地上財物的管理者，所以在《舊約聖經》中再三強調人要善待窮人、奴隸與寄居的人（見：利未記二十五：35-55）。質言之，即沒有經濟能力的人（見：出埃及記廿二：21-27，申命記廿三：20），以免他們因缺欠而偷盜。[68]《新約聖經》作者也承接這一重要教訓，要人戒絕偷盜行為，努力工作來自力更生，甚至資助需要的人（以弗所書四：28），默默地去做善事而不求報答（見：馬太六：1-4）。

(五)不可偽證（廿：16）

第九誡「不可做假見證害人」的強調，可說是以色列人以宗教支持法律的一例。[69]昔日以色列人視「見證」（起誓）是一種宗教儀式（創世記廿四：2-3），因此起誓的見證人不僅是人，也有上主參與其中。它是一種「人－神－人」（man-God-man）的見證（起誓）關係，[70]所以「偽證」是一種大罪（出埃及記廿三：13，利未記十九：16）。從昔日以色列人的經驗中，他們知道「偽證」後果的嚴重性，以及傳統上「起誓」引起之諸多毛病。因而視「偽證」為一種破壞神人關係的罪惡。難怪耶穌肯定的教訓人「不可起誓」，只要「是非」分明為要（見：馬太五：32-37）。

---

68 Donald S. Wallace, *op. cit.*, pp. 156-157.
69 G. A. Buttrick and Others, ed., *op. cit.*, p. 988.
70 B. D. Napier, *op. cit.*, p. 89.

(六)不可貪心 (廿：17)

第十誡：「不可貪戀人的房屋……妻子、僕婢、牛驢，並他一切所有的」之禁戒，清楚的看出以色列人把「妻子」與「財產」並列。這當然是重男輕女社會的誡律。但也說明人性引發的「貪心」不僅止於財物，也包括他人的「妻子」與「僕婢」的佔有，這分明是一種大罪。[71] 這一條誡命是相當重要的，因為「貪心」是犯罪的動機，與前四條誡命都有直接或間接的關係。[72] 人人若能奉行此一誡命，人間的許多糾紛與罪惡都可以避免。「貪心」不僅是犯罪的主因，也使人與上主的關係離間。畢竟人「不能事奉上主，又事奉瑪門」（見：馬太六：24）。保羅（Paul）教導其義子提摩太（Timothy）時，特別強調：「貪財是萬惡之根源」（提摩太前書六：9-10），為要提摩太謹記在心。可見「貪心」不僅為眾罪的淵源，也使人與人的關係，以至人與上主的關係因而斷絕。

以上對摩西「十誡」的簡要研討，可使人獲得一個深刻的印象，那就是：誡命的基礎，來自上主與以色列子民的「立約」關係。因為上主在以色列民族陷於極端危機中之時，把他們救出為奴之地——埃及（出埃及記廿：1）。「十誡」就是維繫這一「立約關係」的「約法」。前面四誡明言

---

71 G. A. Buttrick and Others, ed., *op. cit.*, pp. 988-989.
72 Ibid., p. 989.

以色列民族與上主之間的關係，《申命記》作者將它們濃縮爲：「耶和華我們的上主是獨一的主，你要盡心、盡性、盡力、愛耶和華你的上主。」（申命記六：4-5）後面六誡強調人與人之間的關係，《利未記》也把它們濃縮爲：「愛人如己」（利未記十九：18）的誡命。並且耶穌也十分尊重誡命的精神，稱「愛神」及「愛人」爲律法與先知的總綱（馬太廿二：39-40）。總之，「十誡」不僅是以色列人的金律，也影響基督徒的生活至鉅。下面一節將以基督教神學之立場探討摩西「十誡」，以做爲基督徒倫理規範的神學依據及其意義所在。

第三節　「十誡」的神學意義

本節所討論的範圍有三：(一)「立約」與「約法」的關係，(二)「律法」與「恩典」的功用，與(三)「十誡」倫理的現代意義。前(一)、(二)兩小節，乃是探討「十誡」的神學基礎，後(三)小節旨在關懷「十誡」倫理的現代效用。因此本節的討論不外爲第二節釋義的擴展，而「釋義」的主旨在建立一種「『十誡』神學」，使其倫理意義能夠切題於今日基督徒生活中。

一、「立約」與「約法」

上主與以色列子民「立約」的關係（covenant relationship），可說是《舊約聖經》神學的基礎，[73]也是耶穌及其門徒闡釋《新約聖經》思想的基礎。[74]我們不難發現，《新舊約聖經》的信仰，自始至終都被「約」的觀念所支配。魯賓遜（Theodore H. Robinson）曾就摩西時代的「約」對以色列民族的意義，提出十點的說明：[75]

(一)以色列民族能夠在歷史上存在，是上主以「約」為中心來加以促成的。如此一來，信仰與歷史成為認識希伯來宗教的線索。

(二)上主是拯救以色列人的發動者。出埃及事件的背後，上主與以色列民族對話：「上主吩咐這一切的話說」（出埃及記廿：1），以色列民族從此認識祂（出埃及記廿：2）。

(三)以色列人在「約」的關係上，認識上主是歷史的主宰，不是一位自然神格而已。

(四)「約」的新關係既然建立，耶和華就成為以色列人的上主，以色列人也成為耶和華的選民。

(五)以色列人與上主之間的關係，只能用：「我是耶和華你的上主，曾將你從埃及地為奴之家領出來」（出埃及記

---

73 參照：Walther Eichrodt, *Theology of the Old Testament*, Vol. ONE (4th Imp., London: SCM Press, 1975), pp. 36ff.

74 Alan Richardson, ed., *A Dictionary of Christian Theology* (4th Imp., London: SCM Press, 1976), p. 77.

75 奧伯來等著，上引書，頁200-203。

廿：2）這種歷史事件來加以領悟。

(六)「約」所附帶的條件（也是以色列人的義務），就是「聽從我的話，遵守我的約，就要在萬民中作屬我的子民」（出埃及記十九：5）。

(七)耶和華所揀選的不是摩西，乃是以色列這個民族，並使其成爲立約之子民。

(八)當以色列人與耶和華立約的時候，他們是一同立約。這「約」從此成爲以色列人團體意識之根本。

(九)在日後的發展中，以色列人反映出上主與其立約的動機，是一種彼此忠信的愛。

(十)「立約」的關係終於使以色列人在歷史過程中，領悟了其中的意義。在（出埃及記廿：1-17）「E典」的「十誡」之中，就能認識此一立約關係的責任。

所謂「約法」（Covenant Law）者，乃是由立約關係而來的典型律法。因爲立約之後，自然也產生了崇拜上主的律法與社會倫理之律法。「十誡」可說是「約法」的藍本，以色列人的所有律法都是根據它來制訂的。賴特（G. Ernest Wright）論及「約法」的意義時，認爲一切律法都被納入所立的「約」裡面，以做爲上主旨意的表現。[76]以色列民族看律法，不是一種刑罰人的重擔，乃是上主特別的恩典，好叫他們在律法中，找到眞正的信仰與社會公義。這麼一來，「約法」不是一種「自然律法」（natural law），而是一種根植於上主恩典中

---

76 同上，頁355。

的「特別啓示」。「約法」是上主賜給整個以色列團體的。然而在律法中，個人自團體中分別出來，接受「你不可」或「你要」做某事的命令。[77]所以在全民所立的「約」裡面，人人的意志與上主相聯，蒙召去敬拜及順服他的神。結果，人的生命便得到無上的尊嚴。[78]如此說來，「十誡」此一「約法」的藍本，不僅是以色列的宗教基礎，也是一種社會責任之意識形態。

二、「律法」與「恩典」

「律法」（Torah）在《舊約聖經》中所包含的領域甚廣，它的功用是規範了以色列民族的生活準則。[79]就整體來說，「十誡」是律法的主流。它向人的良心提出最基本的要求，其宗教與倫理的高尚水準是異邦宗教（尤其是古埃及宗教）無法達到的。對以色列人而言，「律法」是上主的攝理和目的之全部啓示，這一啓示也將人在上主面前的社會責任顯明出來。[80]問題是：「律法」對基督徒的生活有什麼意義？《新約聖經》關於這個問題的教訓與一個爭辯有關，即一個人是否要先奉行「摩西的律法」才能做基督徒的問題。保羅的回答是：「我們在『恩典』之下，不在『律法』之

---

77 同上註。
78 參照：埃柯特華特（Walther Eidhrodt）著，陳思永譯，《舊約中的人觀》（台灣：東南亞神學院協會，1966年），頁5-11。
79 《聖經神學辭典》，卷二（台中：光啓出版社，民國66年），頁365。
80 黎加生，上引書，頁265。

下」（羅馬書六：15），這是指沒有「律法」的外邦人也可藉著上主的「恩典」得救之意（以弗所書二：12）。基督教的信仰不是以「律法」爲先決條件，因其阻礙人進入「恩典」的新時代。[81]爲此約翰見證說：「律法本是藉著摩西傳的，恩典和眞理卻是由耶穌基督來的。」（約翰一：17）

這麼一來是不是否定了《舊約聖經》及其中的誡命了呢？問題的解答應集中於耶穌基督的「恩典」之含義，才足以解答上主的「約」與其「誡命」在耶穌基督來臨的恩典時代仍然有效。問題是：《舊約聖經》中的「律法」在耶穌基督的恩典時代，對於外邦人言則不能代表那個誡命。換言之，以色列人與上主所立的「約」，以及「約法」（「十誡」）能夠成爲普世性的指望，必須藉耶穌基督來加以成全（馬太五：17-18）才有效。在成全的過程中，上主藉耶穌基督的「成肉」、「受難」、「死而復活」，而與普世人類訂立「新約」（New Covenant），從此開啓了「恩典」時代。[82]所以保羅說：「如今上主的義在律法以外已經顯明出來，有《律法和先知》（舊約聖經）爲證。就是上主的義因信耶穌基督加給一切相信的人。」（羅馬書三：21-22）這麼說，「律法」對於耶穌基督的福音具有見證的功用，黎加生（Alan Richardson）認爲其功用有三：(一)在沒有福音之處維持創造秩序；(二)使人覺悟自己有無法全守律法的軟弱而接納基督的恩典；(三)

---

81 同上，頁267。
82 *The Interpreter's Dictionary of the Bible*, A-D (New York: Abingdon Press, 1962), pp. 722-723.

藉律法的引領能夠結出聖神的果子。[83]這正說明，基督福音的目標若離開律法的教育作用便不能達到。而且「新約」（基督教）指引基督徒注意「舊約」（猶太教）的律法，也可以從教會的態度反映出來。最明顯的是著重「十誡」與「愛神」及「愛人」的誡命總綱去表達。

三、「十誡」倫理的現代意義

耶穌在「山上寶訓」（馬太五章～七章）之中，顯然的採取摩西「十誡」的教訓來做為「新約倫理」的入門。下表的對照，可以做一個粗略的比較：[84]

摩西的「十誡」	耶穌基督的「新誡」
「吩咐古人的話」（馬太五：21）	「只是我告訴你們」（馬太五：22）
1.只有一位神。	我們在天上的父（馬太六：9）。
2.不可雕刻偶像。	暗中察看的天父（馬太六：6）。
3.不可妄稱神名。	你的名為聖（馬太六：9）。
4.守安息日。	安息日為人而設立（馬可二：27）。
5.孝敬父母。	行天父旨意者即親人（馬太十二：50）。
6.不可殺人。	不可動怒（馬太五：22）。
7.不可姦淫。	不可動淫念（馬太五：28）。
8.不可偷盜。	需要的就給他（馬太五：42）。
9.不可做偽證。	甚麼誓都不可起（馬太五：34）。
10.不可貪心。	飢渴慕義的人有福了（馬太五：6）。

從上面的比較，足見《新約聖經》中的「新誡」比《舊

---

83 黎加生，上引書，頁270。
84 G. A. Buttrick and Others, ed., *op. cit.*, p. 989.

約聖經》的「十誡」更進一步。因爲「新誡」把人與神之間的距離拉近，人可稱上主爲阿爸父。至此一個民族的「約法」已經變爲藉著耶穌基督恩典而來的天國大家庭中的「家法」，人倫與天倫從此交織在一起了。但這不是說「十誡」已不具什麼價值，它仍然是基督徒生活中的倫理規範。[85]只是在闡釋「十誡」時，必須配以「新誡」的精神與現代的生活場合，才具有實際意義。

(一)「新出埃及」的經驗

每個基督徒都有過「在基督裡」（in Christ）脫去舊人而成爲新人的經驗（以弗所書四：22-24，歌羅西書三：9-10）。類似經驗即如保羅所說：「因爲知道我們的舊人和他同釘十字架，使罪身滅絕，叫我們不再作罪的奴僕。」（羅馬書六：6）又說：「基督釋放了我們，叫我們得以自由。所以要站立得穩，不要再被奴僕的軛挾制。」（加拉太書五：1）這一滅絕罪身，不再做罪的奴僕而獲得自由的信仰過程，正是一種「新出埃及」的經驗呢！[86]由此開始，上主藉著基督與罪人復和，訂立了「新約」（New Covenant）。基督徒的責任就是持守「愛上主」和「愛鄰人」的誡命所演繹的新誡，就是「山上寶訓」所立的天國民聖律。但它仍然是「十誡」精神的延伸，或說是「十誡」被賦予現代意義之起始。

---

85 Daniel J. Adams, *Christian Ethics in Chinese Context* (Taipei: Zion Press, 1979), p. 9.
86 參照：杜理安（Max Thurian）著，周天和譯，《現代人與靈性生活》（香港：基督教文藝出版社，1970年），頁10。

(二)「愛上主」的倫理

　　「十誡」的第一至第四誡強調人要信奉獨一眞神，勿爲眞神雕像，不可妄稱眞神聖名，並且在神聖時間（安息日）中崇拜祂等等。這些誡命莫非在說明一個眞理：人類有「愛上主」的本份。耶穌也強調「愛上主」的「舊約」（Old Covenant）申命記倫理（申命記六：4-5），係天國民得到「永生」的要領之一（馬可十二：28-34）。其實此一最大誡命之一的「愛上主」，已被耶穌強化爲天國民倫理：即上主爲天父（馬太六：9），天國民是天父的孝子（馬太五：45-58）。因爲耶穌認爲「愛」是天父上主品格的核心，人自當以「愛」（孝敬）來對待上主。[87]反觀人類歷史，人往往不知去愛唯一眞神的天父，而去愛自然界的許多擬人化眾神（羅馬書一：20-23，哥林多前書八：5-6）。現代人對「神」的信仰更走上一個極端，那就是把上主判了死刑。諸如尼采（Friedrich W. Nietzsche, 1844-1900）在十九世紀宣佈了「上主已死」，[88]以及近年出現的「神死神學」（The Death of God Theology）等。[89]有些學者以爲上主之死亡是一種文化事件，亦即上主的觀念已在人的心中沒有了位置或死去。[90]這一現象（人類殺死上主自以爲是超人）委實是現代人生活的危機。難怪巴戴也夫（Nicholas Berdyaev）稱我們

---

87 龔德義，《基督教倫理學之基礎》（香港：聖書公會，1953年），頁46-47。

88 Alan Richardson, *op. cit.*, p. 231.

89 Ibid., pp. 88-89.

90 John Hick編，廖湧祥譯，《中庸基督教》（台灣：東南亞神學院協會，1973年），頁15。

這個時代為「非人性時代」。因為人想高舉自己為神，結果反成為「非人」。而現代共產主義便是這種「非人化」（dehumanization）的典型。[91]今日許多操縱國家民族命運的政治領袖，也致力將某些政治理想（如某某主義），以至自己的地位絕對化，叫人崇拜他為神（新皇帝崇拜）。因此台灣基督長老教會通過其媒體「教會公報」，再三強調只有一位主，就是耶穌基督。如此具體表現，莫非在持守「愛上主」的誡命。因此夏達理（Daniel J. Adams）認為持守「十誡」中的第一誡：「除了我以外不可有別的神」，便是解開其他九條誡命之鎖匙，[92]實在教人同感。基督徒是天父的孝子，「愛上主」是基督徒的本份，因為這是基督教倫理的重要基礎。

(三)「愛鄰人」的倫理

「十誡」的第五誡以後至第十誡，可用一句話來界說，即：「愛人如己。」（利未記十九：18）這也是耶穌所謂最大誡命之一（馬太廿二：39）。耶穌也將孝敬父母、不可殺人、不可姦淫、不可偷盜、不可做假見證與虧負人等誡命，視為人人追求「永生」的重要誡命（馬可十：17-22）。的確這些強調是基督徒為人處世之本，也是人與人關係之倫理基礎。今日社會之所以混亂、痛苦，不外人對父母之失敬（不孝），人不尊重別人的生命（任意殺人，亂判死刑，馬英九也放話要使陳水扁前總統「死

---

91 巴戴也夫（Nicholas Berdyaev）著，鄭聖沖譯，《人在現代世界中的命運》（台北：先知出版社，民國63年），頁31以下。

92 Daniel J. Adams, *op. cit.*, p. 23.

得很難看」等）。另外是婚姻的危機以及男女「性」關係的混亂，偷盜與搶劫等不正當的佔有，貪戀物質世界以至興訟及偽證等等。這些均是忽視「愛人如己」之金律所使然。

「愛」是持守誡命的動力，保羅達哥林多人的書信強調說：「如今常存的有信、有望、有愛，這三樣其中最大的是愛。」（哥林多前書十三：13）約翰也拿「愛」來比擬上主說：「上主就是愛。」（約翰一書四：8）因為上主愛我們，所以「律法」的總綱就是「愛」，無論那一條誡命都在發揮著「愛」。[93]愛能阻止人犯不孝、殺人、姦淫、偷竊、偽證與貪心的罪，「愛」也能遮蓋人間的是非。一切基督徒的品德都包括在「愛」之中（加拉太書五：22-23，以弗所書五：9-10，彼得後書一：5-8）。馬特生（A. D. Mattson）在解釋「愛人如己」（馬太廿二：39）的金律時，把它分為(一)對自己的愛，與(二)對鄰人的愛兩類。[94]一來是人生的意義即自我的意義，人生究極的倫理本份在於表現一己的真正自我。因此「愛自己」係倫理道德的基本原理。人若能「自愛」，就不會犯罪，身體靈魂都會長進。但「愛自己」的倫理，是一種犧牲小我的倫理。耶穌就是它的最高模範，自我犧牲並不是犧牲自我的尊嚴。所以「虛己」是保全自我的行為，旨在達到「愛」的最高目的，否則便無意義。[95]另者「對鄰人的愛」，乃是為別人捨棄自己，又願與別人和平相處的原則。耶穌說：「你們願意人怎樣待你們，你們

---

93 馬特生，上引書，頁155、161。
94 同上，頁164-165。
95 同上註。

也要怎樣待人。」（馬太七：12）此一「愛鄰人」誡命意義的擴大，就包含消除階級制度與種族歧視、商業道德與工業福利的推行、重視兒童與婦女的地位。也包括關心貧富不均的問題、社會公義與人權問題、政治領袖獨裁專制奴役人民的問題。尚有失業、女工、童工、私娼、以及環境污染的問題等等，更屬「愛鄰如己」誡命所關心的範圍。[96]足見「愛鄰人」的誡命，其倫理責任涉及整個人類社會，尤其是政治及社會公義問題最為凸顯。今日耶穌基督在此時此地揀選我們為他的門徒，我們就得為「愛鄰如己」的精神而努力奮鬥。

第四節　結論

台灣基督徒傳統上喜歡在家中正廳最重要的位置懸掛「十誡」中堂，以與教外人士有所分別。同時也使來訪的教外人士，認識基督教生活誡律之特色。這樣的做法委實十分妥當，也很特別。昔日教會兄姊這麼做都覺得很自然，它所代表的意義至少有二：

(一)將基督教信仰鄉土化

原來一般民家正廳的重要位置都設有神龕，壁上懸有觀

---

96 參見：Dietrich Bonhoeffer, *Ethics* (2nd ed., London: SCM Press, 1971). 又參照：馬特生，上引書，頁165-169。

音或關公的掛圖，中樑甚至有懸掛「天公爐」（象徵至上神）者。歸主之後就以這個廳堂中的重要位置來懸掛「十誡」加以取代，來表白自己的基督教信仰。這麼做可謂是一種不失鄉土化的信仰重建，也象徵耶穌基督成全灣人的宗教文化。

(二)表白基督教重視敬神教孝的倫理

昔日民間恥笑基督徒「無公無媽」，「不孝不仁」，又「死無人哭」。「十誡」掛在廳堂的展示，正直接改正民間的錯誤看法。令人一見就知道基督徒信仰「唯一真神」，教人「孝敬父母」，注重道德倫理，與傳統社會所強調者並無兩樣，卻有過之而無不及。

的確，「十誡」在台灣社會所標示「敬神愛人」的倫理，與傳統儒家「獲罪於天無所禱也」的「天」，及「仁者，人也」的「仁」之教義有共通之處，[97]所以最容易被民間所接納。此即以往教會再三重視「十誡」中堂掛圖的原因。

然而「十誡」之於我們這個時代的意義，不僅是這種「宣教學」（Missiology）上的層次，它也在強調人與神關係的重要性。我們所處的時代是一個人人都想逃避上主、否定上主、甚至要消滅上主的時代。質言之，即人想從宗教的支配中得到個人的自由，進而支配他人並支配自然。此即「世俗

---

97 參照：謝扶雅，《基督教與中國思想》（香港：基督教文藝出版社，1971年），頁83-91。

主義」（secularism）一詞的由來。[98]可是人逃避眞神上主的結果就變得孤立無助，生命的意義也只淪爲一種物質的意義，而不具靈性價值。這一迎合世俗潮流的「無神論」（atheism）等於是「靈魂的自殺」，是應該予以指責的。因此現代基督徒的重大使命，就是在俗化的時代中見證上主的存在，啓發人去認同「十誡」中所告白的獨一眞神。因爲人與眞神的正常關係，乃是豐富人生的唯一來源。人與人之間的關係，也從此得到和諧與正常。我們深信唯有「在基督裡」（哥林多後書五：17），人性才被新造。人因此才能夠明白，世界的美善是在上主的愛中被新造。只是世界與「上主的愛」疏遠，因此上主藉著耶穌基督施行救贖與更新。[99]現在基督徒的責任是：回應上主救贖的愛，不與世界的黑暗面同流合污。紐必眞（Lesslie Newbigin）就說，這就是人愛上主，爲上主而生活的要領。[100]

當今基督徒面臨另一種「基督是主」或「該撒是主」（政治宗教）的問題。雖然「除了我以外你不可有別的神」，但事實上，台灣的中國國民黨這一外來的專制政權卻要求基督徒去崇拜政治偶像，就是孫中山（黨父變國父）與蔣介石（英明領袖）。在這一信仰的兩極端中，基督徒應該「忠於上主」而不是崇拜「該撒是主」，因爲這不僅是良心問題，更

---

98 Lesslie Newbigin著，黃明德譯，《應世的宗教》（台灣：東南亞神學院協會，1978年），頁2。
99 同上，頁180。
100 同上，頁151以下。

是信仰問題。過去「台灣基督長老教會」曾經因發表三次政治宣言（1971年的「國是聲明」、1975年「我們的呼籲」及1977年的「人權宣言」）而面對此一考驗，結果證明教會有跟隨基督的勇氣。因為當基督徒告白「基督是主」的時候，才能看出「人權」與「社會公義」的可貴。而這些都是「十誡」所昭示的精神所在。

　　關於「十誡」所宣示的人與人關係的意義上，基督徒應將個人的倫理要求擴大到社會生活。「孝敬父母」的倫理應擴大到「四海之內皆兄弟」的世界大同理想，才不至陷入於儒家那種狹隘的「家庭主義」（family-ism）。「不可殺人」的誡律要擴大到「人道主義」，尤其是自殺與戰爭式的合法自殺，以及死刑的問題上。「不可姦淫」的禁戒應擴大到對性道德、離婚、同性戀、娼妓等社會問題的關心。[101]「不可偽證」的禁戒要擴大到關心國家的政治、法律、司法制度，以及社會教育的問題。「不可偷盜」及「不可貪心」兩誡則應包含商業道德、經濟活動、社會救濟與福利的問題。所以說，「十誡」的精神不僅限於個人的禁制，它啓示整個社會倫理之基礎，更是基督教社會倫理的模式。我們再次思考《舊約聖經》中「十誡」的用意，不外檢驗它對現代人的宗教與道德的教訓有否健全，藉以做為基督徒生活之典範。

　　　　　　　　　　　　　　　　　1978年初稿，2012年8月重修

---

101 參照：Daniel J. Adams, *op. cit.*, pp. 76ff.

國家圖書館出版品預行編目資料

創造與進化／董芳苑著.
- - 初版.- - 台北市：前衛，2014.02
352 面；15×21 公分

ISBN 978-957-801-733-7（平裝）

1. 創世記　2. 聖經研究

241.211　　　　　　　　　　102025435

創造與進化

作　　　者　董芳苑
責任編輯　周俊男
美術編輯　宸遠彩藝
出 版 者　台灣本鋪：前衛出版社
　　　　　　10468 台北市中山區農安街153號4F之3
　　　　　　Tel：02-2586-5708　Fax：02-2586-3758
　　　　　　郵撥帳號：05625551
　　　　　　e-mail：a4791@ms15.hinet.net
　　　　　　http://www.avanguard.com.tw
　　　　　　日本本鋪：黃文雄事務所
　　　　　　e-mail：humiozimu@hotmail.com
　　　　　　〒160-0008 日本東京都新宿區三榮町9番地
　　　　　　Tel：03-33564717　Fax：03-33554186
出版總監　林文欽　黃文雄
法律顧問　南國春秋法律事務所林峰正律師
總 經 銷　紅螞蟻圖書有限公司
　　　　　　台北市內湖舊宗路二段121巷19號
　　　　　　Tel：02-27953656　Fax：02-27954100
出版日期　2014年02月初版一刷

定　　　價　新台幣350元
©Avanguard Publishing House 2014
Printed in Taiwan　ISBN 978-957-801-733-7

＊「前衛本土網」http://www.avanguard.com.tw/
＊請上「前衛出版社」臉書專頁按讚，獲得更多書籍、活動資訊
　　https://www.facebook.com/AVANGUARDTaiwan